Economía

Francisco Guillermo Eggers

colaboración de
Antonio Elio Brailovsky

EDITORIAL
MAIPUE

ECONOMÍA
Francisco Guillermo Eggers

1ª edición, enero de 2007
6ª reimpresión, marzo de 2022

ISBN: 978-987-9493-29-8

Arte de tapa: María Eggers Lan, mural "El antiguo mercado", fresco, 1985
Diseño de tapa: DisegnoBrass
Diagramación: Paihuen
Corrección: Milena Sesar

Autores:
Capítulos 1 a 16: Francisco Guillermo Eggers
Capítulo 17: Antonio Elio Brailovsky

Eggers, Francisco Guillermo
Economía / Francisco Guillermo Eggers ; con colaboración de: Antonio Elio Brailovsky
1a ed. - Ituzaingó : Maipue, 2007.
224 p. ; 19x27 cm.

ISBN 978-987-9493-29-8

1. Economía-Enseñanza Polimodal. I. Brailovsky, Antonio Elio, colab. II. Título
CDD 330.712

Tel/Fax: 54 (011) 4624-9370 / 4458-0259 / 4623-6226
Zufriategui 1153 (1714) – Ituzaingó
Pcia. de Buenos Aires – República Argentina
Contacto: promocion@maipue.com.ar / ventas@maipue.com.ar
www.maipue.com.ar

Queda hecho el depósito que marca la Ley 11.723.

Libro de edición argentina.

«Si en la lectura de estas notas tropieza el lector con alguna dificultad de comprensión, acháqueselo a mis defectos de expositor. Estos asuntos de economía y finanzas son tan simples que están al alcance de cualquier niño. Solo requieren de saber sumar y restar. Cuando usted no entienda una cosa, pregunte hasta que entienda. Si no la entiende es que están tratando de robarlo. Cuando usted entienda eso ya habrá aprendido a defender la Patria en el orden inmaterial de los conceptos económicos y financieros».

Raúl Scalabrini Ortiz

Índice

Capítulo IV. La producción y la retribución de los factores

Capítulo V. Las formas de mercado y la competencia

Capítulo VI. La intervención del Estado en la economía

Capítulo VII. La Contabilidad Nacional

Capítulo VIII. Determinantes de la oferta y demanda global

Capítulo IX. El dinero y el sistema bancario

La Ciencia Económica

En nuestra vida cotidiana, la palabra *economía* aparece bastante a menudo, en los diarios, la radio y la televisión, en las conversaciones diarias. Se ha vuelto muy popular, y está bien que así sea: a todos nos interesa –en mayor o menor medida– satisfacer necesidades, como alimentarnos, vestirnos, ir al cine, tomar un café. Conocemos las cuestiones básicas de la economía: por ejemplo, que la mayor parte de las familias tienen un ingreso a partir del trabajo de uno o más de sus miembros; y que con esos ingresos, la familia puede comprar cosas. Este texto pretende profundizar en ese conocimiento, para lo cual comenzamos por explicar qué se estudia en **Economía**.

1.1: La Economía

Concepto

Por economía suelen entenderse tres cosas:

- La <u>disciplina</u> que estudia los procesos de producción, distribución, intercambio y consumo de bienes y servicios, o sea, la *ciencia económica*.
- El <u>ámbito o región geográfica</u> donde se realizan esos procesos. Por ejemplo, se habla de la **economía nacional** para referir al conjunto de personas e instituciones del país relacionadas por procesos de producción, distribución, intercambio y consumo de bienes y servicios.
- El <u>proceso</u> a través del cual, previo análisis, se prioriza la satisfacción de determinadas necesidades, y se relega a otras. Por ejemplo, se dice que una familia está "haciendo economías" cuando debe restringir sus gastos, lo cual la obliga a prescindir de aquellos que considere menos prioritarios.

En adelante, utilizaremos el término en alguno de los dos primeros sentidos: es decir, como *ciencia* (diremos, por ejemplo: "la economía estudia comportamientos humanos") o como *ámbito* donde se realizan los procesos económicos (por ejemplo: "la economía argentina está en crecimiento").

La ciencia económica

La **ciencia económica** estudia el comportamiento humano dirigido a la satisfacción de necesidades a partir de un conjunto limitado de recursos. Esto involucra los procesos de producción, distribución, intercambio y consumo de bienes y servicios. Es de resaltar que:

- Analizamos las conductas humanas, las decisiones que toman las personas en sociedad. Por eso, estamos hablando de una ciencia social.
- Los recursos para satisfacer las necesidades económicas son limitados. Si pudiéramos obtener bienes con solo desearlos, no existiría ningún problema económico, y la cantidad de bienes disponibles sería mucho mayor. Pero esto no es así, los recursos con que contamos no alcanzan para satisfacer todas nuestras necesidades.
- La escasez de recursos implica que en cada decisión económica elegimos algo y desechamos otras opciones. Si alguien dedica un terreno a producir manzanas, estará descartando la posibilidad de producir allí peras. Si compramos un televisor, puede que tengamos que renunciar a irnos de vacaciones.

Conceptos clave:

Economía (ciencia económica): sistema organizado de conocimientos que estudia la conducta humana cuando, a partir de recursos escasos, procura satisfacer múltiples necesidades.

Economía (ámbito o región económica): conjunto de unidades económicas (familias, empresas, gobierno, etc.), relacionadas entre sí por procesos de producción, distribución, intercambio y consumo de bienes y servicios.

Recursos: medios con que se cuenta para lograr un objetivo.

Problema económico: el que se le plantea a una persona que debe elegir entre dos o más opciones en función de satisfacer sus necesidades.

Precio: valor que tiene un producto al comprarlo o venderlo.

Costo de oportunidad: valor de la mejor alternativa a la que se debe renunciar al realizar una elección.

El problema económico

El **problema económico** surge debido a la escasez de recursos, que obliga a elegir. La respiración no plantea un problema económico, dado que el aire (al menos por ahora) es más que suficiente como para que respiremos todos. En cambio, la alimentación sí plantea problemas económicos. Por ejemplo:

- Producción: es necesario que se compren máquinas, que se contrate trabajo y que se organice la producción; ¿cómo hacerlo de la forma más conveniente?
- Consumo: para alimentarse, a partir de los ingresos de que dispone cada familia, ésta decidirá en qué gastarlos. ¿Qué conjunto de bienes comprar para aprovechar de la mejor manera posible esos ingresos?
- Intercambio: cuando los productores ofrecen en venta los alimentos u otros bienes, se plantea otro problema: ¿a qué **precio** venderlos?

- Distribución: al vender los alimentos, los productores obtienen un ingreso, que servirá para remunerar a los que contribuyeron con la producción. ¿Cuánto le toca a cada uno?

El costo de oportunidad

La necesidad de elegir implica que se debe optar por algo, y renunciar así a otras cosas. Si, por ejemplo, debemos elegir entre un par de zapatillas y salir a cenar a un restaurante, el costo para nosotros de nuestro par de zapatillas será renunciar a la cena. Esto es el **costo de oportunidad** de una decisión: el valor que tiene, para nosotros, aquello a lo que renunciamos.

La expresión *costo de oportunidad* busca ser más amplia que la de "costo" en un sentido contable. El costo de oportunidad incluye la totalidad de los costos, aunque no se contabilicen. Por ejemplo, el valor del trabajo del dueño de una empresa debería incluirse a la hora de tomar la decisión de crear una empresa.

1.2: La economía como ciencia social

Las ciencias naturales estudian la naturaleza. Son ciencias naturales, por ejemplo, la Biología, la Física y la Química. Las **ciencias sociales**, en cambio, estudian las conductas humanas. En este grupo de disciplinas se incluyen, entre otras, la Sociología, la Psicología y la Economía. Las ciencias naturales establecen hipótesis (afirmaciones que pueden ser verdaderas o falsas) para explicar su objeto de estudio. En la medida en que una hipótesis se considera probada, se transforma en una **ley científica**, que es aquella que establece una relación constante entre variables o fenómenos. Por ejemplo, la Ley de Gravedad estableció que la atracción entre dos cuerpos está relacionada con la masa de ellos y la distancia que los separa. Gran parte de las ciencias naturales puede estudiar los fenómenos en un laboratorio y así, poner a prueba sus hipótesis.

Actividades

Analiza las siguientes frases:

- "A nadie se le ocurriría darle un avión para conducir a quien no ha estudiado para ser piloto aéreo."
- "Solo los historiadores pueden producir hechos históricos."
- "Las decisiones respecto de problemas económicos deben estar siempre a cargo de quienes son especialistas en ciencias económicas."

Explica si son correctas o incorrectas. ¿Cómo ubicarías al que se dedica a la ciencia económica? ¿como protagonista o como observador de la realidad económica? ¿Por qué?

> **Conceptos clave**:
>
> *Ciencia*: conjunto organizado de conocimientos que, a partir de la utilización de reglas establecidas, busca explicar el funcionamiento de un sistema. Por ejemplo, la Botánica estudia los organismos vegetales.
>
> *Ciencias sociales*: Son aquellas que estudian la conducta humana. Por ejemplo, la Geografía Humana se ocupa de la relación entre el hombre y el ambiente en el que habita.
>
> *Leyes científicas*: relaciones constantes (es decir, las que siempre se establecen) entre variables o fenómenos.

Pero al analizar el comportamiento humano, las ciencias sociales no pueden asegurar que las relaciones que observa ocurran siempre, ya que las personas cambian, e incluso la misma persona, en situaciones similares, puede comportarse en forma diferente. De modo que el concepto de "ley" en las ciencias sociales es menos estricto que en las ciencias naturales.
Por ejemplo: una conocida ley de la economía establece que al aumentar el precio de un producto, va a disminuir la cantidad que se compra. Esto nos sirve para entender la realidad económica, porque es algo que ocurre en una variedad muy amplia de casos. Sin embargo, podría suceder que esa relación no se cumpliera: cuando, por algún motivo, los compradores creen que el aumento del precio es señal de que va a seguir aumentando, el deseo de comprarlo al nuevo precio puede aumentar, en lugar de disminuir.

1.3: Economía positiva y normativa

¿Para qué nos interesa estudiar economía? Podría ser por curiosidad científica (el conocimiento por el conocimiento en sí) o para saber cómo actuar frente a la realidad: qué se debe hacer para lograr un resultado deseado. Por ejemplo: qué debe hacer el gobierno para que aumente la producción de bienes, o qué debe hacer un empresario para hacer máximos sus beneficios.
Pero los resultados deseados no son los mismos para todos. Hay conveniencias y valores que establecen el orden de preferencia de distintas situaciones. Para los empresarios, lo más importante puede ser que aumenten sus ganancias. Para los obreros, que aumenten sus sueldos. Algunos considerarán que el mejor indicador de que las cosas van bien es que aumente la producción, para otros será la disminución de la pobreza. Si, por ejemplo, un aumento de la producción tiene lugar a costa de la reducción de sueldos de los empleados, el resultado será bueno para algunos, y malo para otros.
La fuerza principal que motiva a quienes estudiamos economía es la posibilidad de saber cómo modificar la realidad de modo que estemos más satisfechos con ella. Es muy difícil separar totalmente el análisis económico de la visión que tenemos acerca de cómo debería ser la realidad, es decir, de nuestra ideología, que refleja las ideas y los valores que tenemos.
Aún así, es posible diferenciar entre dos tipos de proposiciones económicas: las **positivas** y las **normativas**. Las primeras solo describen las *relaciones económicas*. Por ejemplo, señalan: "un aumento de la cantidad de dinero causará una suba de precios." Las proposiciones normativas hablan de lo que debería hacerse: por ejemplo:

"no debe aumentarse la cantidad de dinero, para que no aumenten los precios".
¿Los dos ejemplos dicen lo mismo? No. La primera frase puede ser verdadera o falsa en función de que, ante un aumento de la cantidad de dinero, puede suceder que aumenten o no los precios. Pero el aumento de precios beneficiará a algunas personas y perjudicará a otras; y además, seguramente el aumento de la cantidad de dinero tendrá otras consecuencias, además del aumento de precios. La proposición normativa "no debe aumentarse la cantidad de dinero" expresa una preferencia del que realiza la afirmación: considera desfavorables las consecuencias de ese aumento. Pero para otra persona, las consecuencias pueden ser favorables. La economía normativa usa como herramientas, explícitas o implícitas, las conclusiones de la economía positiva. En el ejemplo, la recomendación "no debe aumentarse la cantidad de dinero" se apoya en la afirmación (positiva) de que, en caso contrario, habrá un aumento de los precios.
Aunque nuestra motivación sea, en última instancia, prepararnos para la toma de decisiones económicas (que implican elegir una opción y desechar otras, para lo cual es necesario tener preferencias), en este libro procuraremos concentrarnos en el análisis de economía positiva, que es la que nos brindará las herramientas para entender la realidad.
Esto no significa que un análisis sea totalmente "neutral". Dos análisis sobre los mismos fenómenos, que le den mayor relevancia a distintos aspectos, mostrando dos caras distintas de la misma realidad, pueden servir de base para recomendaciones muy diferentes. Pero el que no sea neutral no significa que no brinde herramientas para entender la realidad; sobre todo, si se transmite un método para analizarla.

Conceptos clave:
Economía positiva: conjunto de enunciados que describen los conceptos y las relaciones económicas.
Economía normativa: guías de acción, basadas en el conocimiento de la economía y en las preferencias que tiene cada uno acerca de los resultados a lograr.

Actividades
a) ¿Qué motivos podría haber para estudiar economía?
b) Clasifica a las siguientes afirmaciones como positivas o normativas:
- "La producción industrial argentina ha crecido 8% en el último año."
- "La distribución del ingreso actual es menos equitativa que la que había en 1974. El gobierno tendría que esforzarse para revertir esta situación."
- "Los empresarios no deberían aumentar tanto los precios, porque con eso perjudican a los consumidores".
- "El precio del pescado tiende a subir en Semana Santa porque en esos días se produce un fuerte aumento de su consumo".

1.4: Microeconomía y Macroeconomía

La economía puede enfocarse en las elecciones que hacen los individuos y las empresas; en ese caso, el enfoque será microeconómico. O puede interesarse en el comportamiento de un sistema económico complejo, formado por la interacción de muchos individuos y empresas. En este caso, el enfoque es macroeconómico.

En los capítulos III a VI del presente libro nos enfocaremos en el análisis microeconómico. Por ejemplo, nos preguntamos ¿cómo determinarán las empresas qué cantidad producir, para lograr las máximas ganancias? ¿Cómo varía su comportamiento si, en lugar de estar expuestas a competencia, son el único vendedor de su producto? En los capítulos VII a XV el enfoque será macroeconómico: analizaremos principalmente la economía argentina, y trataremos de entender, entre otras cosas, por qué aumentan la producción y los precios, cómo nos relacionamos económicamente con el resto del mundo y con qué herramientas cuenta el Estado para afectar el funcionamiento de la economía. En el Capítulo XVI trataremos sobre la evolución macroeconómica de la Argentina, con especial énfasis en las últimas décadas.

Actividades

Este es un extracto del reportaje publicado por el diario *La Nación* el 21 de junio de 2006 (mientras se desarrollaba el mundial de fútbol).

Léelo y contesta: ¿En qué área de la economía se especializó Harford?

"Tim Harford: *«Hay que atender lo que se hace, no lo que se dice»*

Mala idea comentarle a Tim Harford el haber caído en la tentación de comprar una enorme televisión para ver el Mundial de fútbol. "Seguramente, el precio bajará muchísimo después del último partido –sentencia–. Desde un punto de vista económico, lo que hay que conseguir es que un amigo compre una, ver los partidos en su casa y recién hacer el gasto cuando termine el campeonato."

Considerado en la punta de lanza del pensamiento económico de su generación -que sabe mezclar con una prosa encantadora y divertida- su flamante libro, «El economista secreto. Mostrando por qué los ricos son ricos, los pobres son pobres y usted nunca podrá comprar un auto usado decente», es *best seller* en Gran Bretaña y ya está siendo traducido al castellano. Por su parte, la televisión británica está por llevar la misma idea a la pantalla con una serie protagonizada por él titulada « *Trust me, I m an economist»* («Créame, soy un economista»). Con sus jeans gastados, blazer con remera abajo y cara de varias noches sin dormir, por culpa de su primogénita, Stella, Harford es, claramente, el hombre del momento.

- ¿Cómo nació esta obsesión por ver el razonamiento económico detrás de las decisiones en apariencia más triviales?

- Como estudiante, jamás logré apasionarme por la inflación, las tasas de interés, la crisis financiera de la Argentina y ese tipo de cosas que se supone que es la economía de verdad. De hecho, para el caso de la Argentina, hasta viajé allí para estudiarla, pero aunque nunca pude entender realmente qué pasó a un nivel macro, sí qué les pasó a las personas individuales, y las decisiones que entonces tomaron. Ya desde mis años en Oxford, siempre estaba fijándome en las pequeñas decisiones, maravillándome cuánto de económico había en ellas. Hoy voy resolviendo pequeños misterios de la calle usando las herramientas de la ciencia, pero con ingenio más que con lenguaje académico."

1.5: Necesidades

El concepto que usamos de *necesidad* es bastante amplio; nos referimos a todo deseo de las personas, más allá de que satisfacerlo sea imprescindible para vivir o que sea un simple capricho.

Las necesidades para cuya satisfacción se requiere usar bienes o servicios escasos (disponibles solo en cantidad limitada) son las **necesidades económicas**. Las necesidades no económicas son aquellas que se satisfacen con bienes que están disponibles en cantidades más que suficientes para cubrirlas.

Podemos distinguir, además, entre las **necesidades básicas** o **primarias**, cuya satisfacción es fundamental para la vida, la salud o la integración a la sociedad; y las **necesidades sociales** o **secundarias**, cuya satisfacción no es considerada de tanta importancia para cada persona. Sin embargo, actualmente la mayor parte de los recursos productivos de la humanidad se dedica a la satisfacción de este tipo de necesidades.

Así, la alimentación, el agua, la vestimenta, la vivienda en condiciones habitables y la educación elemental satisfacen necesidades consideradas "básicas". En cambio, un televisor, unas vacaciones o una función de cine satisfacen necesidades "sociales".

1.6: Bienes y servicios

Las necesidades económicas se satisfacen con bienes y servicios. Para obtenerlos, en general se requiere realizar algún esfuerzo.

Así, es necesario realizar procesos productivos, que implican extracción, recolección o transformación de unos bienes o servicios en otros. Por ejemplo, para obtener arroz es necesario plantar las semillas, esperar a que crezcan y maduren las plantas, cosecharlo, embolsarlo, etc.

Como resultado, se obtienen **productos**. Si tienen existencia material (como es el caso del arroz), son **bienes**. Pero hay necesidades que no

Conceptos clave:

Microeconomía: parte de la Economía que estudia el comportamiento de unidades económicas individuales (familias, empresas, etc.).

Macroeconomía: análisis de las relaciones de producción, distribución, intercambio y consumo de un sistema económico (país o región) en su conjunto.

Necesidades económicas: las que requieren, para su satisfacción, de la utilización de bienes o recursos disponibles solo en cantidades limitadas.

Necesidades "básicas" o "primarias": las que se consideran de primera importancia, en función de la vida, la salud o la vida en sociedad.

Necesidades sociales o secundarias: las que no son "básicas" o "primarias".

Conceptos clave:

Bien: en sentido amplio, cualquier cosa que pueda satisfacer una necesidad. En sentido restringido, debe ser una cosa física (de existencia material). Por ejemplo, una silla.

Servicio: actividad dedicada a la satisfacción de necesidades no cubiertas por bienes (materiales). Por ejemplo, una clase de economía.

Bienes o servicios finales: se usan directamente para satisfacer necesidades.

Bienes o servicios intermedios: los que se usan para la producción de otros bienes o servicios, ya sea intermedios o finales.

se satisfacen con bienes materiales: se requiere, por ejemplo, de atención médica, cortes de pelo, servicios de policía, etc. Este tipo de actividades se denominan **servicios**.

Los bienes y servicios pueden ser **finales** (o "de consumo final") o **intermedios** (en cuyo caso se habla de "insumos intermedios"). En el primer caso, son usados directamente para satisfacer necesidades humanas. Así, los libros satisfacen la necesidad de lectura, el pan la necesidad de alimentación, etc.

Los bienes y servicios intermedios son usados para producir otros bienes o servicios: por ejemplo, el papel, la tinta y el trabajo son usados para fabricar libros, el trigo es usado (previa transformación en harina) para fabricar pan, etc. Así, sirven para satisfacer necesidades, pero indirectamente, a través de los bienes y servicios en cuya producción intervienen.

1.7: Los factores productivos

Los **recursos** son los medios con los que se cuenta para lograr un objetivo. Si el objetivo es producir, por ejemplo, un par de zapatos, usaremos tiempo de trabajo, cuero, hilo, pegamento, herramientas o maquinarias, electricidad para que funcionen. Estos son los recursos productivos o **factores productivos**.

Estos factores suelen agruparse en las siguientes categorías:

- **Trabajo**: las horas de labor que se dedican directamente a la producción.
- **Capital**: es el constituido por el valor de las maquinarias, los edificios, materias primas, etc., que se utilizan para producir. Los propietarios de estos recursos, o quienes prestaron el dinero para comprarlos, son los capitalistas: los propietarios del capital.
- **Recursos naturales**: son los recursos no producidos por el hombre, como la tierra cultivable o los peces del océano.

La frontera de posibilidades de producción

Al ser limitados los recursos, también es limitado lo que se puede producir. Si hubiera recursos desempleados, sería posible aumentar la producción total de bienes y servicios empleando los recursos ociosos. Pero una vez que están todos los recursos ocupados, si queremos producir más de un bien, para ello deberemos dedicar menos recursos a la producción de otro bien, con lo cual esa producción disminuirá.

Para el mismo conjunto de recursos productivos y la misma tecnología, habrá gran cantidad de combinaciones de bienes y servicios que pueden producirse: por ejemplo, aproximadamente con el mismo tiempo de trabajo, hilo de coser y cuero, podemos fabricar una cartera o un par de zapatos. La **frontera de posibilidades de producción** está conformada por todos los conjuntos de bienes y servicios que pueden ser obtenidos a partir de utilizar plenamente los recursos productivos existentes.

Por ejemplo, supongamos que solo hay dos productos posibles: trigo y ganado vacuno. Y que si dedicamos todos nuestros recursos a cultivar trigo, produciremos 5.000 kilogramos; y si, en cambio, los dedicamos a criar ganado, obtendremos 10 animales. Pero también es posible dedicar una parte de los recursos al cultivo de trigo, y otra a la cría de ganado; por ejemplo, producir 2.500 kg de trigo, y 5 animales. El siguiente gráfico muestra los puntos de máxima producción posible.

Conceptos clave:

Recursos: medios con que se cuenta para lograr un objetivo.

Factores productivos: recursos utilizados en la producción. Generalmente se agrupan en: **trabajo, capital y recursos naturales**.

Frontera de posibilidades de producción: alternativas de producción de bienes y servicios que se logran con la plena ocupación de todos los recursos productivos de la economía.

Frontera de producción: trigo o ganado

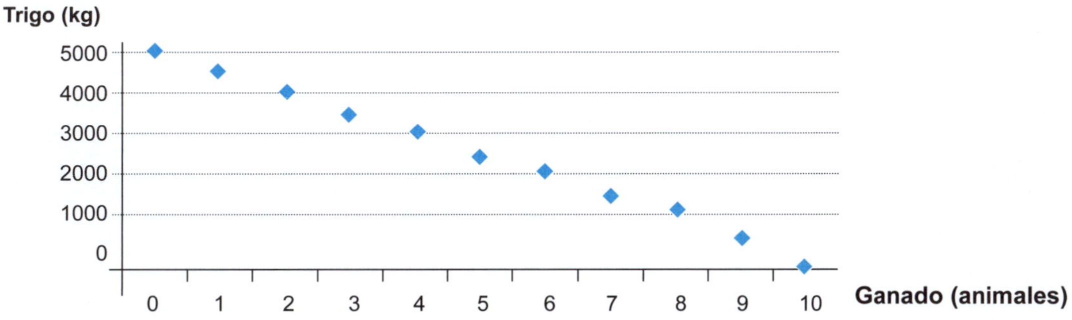

Actividades
Para aumentar la capacidad de producción, una de las formas posibles es que los que tienen empleo aumenten la cantidad de horas de trabajo ¿de qué otros modos podría aumentar la producción?

Te voy a enviar a un seminario para aprender a ser más productivo y trabajar más.

Desde ya, la sociedad podría producir por debajo de esta curva, y dejar así recursos desempleados. Esto no es lo óptimo, pero ocurre, y sus costos son muy importantes. Y uno de los máximos objetivos de la macroeconomía es evitar el desempleo masivo de recursos y, en particular, de trabajadores.
Una economía aumenta sus posibilidades de producción en la medida en que cuenta con más recursos productivos y/o con mejores conocimientos productivos (tecnología), que le permite aprovecharlos mejor. El desarrollo económico permite que la frontera de posibilidades de producción se corra progresivamente, y permite así una mayor capacidad de la economía de producir bienes y servicios.

La actividad económica y los agentes económicos

La economía estudia el comportamiento humano en el contexto de los sistemas económicos, el que determina las actividades económicas. Nos proponemos en este capítulo comenzar el análisis de estos sistemas y, en particular, de la interacción que ocurre entre quienes toman las decisiones que hacen funcionar a los sistemas: los agentes económicos.

2.1: Concepto de actividad económica y agentes económicos

Llamamos **actividad económica** a la que está orientada a la satisfacción de necesidades mediante la utilización de recursos limitados. Se trata de una definición muy amplia, que incluye las actividades de **producción**, de **distribución del ingreso** y de **consumo** de bienes y servicios. Así, son actividades económicas, por ejemplo:

- Fabricar y vender pan;
- Trabajar en una fábrica u oficina;
- Determinar el sueldo de un empleado;
- Cultivar rabanitos en el fondo de la casa;
- Ordenar el dormitorio propio.

En cambio, no son actividades económicas respirar, querer a otra persona o tener hipo. En ninguno de estos casos la actividad implica la utilización de recursos limitados para satisfacer necesidades.
Las actividades económicas son llevadas a cabo por los **agentes económicos**, que son las empresas, las familias, el Estado y otras organizaciones.

Empresas: productores

Las empresas son las unidades que se encargan de producir, fundamentalmente con fines de intercambio. Por ejemplo, el servicio telefónico por cable está a cargo principalmente de dos grandes empresas, que prestan ese servicio en millones de hogares. También son empresas la panadería que fabrica y vende el pan, y un plomero que realiza trabajos a domicilio; en este caso, si no tiene ayudantes, se tratará de una empresa unipersonal.
También es una empresa una fábrica de clavos, pero no cada uno de sus trabajadores. Ellos le venden a la empresa su trabajo, y es la empresa la que organiza

Conceptos clave:

Actividad económica: acciones destinadas a la satisfacción de necesidades, para las que se utilizan recursos escasos. Incluyen actividades de producción, distribución del producido o ingreso, y consumo.

Producción: proceso a través del cual se crean, se transforman o se ponen a disposición los bienes y servicios que satisfacen necesidades.

Distribución del ingreso: proceso en el cual los ingresos generados en el proceso de producción se distribuyen entre los miembros de la sociedad, permitiéndole a cada uno una determinada capacidad de consumo.

Consumo: proceso de satisfacción de necesidades a través de la utilización de bienes y servicios.

Agentes económicos: aquellos que realizan las actividades económicas: empresas privadas, economías domésticas, entidades del sector público y otras.

Empresas: agentes económicos que producen bienes y servicios para venderlos.

Economías domésticas (consumidores): agentes económicos que consumen bienes y servicios.

Sector Público: entes de propiedad del Estado, es decir, del conjunto de la comunidad.

los insumos que utiliza (trabajo, maquinarias, metal, energía, etc.) para fabricar y vender el producto.

Economías domésticas: consumidores

Las economías domésticas (familias) también son organizaciones formadas por asociaciones de individuos –aunque también pueden ser unipersonales–, pero su actividad económica fundamental no es la producción para el intercambio, sino el consumo. En economía hablamos indistintamente de "economías domésticas", "familias" u "hogares", para referirnos a estas unidades de consumo.

Sector público

El sector público está compuesto por las organizaciones cuya propiedad es del Estado, o sea, del conjunto de la comunidad. En Argentina tenemos un sector público nacional (pertenece al conjunto de los ciudadanos argentinos), provincial (en cada provincia) y municipal (en cada municipio).

Al sector público nacional pertenecen la Administración Nacional (que incluye a todos los Ministerios del Poder Ejecutivo, a la Legislatura y al Poder Judicial), el Banco Central, el Banco de la Nación Argentina, la AFIP (Administración Federal de Ingresos Públicos), la Comisión Nacional de Energía Atómica, etc.

Al sector público de la Provincia de Buenos Aires pertenecen la policía de la Provincia, la casi totalidad de escuelas públicas en su territorio, la empresa ABSA (Aguas Bonaerenses), el Banco de la Provincia de Buenos Aires, la Dirección Provincial de Rentas y varios entes más.

Al sector público de la Municipalidad de La Plata pertenecen los distintos organismos municipales, las plazas de ese partido, las calles públicas, etc.

Su finalidad última no es la obtención de ganancias, sino la provisión de bienes y servicios a la comunidad a la cual pertenecen. Sin perjuicio de esto, el sector público puede tener empresas que venden sus productos, muchas veces en competencia con las empresas privadas. Tanto el Banco de la Nación Argentina como el Banco de la Provincia de Buenos Aires son empresas públicas que compiten con empresas privadas. Pero como la mayor parte de las actividades del sector público no se prestan a cambio de un precio, sino que se ofrecen gratuitamente a la población, para financiar sus actividades se cobran impuestos. Estos consisten en pagos obligatorios que deben realizar las empresas y los individuos al Estado, generalmente a partir de realizar determinadas actividades, de percibir ingresos o de poseer bienes. Un ejemplo de tributo es el impuesto inmobiliario: se paga por ser propietario de un inmueble (edificio o terreno), en proporción al valor estimado de éste. En los capítulos siguientes veremos principalmente la interacción en las economías modernas de las empresas y de las familias, pero también analizaremos la razón de ser del sector público dentro de estas economías.

Banco de la Nación

2.2: Intereses que actúan en la vida económica

La motivación de las empresas privadas (las que no pertenecen al Estado) para producir es obtener ganancias. Para ello, deben comprar bienes intermedios a otras empresas, contratar empleados, etc. Esto implica que los ingresos (provenientes de lo que vende la empresa) se distribuyen entre los pagos a otras empresas, los pagos a empleados y las ganancias para los empresarios.

La producción es básicamente una **actividad cooperativa**: cada persona realiza una parte del trabajo que lleva a producir un bien, aprovechando las ventajas de la especialización. Cien individuos aislados producirían mucho menos que si trabajaran en forma coordinada. Si varias

Actividades

¿Por qué son incorrectas las frases siguientes?

"Son actividades económicas únicamente las que se realizan a cambio de la obtención de dinero: por ejemplo, el trabajo asalariado, o la venta de un producto."

"Para que se considere que existe una empresa, debe haber un establecimiento que cuente con un edificio, maquinarias y obreros, dedicado a la fabricación y venta de objetos."

"El objetivo del Estado es cobrar impuestos para llenar los bolsillos de los que gobiernan."

Conceptos clave:

Actividad cooperativa: la que tiene como base la colaboración entre distintas personas; es posible que todos ganen con ello.

Actividad competitiva: es aquella en la cual hay una disputa por algo; por ejemplo, por el ingreso generado.

Puja (o pugna) distributiva: lucha por la distribución del ingreso.

Reglas de funcionamiento: conjunto de normas que establecen cuáles son los derechos y obligaciones de cada agente en un sistema económico determinado.

Actividades

Lee la frase siguiente: "Las organizaciones sociales constituyen conjuntos de personas que se relacionan entre sí, para cumplir con determinados objetivos, utilizando reglas que establecen los derechos y obligaciones. Las reglas pueden estar escritas o no, lo importante es que sean respetadas. La ausencia de respeto por las reglas llevaría a la desorganización social".

- ¿Cuáles son las organizaciones de las que participas?
- ¿Cuáles son los objetivos de esas organizaciones?
- Menciona reglas de esas organizaciones, en particular aquellas que consideras que son indispensables para su funcionamiento.

personas participan de un proceso productivo, todas pueden ganar, si lo comparamos con la situación en que cada persona actúa aislada. Pero la distribución es una **actividad competitiva**: lo que obtiene uno, no lo obtienen los demás. Por ejemplo, un vendedor que quiera hacer máximos sus beneficios en una venta tratará de que se concrete al mayor precio posible; esto es exactamente lo contrario de lo que, en general, deseará el comprador. Ocurre también al establecer un salario: cuanto más alto sea, mejor para el empleado, pero menos beneficios quedarán para el empleador. Así, mientras que en la producción los intereses de los agentes económicos suelen ser convergentes, en la distribución suelen ser contrapuestos.

Por supuesto, habrá personas que actúen motivadas por lo que consideran justo; y entonces, no venderían caro un bien, ni contratarían muy barato un servicio, aunque pudieran hacerlo. Pero en general, las decisiones económicas se ven más afectadas por el deseo de cada agente económico de satisfacer sus propias necesidades.[1]

La competencia en la distribución tiende a establecer una **puja distributiva** en la cual cada uno trata de lograr una mayor porción del ingreso social. En ciertos casos, esta puja se resuelve a partir de las **reglas de funcionamiento** del sistema, en la medida en que sean respetadas por todos. Pero esto no siempre es así; en algunos casos, la puja distributiva deriva en aumentos abusivos de precios, huelgas, acaparamientos de mercadería para especular con la suba de su precio, controles gubernamentales a favor de algunos sectores, etc., con lo que puede causar trastornos importantes al funcionamiento económico.

1 Esto no implica necesariamente extraer el mayor beneficio posible en cada operación, porque eso puede no ser lo más conveniente a largo plazo. Por ejemplo, muchas empresas tienen el criterio de pagar buenos sueldos, con el objetivo de ganar la lealtad de sus empleados y así lograr que trabajen mejor, al estar mejor predispuestos para ello. O hay comercios que aceptan la devolución de las mercaderías recientemente vendidas, aunque esa operación en sí les cause un perjuicio, con el objeto de tener una buena imagen ante sus clientes, para que les sigan comprando en el futuro.

2.3: Desigualdad de recursos y medios económicos

Como resultado del proceso de distribución, generalmente la situación resultante no va a ser considerada "justa" o "equitativa" por muchas personas.

Este concepto de **equidad** se refiere a lo que cada persona entiende que debe ser. Para algunos puede ser justo que haya personas que ganen un sueldo diez veces superior al de otras, porque consideran que es señal de que su trabajo es más valioso, mientras que para otros eso puede ser injusto.

A pesar de las divergencias de opiniones, podría decirse que hay algunos "acuerdos básicos" (opiniones compartidas por la gran mayoría de la gente) en las sociedades modernas acerca de qué es justo, por ejemplo:

- No es justo que una persona discapacitada para el trabajo muera de hambre porque no tiene la capacidad propia de generar ingresos.
- No es justo que haya personas que no trabajen en toda su vida –pudiendo hacerlo–, porque tienen la suerte de haber nacido ricos, mientras que otras personas trabajen toda su vida viviendo pobremente.
- En particular, no es justo que haya niños que pasen necesidades básicas que les impidan nutrirse y educarse.
- No es justo que la desigualdad de recursos y de medios económicos sea tan grande como la que se tiende a producir en la vida moderna, especialmente si no existiera una acción del Estado para atenuar esa desigualdad.

El concepto de **igualdad** es diferente al de **equidad**. El de equidad es un concepto subjetivo (para cada persona puede ser distinto); como tal, no puede medirse. Pertenece al campo de lo normativo.

La igualdad es algo objetivo: basta definir concretamente a qué nos referimos para que la podamos medir. Así, podemos averiguar, mediante encuestas, cuánto es el ingreso de las distintas personas que componen una sociedad. Si a partir de esos datos decimos que hay desigualdad en los ingresos de las personas, esto quiere decir que no todas las personas ganan lo mismo, lo cual no significa necesariamente que esté mal ni que esté bien. Si, en cambio, decimos que hay "demasiada desigualdad" en los ingresos, estamos haciendo ver que consideramos malo (es decir, no equitativo) que haya el grado de desigualdad que hay.

Una forma de medir los ingresos es a través de encuestas. El INDEC[2] realiza cada trimestre la "Encuesta Permanente de Hogares", en la cual le pregunta a la gente entrevistada cuánto gana, y ordena las respuestas según nivel de ingresos, en "deciles". Un decil es un 10% de la población.

2 Instituto Nacional de Estadística y Censos, organismo del Gobierno Nacional encargado de la recolección y difusión de estadísticas.

Conceptos clave:

Equidad: concepto subjetivo, que parte de los valores de cada persona, que se refiere a lo que se considera justo.

Igualdad en la distribución: concepto objetivo, capaz de ser medido, que se refiere a las diferencias en cantidad de ingresos o riquezas de las personas.

El artículo del Diario Clarín del 11 de julio de 2006 que se extracta en esta página, comenta los resultados de esta encuesta, para el primer trimestre de 2006.

Dado que para la mayoría de la gente las desigualdades de ingreso son muy grandes, y no se corresponden necesariamente con merecimientos que ha hecho cada persona, el objetivo de gran parte de los gobiernos es disminuir esa desigualdad.

DATOS DEL INDEC PARA EL PRIMER TRIMESTRE

El 20% de la población vive con menos de 3 pesos por día

Ismael Bermúdez – Diario Clarín – Martes 11 de julio de 2006

En la Argentina, hay 7,7 millones de personas -el 20% de la población- que disponen, en promedio, de 2,75 pesos por día para vivir. Esto equivale a 82 pesos por mes. Estos datos del INDEC (Instituto Nacional de Estadísticas y Censos), proyectados a todo el país corresponden al primer trimestre de 2006 (...)

Aunque la información oficial no detalla quiénes son los que en promedio viven con menos de 3 pesos por día, se puede afirmar que son las familias de los desocupados, beneficiarios de planes sociales, de buena parte de los asalariados en negro, cuentapropistas informales y subocupados y también de una porción de trabajadores en blanco con sueldos muy bajos. Según el INDEC, el 30% de la población ocupada -esto equivale a más de 4 millones de personas- **gana menos de 400 pesos por mes**.

De acuerdo con las cifras oficiales, el 20% de la población puede gastar entre cero y 140 pesos por mes, o sea menos de 4,60 pesos por día. Dentro de esta franja, algunos tienen ingresos cero y otros pueden llegar hasta los 140 pesos mensuales, **lo que da el promedio de 82 pesos mensuales o 2,75 pesos diarios**.

Así, por ejemplo, si un jefe de hogar desocupado cobra la ayuda de 150 pesos por mes -y su familia se compone de 3 personas- cada una en promedio dispone de 50 pesos por mes, o 1,70 pesos. Y una persona, con esposa y 3 hijos, que gana 600 pesos por mes, cada integrante dispone de 120 pesos mensuales y forma parte de este universo de 7,7 millones de personas.

Por esta razón, la mayoría de esta gente -más del 60%- **es indigente**. Según el INDEC, el costo de la canasta básica de alimentos, para un matrimonio con dos hijos, es de 391 pesos o 98 pesos por persona. Y el valor calculado de la canasta de indigencia de un matrimonio con 3 hijos menores es de 425 pesos u 85 pesos persona.

Este ingreso por persona tan bajo explica la brecha de ingresos entre el 10% más rico y el 10% más pobre que llega a 36 veces, como informó el sábado **Clarín**. Esto surge porque el 10% de la población más pobre, en promedio, tiene ingresos por 50 pesos. Y el 10% más rico de 1.823 pesos mensuales (ver infografía).

Además de no tener ingresos o de ser éstos muy bajos, esta gente es **la que más sufre la precariedad laboral** porque la mayoría trabaja «en negro», realiza changas o hace una contraprestación laboral a través de un plan social que no está comprendido dentro de la Seguridad Social.

Aunque no es un fenómeno nuevo, ya que fue creciendo a partir de mediados de la década del 70, las cifras oficiales reflejan que hay una cantidad de gente afectada por el desempleo, por la caída de los ingresos o una ayuda estatal insuficiente.

Ingresos desiguales

Per cápita familiar, por franjas de 10% del total de hogares

Franja	Escala, en $	Ingreso medio, en $
1°	0 a 86	50
2°	86 a 140	114
3°	140 a 200	167
4°	200 a 250	223
5°	250 a 329	289
6°	329 a 403	369
7°	403 a 517	460
8°	517 a 680	594
9°	680 a 1.000	822
10°	1.000 a 15.000	1.823

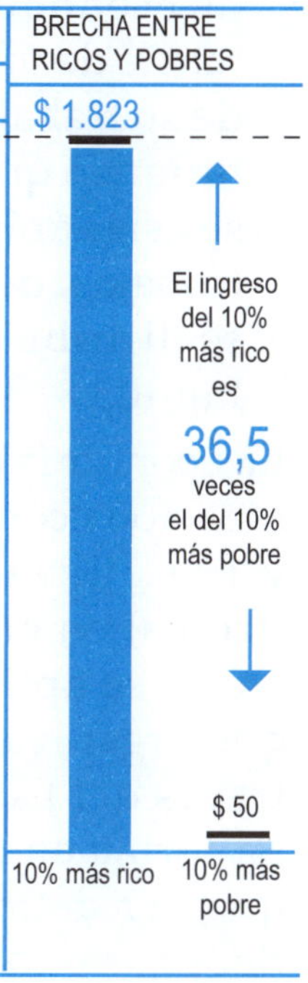

2.4: Sistemas económicos: concepto

Nos hemos referido, en el Capítulo I, a la Economía como estudio de la producción, intercambio, distribución y consumo de bienes y servicios. Entre otras cosas, nos interesa entender:

a) Por qué se producen unos bienes y no otros;

b) Por qué para producir esos bienes se emplea determinada proporción de recursos productivos; y

c) Por qué el ingreso de la sociedad (la capacidad de adquirir y de consumir los bienes producidos) se distribuye de determinada forma entre sus miembros.

Las sociedades tienen y han tenido en el pasado varias formas de resolver estos problemas. Por ejemplo:

- Cada familia puede dedicarse a producir lo que va a consumir ella misma, y decidir por su cuenta cómo va a producirlo, sin realizar intercambios con las demás personas. Pero este tipo de organización prácticamente no existe en el mundo actual: su funcionamiento sería ineficiente, porque es más productiva la especialización, y porque la mayor parte de la producción moderna requiere la colaboración entre distintas personas.

> **Conceptos clave**:
> *Sistema económico*: forma de organización económica de una sociedad, que determina cómo se toman las decisiones de producción, intercambio, distribución y consumo de bienes y servicios.
> *Economía comunitaria*: organización en la cual las decisiones de producción, de asignación de recursos y de distribución de los bienes y servicios están centralizadas en la autoridad de la comunidad.
> *Economía de mercado o "capitalista"*: sistema económico basado en el intercambio voluntario de bienes y servicios entre los agentes económicos.
> *Intercambio voluntario*: se produce cuando alguien entrega, por decisión propia, algo a cambio de otra cosa.

> **Actividades**
> ¿Cuáles de las siguientes actividades son propias de un sistema de economía de mercado?
> - Preparación de comida para una familia, por parte de uno de sus integrantes.
> - Preparación de comida para una familia, por parte de una empleada doméstica.
> - Canje de libros usados.
> - Cuidado de enfermos por parte de voluntarios de la Cruz Roja.
> - Atención médica en un consultorio privado.

- Otro sistema de organización económica es el de **economía comunitaria**. En ella, los habitantes de una comunidad ponen todo el fruto de su trabajo en común, y habrá quienes planifiquen quién trabajará en cada tarea, cómo se asignarán las herramientas a los distintos trabajos, de qué forma se producirá y cómo se distribuirá el producto entre las distintas familias.

La economía comunitaria es la base de la organización económica del común de las familias, y fue utilizada por comunidades pequeñas (tribus) en el pasado. Pero además, sus principios se aplican a las economías comunistas, que organizan la producción y distribución a través del Estado.
La forma en que se organice la sociedad es lo que va a definir qué tipo de sistema económico tiene.

El sistema de economía de mercado

A lo largo de los próximos capítulos analizaremos fundamentalmente el funcionamiento de un tipo de sistema económico en particular: el de las economías de mercado. ¿Cuál es la base fundamental de estas economías? El **intercambio voluntario** que se produce entre los distintos participantes.
En la economía de mercado, cada agente económico vende algo (por ejemplo, su capacidad de trabajo, dedicada al oficio que conoce, durante 200 horas al mes) y obtiene a cambio algo que él considera de mayor valor; caso contrario, no realizaría el intercambio.
Los sistemas alternativos para organizar la producción y distribución en el mundo actual son el **sistema de mercado**, que implica la interacción entre agentes individuales; y el **sistema comunitario**, en el cual la comunidad –a través del Estado– toma decisiones que obligan a cada uno de sus miembros. En la práctica, estos sistemas se complementan en toda sociedad moderna.

2.5: Los circuitos económicos

Unidades de decisión

Podemos distinguir tres papeles centrales en la economía de mercado:

- Consumidores: los que compran los productos finales.
- Unidades productivas (empresas): elaboran y venden los productos, para lo cual emplean factores productivos (trabajo, recursos naturales, maquinarias, etc.).

  Algunas empresas elaboran productos intermedios (por ejemplo, harina), que son utilizados por otras empresas para fabricar los productos finales (por ejemplo, productos de panadería).
- Proveedores de factores productivos: son los propietarios de los factores: los trabajadores que ofrecen su fuerza de trabajo, los administradores de las empresas que emplean su capacidad empresarial, los capitalistas propietarios del dinero con el que se compran maquinarias y otros medios de producción, los terratenientes dueños de la tierra donde se cultiva, etc.

✓ Los consumidores asignan su capacidad de consumo a la compra de bienes y servicios, en función a sus preferencias y a los precios que encuentran en el mercado.

✓ Las Empresas elaboran los productos con el objetivo de obtener una ganancia: la diferencia entre el precio que obtienen por la venta de los productos, y el costo que pagan para producirlos y venderlos. Para ello, deben:

1. Decidir el producto a producir y vender. Para esto hay que considerar que tenga demanda por parte de los consumidores a un precio que permita pagar su costo, obteniendo una ganancia;
2. Contratar a los factores productivos y comprar los insumos intermedios necesarios;
3. Combinar estos factores e insumos para obtener el producto a vender.

✓ Los proveedores de factores ofrecen éstos a las empresas y obtienen a cambio una retribución que les permite, como consumidores, obtener ingresos, con los cuales compran bienes y servicios para satisfacer sus necesidades.

Las personas son tanto consumidores como proveedoras de factores: reciben ingresos de las empresas a cambio de la provisión de los factores y los emplean para pagarle a las empresas la compra de bienes y servicios finales.

Circuito económico simple

En la economía se producen flujos de bienes y servicios, por un lado, y de dinero (en pago de esos bienes y servicios) por otro. El dinero que las empresas utilizan para pagar a empleados y a proveedores regresa, en definitiva, a ellas, porque en última instancia es recibido por las

economías domésticas, propietarias de los factores de producción, los que lo utilizan para consumir los bienes que aquellas proveen.
Así, se puede establecer un proceso circular (o **circuito económico**), cuya representación más simple es la siguiente:

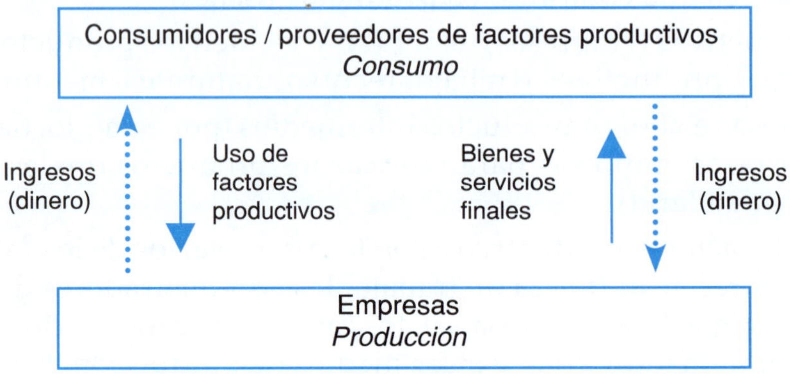

En este diagrama, para mayor simplicidad, no se distinguió a las empresas productoras de bienes y servicios finales de las productoras de insumos intermedios. Éstos son producidos por unas empresas y comprados por otras, en cadenas productivas que llegan hasta la fabricación y venta del producto final (el que, en definitiva, satisface la necesidad de un consumidor final). A lo largo de esa cadena, las empresas le van agregando valor al producto.

Actividades básicas de los agentes: producción, distribución y consumo

Así, en este circuito tienen lugar los siguientes procesos:

- Producción: las empresas producen los bienes intermedios y finales, y los venden a los consumidores.
- Distribución: los ingresos por las ventas a los consumidores permiten remunerar a los propietarios de los factores que intervienen en la producción.
- Consumo: con los ingresos recibidos como aportantes de factores los consumidores adquieren bienes y servicios.

Sistema económico complejo

En la vida moderna las economías tienen una gran complejidad, producto de la interacción de una gran cantidad de personas. En este sentido, pueden incluirse, además de los agentes descriptos en esta sección (consumidores y empresas del sistema) los siguientes:

- Gobierno, que cobra tributos (pagos obligatorios) tanto a las empresas como a las economías domésticas.
- Sector externo: los agentes de un sistema económico no solo se relacionan entre sí, sino también con agentes de otros sistemas. Por ejemplo, las empresas argentinas pueden vender sus productos en el exterior (exportación) o comprar bienes en el exterior (importación).

Por otra parte, hay una gran variedad de empresas productivas, muchas de los cuales abastecen a otras. Se las suele agrupar en tres grandes sectores:

- Sector primario: las actividades basadas en el aprovechamiento de recursos naturales. Por ejemplo, el cultivo de plantas, la cría de ganado, la pesca, la extracción de petróleo o de minerales.
- Sector secundario: las actividades que elaboran (transforman) los productos primarios. Por ejemplo, la fabricación de zapatos y la construcción de casas.
- Sector terciario: a diferencia de los dos primeros sectores, cuyo producto es un bien (material), el sector terciario provee servicios; por ejemplo, la educación, la atención médica y la venta de mercaderías en un almacén.

El siguiente gráfico muestra la importancia relativa que tenían en la economía argentina, en 2005, las principales actividades económicas.

- El agro, la pesca y la extracción de petróleo y minerales constituyen el sector primario;
- La industria manufacturera (que incluye la producción de harina, de automóviles, de caramelos, la refinación del petróleo, y otras actividades de transformación de bienes), la construcción y la producción y distribución de electricidad, gas y agua conforman el sector secundario;
- Las restantes actividades (servicios) componen el sector terciario.

Composición de la producción, año 2005

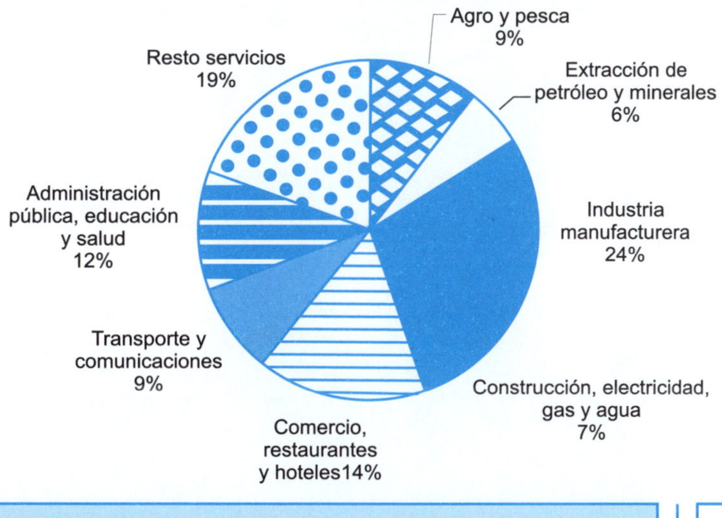

Actividades

Utilizando la clasificación del gráfico "Composición de la producción, año 2005": ¿A qué sector de actividad pertenecen cada una de las siguientes empresas?

- Un kiosco de venta de golosinas.
- Una clínica privada.
- Un campo dedicado a la cría de ganado.
- Una empresa de impermeabilización de techos.
- Un taller textil que confecciona ropa.
- Un estudio contable.
- Una línea de colectivos.
- Una mina de oro.

Conceptos clave:
Circuito económico: flujo de bienes, servicios y dinero, que relaciona a los agentes de un sistema económico que realizan intercambios.

El funcionamiento de las economías de mercado

Para poder entender cómo se llega a un resultado en un mercado, es necesario entender el comportamiento de los que quieren comprar y vender: qué cosas tomarán en cuenta a la hora de realizar un ofrecimiento o un pedido. Para ello, debemos considerar demandantes y oferentes "típicos", o representativos. No todas las personas tendrán los mismos comportamientos y motivaciones, lo importante es que el análisis nos sirva para entender el comportamiento de mercados en los que actúan una gran cantidad de personas distintas.

3.1: Una economía de mercado muy simple

Una economía de mercado simple puede estar constituida, por ejemplo, por Ana, que cocina, Braulio, que cultiva algodón y arroz, Carlos, que cría ovejas y cabras, y Daniela que confecciona ropa. Mediante el intercambio, cada uno obtiene comida y ropa, además de los insumos que necesita para producir; por ejemplo, Daniela necesitará del algodón que le podrá proveer Braulio, o de la lana que le proveerá Carlos. En el diagrama siguiente, las flechas representan algunos de los intercambios que se darían en esta economía:

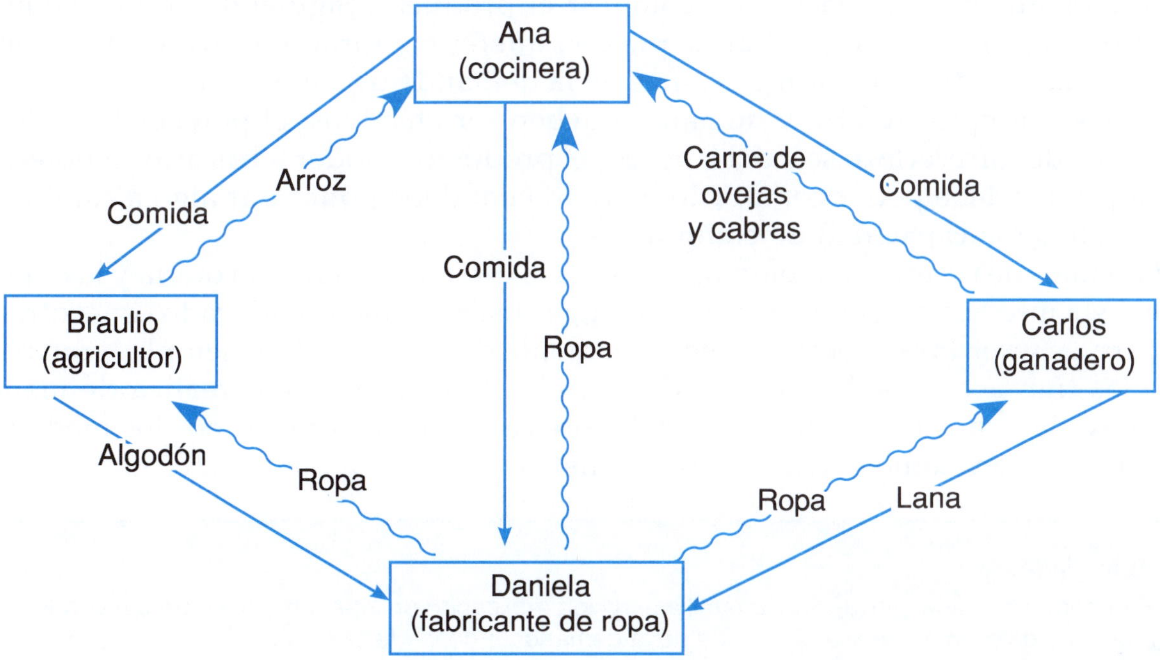

Cada uno debe decidir qué producto fabricar (por ejemplo, Ana debe decidir si cocina más arroz o más carne de cordero) y en qué cantidad, teniendo en cuenta los medios de que dispone y las necesidades tanto propias como de los demás. Tiene que considerar que lo que produzca en exceso de sus propias necesidades debe ser de interés de los demás, a tal punto que estén dispuestos a adquirirlo dándole a cambio algo que a su vez le sea útil, para compensar (al menos) el esfuerzo que realizó.

¿Cómo se da cuenta alguien, en una economía de mercado, de qué es lo que le conviene producir, y en qué cantidad? A partir de los términos de intercambio, es decir, los precios, que le pagarán por sus productos y que le cobrarán por los insumos que use.

Supongamos, por ejemplo, que a Daniela le lleva el mismo esfuerzo y material confeccionar una pollera que un pantalón, pero por una pollera le dan 10 kilos de arroz y por un pantalón le ofrecen 15. De esta forma, los demás le están indicando a Daniela que prefieren los pantalones (los valoran más). Ella, al ver esto, se dedicará más a los pantalones, que es lo que la gente prefiere. Lo hará porque le conviene: obtiene más a cambio.

Los precios, junto con el conocimiento de cómo producir (la **tecnología**) son la información básica que necesita cada productor. Del mismo modo, los precios y sus propias necesidades (o gustos) son la información básica que necesita cada consumidor a los efectos de elegir qué es lo que quiere adquirir.

Para cada producto que se intercambie, habrá quienes estén dispuestos a venderlo y otros que quieran comprarlo. La **oferta** está constituida por los bienes o servicios que se pretende vender; por ejemplo, Daniela puede estar dispuesta a vender un abrigo de lana por mes, a un precio de, como mínimo, 10 kilos de arroz.

La **demanda** es la intención de comprar el producto. Siguiendo con el ejemplo, tanto Ana, como Braulio y Carlos pueden querer comprar abrigos de lana, con lo que cada uno de ellos formaría parte de la demanda de estos abrigos.

Ambos conceptos (oferta y demanda) deben ser efectivos: el potencial vendedor debe poder ofrecerlo, o sea, debe poseer el producto o poder fabricarlo; el potencial comprador debe poder comprarlo, para lo cual debe poder dar algo a cambio, es decir, tener la **capacidad de compra**.

Hablamos de un **mercado** para referirnos a la interacción entre la oferta y la demanda. Esta interacción puede darse en un lugar físico (como un mercado concentrador de frutas y verduras), pero no necesariamente debe ser así. Por ejemplo, gran parte de las transacciones de propiedad de títulos y de acciones se realiza de manera electrónica, con compradores y vendedores a distancia, unidos por los medios de comunicación, como el teléfono o Internet.

Actividades

Enumera actividades en las que tu familia participa realizando un intercambio (compra o vende). En cada una de ellas, tu familia: ¿es parte de la demanda o de la oferta?

3.2: La curva de demanda

Consideremos, en primer lugar, la demanda de un producto de consumo final: típicamente tendrá en cuenta su precio, las necesidades o preferencias del demandante, su capacidad de compra (o **ingreso**), y la disponibilidad y precio de otros productos.

La **curva de demanda** representa las distintas cantidades que los demandantes están dispuestos a adquirir de un producto a distintos precios, para una determinada situación de las otras variables relevantes: necesidades o preferencias, ingreso y disponibilidad y precio de otros productos.

Por ejemplo, supongamos que Carlos está dispuesto a pagar hasta 12 kg de arroz por un abrigo de lana; que pagaría hasta 10 kg por un segundo abrigo, y no más de 8 kg por un tercer abrigo (con estos datos, se puede dibujar su **curva de demanda individual**). Y que en el caso de Braulio (más friolento), pagaría 14 kg por un abrigo, 11 por un segundo abrigo, y 7 por un tercero. Finalmente, Ana (menos friolenta) solo pagaría 9 por un abrigo, 6 por un segundo abrigo, y no compraría un tercero. Las curvas de demanda de cada uno de ellos podrían graficarse de la siguiente manera:

Conceptos clave:

Tecnología: conjunto de conocimientos acerca de cómo producir.

Oferta: bienes o servicios que los agentes económicos ofrecen en venta.

Demanda: intención de comprar bienes o servicios.

Capacidad de compra: medios con los que se cuenta para adquirir cosas.

Mercado: ámbito en el que se realizan los intercambios de un producto.

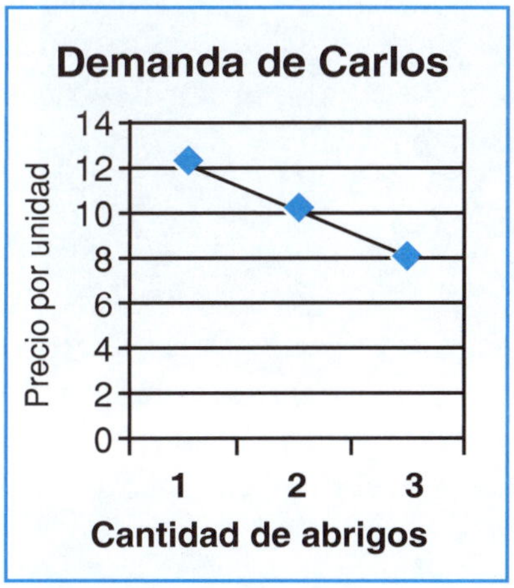

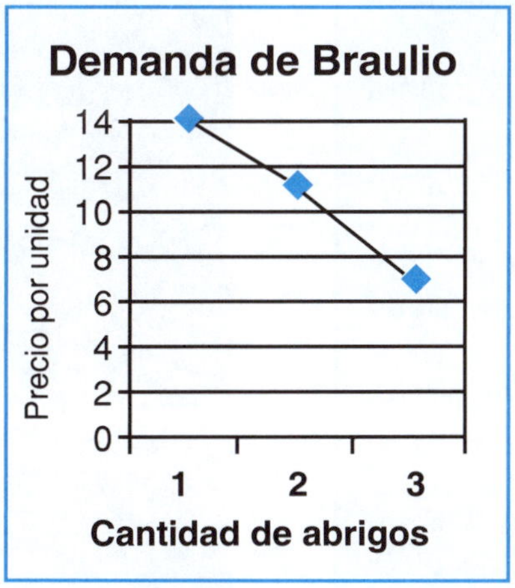

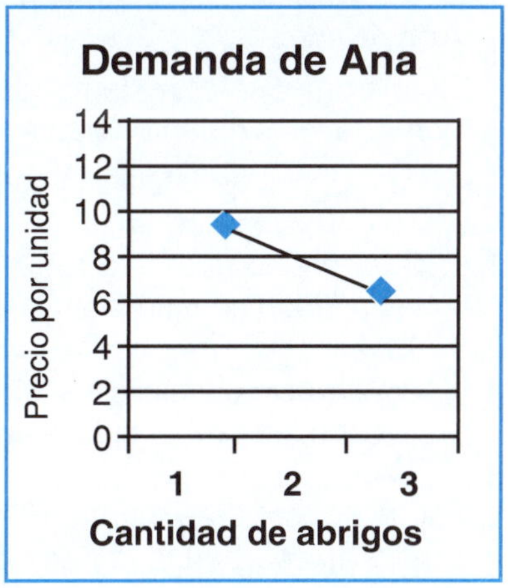

En la medida en que ellos constituyan toda la demanda del mercado, podremos decir que a un precio de 14 kg de arroz se demandará solo un abrigo (lo pagaría

Braulio); a un valor de 12, dos abrigos (se agrega la demanda de Carlos); si el precio desciende a 11, la demanda de mercado sería de tres abrigos, porque Braulio adquiriría un segundo abrigo, etc. Se podría armar una curva de demanda de mercado, si se suman las cantidades demandadas por cada uno de los consumidores potenciales para cada precio:

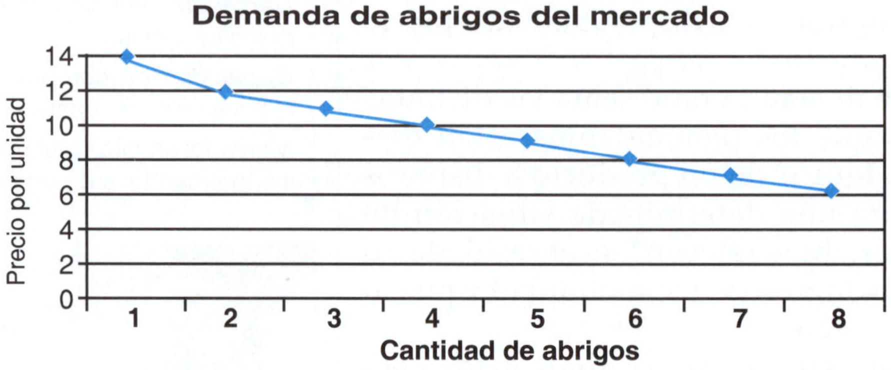

Estas curvas reflejan que los compradores están dispuestos a comprar más abrigos cuanto menor sea su precio, lo cual es la situación más común en la vida real. Gráficamente, se expresa diciendo que la curva de demanda tiene **pendiente negativa**: a medida que crece una variable (el precio) disminuye la otra (la cantidad demandada).

Hay casos en que esto no ocurre: puede pasar que cuando un precio comienza a subir, los compradores crean que va a seguir subiendo, y entonces aumenten sus compras. O casos en que, al aumentar el precio, la cantidad comprada no sufre ninguna variación. Pero estos son casos especiales. En la mayoría de los mercados la cantidad demandada aumenta o disminuye cuando el precio disminuye o aumenta, respectivamente. Es decir: si se grafica la curva de demanda, tendrá pendiente negativa.

Actividades

Dibuja una curva de demanda de nafta a partir de los siguientes datos:

- A un precio de $2 por litro, se consumen 10.000 litros por día.
- Si el precio aumenta a $2,40 por litro, la cantidad consumida se reduce en un 10%.
- Si el precio disminuye a $1,80 por litro, la cantidad consumida aumenta en un 5%.

Para ello, deberás marcar cada punto en un eje de coordenadas cartesianas, en el cual la ordenada represente el precio y la abscisa represente las cantidades, y unir los puntos con una línea.

3.3: La curva de oferta

Conceptos clave:

Curva de demanda: representación gráfica de las cantidades de un bien o servicio que los compradores están dispuestos a adquirir a cada precio.

Curva de demanda individual: la que refleja las elecciones (intención de comprar ciertas cantidades a ciertos precios) de un solo demandante.

Pendiente de una curva: inclinación que tiene la curva. Si a lo largo de ésta, las variables representadas en los ejes (por ejemplo, precios y cantidades) crecen simultáneamente, la pendiente es positiva. Si cuando una variable crece, la otra disminuye, la pendiente es negativa.

De forma similar, podemos analizar la conducta de quienes ofrecen el producto. El supuesto general es que la motivación de su actividad es obtener un beneficio, es decir, una diferencia entre el precio al que lo venderán y el costo de fabricarlo. Dicho costo estará determinado por la tecnología de fabricación que usen y el costo de los insumos, incluyendo el valor del propio tiempo empleado en la actividad de fabricar el producto (si fuera el caso), de llevarlo al mercado y de venderlo.

La **curva de oferta**, en un gráfico, representa las cantidades que se está dispuesto a ofrecer en el mercado de un producto para cada precio.

Supongamos, por ejemplo, que Daniela fabrica abrigos, y está dispuesta a confeccionar: 2 abrigos si le pagaran por ellos 8 kg de arroz cada uno; 3 si le pagaran 9 kg de arroz cada uno; 4 si le pagaran 10 kg de arroz cada uno; 5 si le pagaran 11 kg de arroz cada uno; y 6 si le pagaran 12 kg de arroz cada uno.

Si relacionamos en un eje de coordenadas cartesianas, igual que en el caso de la demanda, los datos de cantidades y precios, obtendríamos la siguiente representación:

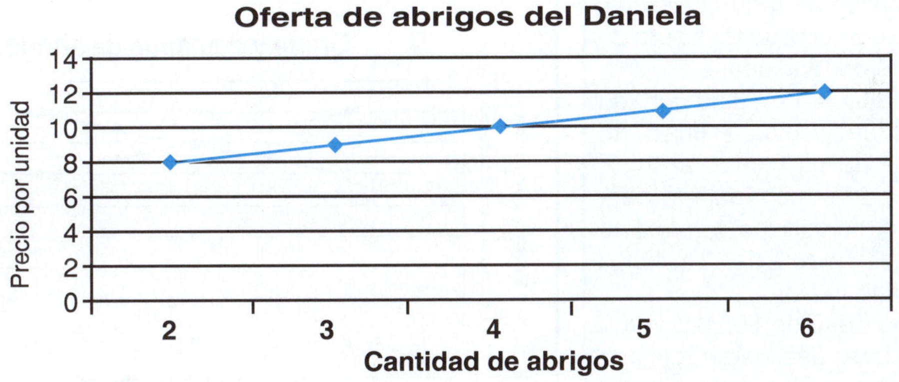

Si es solo Daniela la que fabrica abrigos, su curva de oferta será la del mercado; si hay más oferentes, hay que sumar las **curvas de oferta individuales**, al igual que se hizo con las curvas de demanda individuales.

La curva de oferta recién graficada tiene pendiente positiva (cuando aumenta el precio, aumentan las cantidades que se está dispuesto a ofrecer), que es la situación más frecuente. Cuando el productor obtiene más por su producto, más dispuesto estará a venderlo.

Conceptos clave:

Curva de oferta: representación gráfica de la cantidad de un bien o servicio que los vendedores están dispuestos a vender a cada precio.

Curva de oferta individual: es la que refleja las intenciones de un solo oferente de vender un producto en un mercado.

Actividades

Dibuja una curva de oferta de trigo a partir de los siguientes datos:

- A un precio de $1 por kg., los productores dedicarán casi todo su campo al cultivo del trigo, con lo cual la próxima cosecha de trigo será de 50 millones de toneladas.
- Si el precio fuera de $0,50 por kg., los productores dedicarán una parte importante de su campo al trigo, pero otra parte importante la destinarán a otros cultivos; la próxima cosecha de trigo será de 20 millones de toneladas.
- Si el precio fuera de $0,20 por kg., los productores destinarán solo una porción menor de su campo al trigo, para poder dedicarse a cultivos más rentables. La cosecha de trigo se reducirá a 5 millones de toneladas.

Para ello, deberás marcar cada punto en un eje de coordenadas cartesianas, en el cual la ordenada represente el precio, y la abscisa represente las cantidades, y unir los puntos con una línea.

La curva de oferta puede tener otra forma. Por ejemplo, hay casos en que quien vende necesita un determinado ingreso, y entonces, cuanto menos le pagan por cada unidad más necesidad de vender tiene. En ese caso, la curva de oferta tendría pendiente negativa.
Hay también casos en los que el vendedor no tiene más remedio que vender sus mercaderías (porque no se puede quedar con ellas, dado que se echarían a perder), al precio que encuentre. En este caso, la cantidad ofrecida no varía en función del precio.
Pero las curvas de oferta de pendiente positiva representan lo que ocurre en la mayoría de las situaciones.

3.4: La formación de precios: el equilibrio del mercado

Si continuamos con el ejemplo desarrollado, podemos superponer la curva de demanda del mercado de abrigos de lana con la curva de oferta de Daniela (que es la curva de oferta del mercado):

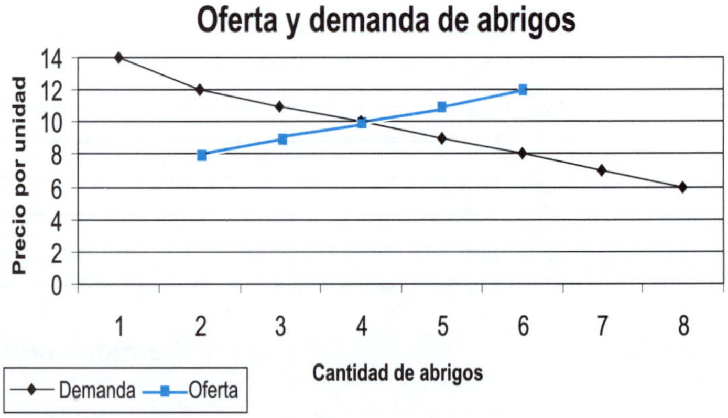

Puede verse en este gráfico que, si el precio es de 10 kg de arroz por abrigo, la oferta y la demanda coinciden. Como hemos visto, a ese precio, Daniela estará dispuesta a fabricar y a vender 4 abrigos; Braulio está dispuesto a comprar 2, y Carlos otros 2, con lo que el total de oferta y demanda es de 4.

Por supuesto que a Daniela le convendría más que el precio fuera de 11 kg, pero a ese precio Carlos solo compraría un abrigo, con lo que quedaría un abrigo sin vender. Pero es más: al precio de 11 kg, Daniela estaría dispuesta a fabricar 5 abrigos, o sea, dos abrigos más que los que podría vender. Habría una oferta excedente. Para poder vender más, Daniela deberá aceptar un precio menor. Pero si lo baja demasiado (por ejemplo, a 9 kg) se daría la situación inversa: habría demanda excedente (los demandantes querrían comprar 5 abrigos, y Daniela solo estaría dispuesta a fabricar 3).

Entonces, podemos afirmar que en el punto en el que se venden 4 abrigos a 10 kg de arroz cada uno, se llega al **equilibrio** en ese mercado, bajo las condiciones especificadas. ¿Por qué hablamos de equilibrio? Porque las fuerzas del mercado (oferta y demanda) tienden a converger en ese punto: si se quisiera fijar un precio distinto, la presencia de **excesos de oferta o de demanda** (según el caso) presionarían para volver al precio de equilibrio.

3.5: Asignación de recursos y fases del proceso

Podemos interpretar a los mercados como una suerte de máquinas procesadoras de información económica. A partir de datos como los gustos de los consumidores, el estado de la tecnología, los costos de los insumos, etc., se forman los precios, los que dan señales concretas a los consumidores y a los productores, que influyen en las decisiones acerca de elegir un producto u otro, o de adoptar una tecnología u otra.

Supongamos, por ejemplo, que el mercado del petróleo está en equilibrio, a un precio internacional de 30 dólares el barril[1]. Y que uno de los principales países productores entra en guerra, lo que lo obliga a disminuir su producción. Es decir, que la oferta disminuye, y entonces, no alcanza a abastecer la demanda: al precio de 30

Conceptos clave:

Equilibrio del mercado: situación que indica que, a un cierto precio (el **precio de equilibrio**) las cantidades ofrecidas y demandadas coinciden.

Exceso de oferta: diferencia positiva entre la cantidad ofertada y la demandada a un precio determinado, normalmente mayor que el precio de equilibrio.

Exceso de demanda: diferencia positiva entre cantidad demandada y ofertada a un precio determinado, normalmente menor que el de equilibrio.

Actividades

Tacha las palabras en cursiva que no correspondan:

"Las curvas de demanda suelen tener pendiente *positiva / negativa*, porque ante un aumento del precio de un producto, los compradores tienden a comprar *más / menos* cantidad. Por otro lado, el aumento de precios tiende a incentiva a los vendedores a ofrecer *más / menos* cantidad del mismo producto; por eso, en general las curvas de oferta tienen pendiente *negativa / positiva*. Cuando la cantidad demandada es mayor que la cantidad ofrecida, el precio de mercado tiende a *subir / bajar*. Esta *suba / disminución* del precio provocará que la cantidad *demandada / ofrecida* suba, y que la cantidad *demandada / ofrecida* baje. Esto tiende a *reducir / agrandar* la diferencia entre ambas cantidades, hasta que llegan a ser iguales. En ese punto se llega al equilibrio del mercado, donde el precio tiende a *subir / estabilizarse / bajar*.

1 Un barril equivale aproximadamente a 159 litros.

dólares el barril, hay un exceso de demanda. El mercado no está en equilibrio. Para que vuelva a estarlo, la oferta debe subir y/o la demanda debe bajar.

Ante la escasez de un producto, un sistema comunitario tendería a racionarlo: es decir, a reducir con algún criterio la parte que le toca a cada uno (por ejemplo: se puede reducir a todos por igual, o tener en cuenta la necesidad del bien que tiene cada uno).

En una economía de mercado, el **racionamiento** se produce a través del precio. Si un producto escasea, el precio sube, y quienes lo siguen comprando son los que estén dispuestos a pagar más, y tienen la posibilidad de hacerlo. Los otros deberán reducir sus compras, ya que los vendedores le venderán a quien le pague el precio más alto.

Siguiendo el ejemplo del petróleo, el aumento de su precio desatará una serie de reacciones en cadena:

- Al hacerse más caro el petróleo, los compradores buscan reducir su consumo. Esto lleva a preferir automóviles más livianos, que gastan menos combustible; y a desarrollar fuentes alternativas de energía, que permitan generar energía eléctrica sin usar petróleo: la energía nuclear, la hidroeléctrica, la solar, la eólica, la producción de combustibles a partir de vegetales (biocombustibles).
- Eso impacta sobre diversos mercados. Por ejemplo, al aumentar la demanda de automóviles livianos, esa demanda superará a la oferta, y su precio tenderá a subir. Al contrario, los automóviles muy gastadores de combustible deberán bajar de precio para encontrar compradores. Eso se constituirá en la "señal" para los fabricantes de automóviles de que les conviene más producir automóviles livianos. Ante eso, disminuirán su demanda de acero y aumentarán su demanda de aluminio y plásticos, más livianos que el acero, para hacer vehículos que ahorren combustible. Esto, a su vez, tiene impacto en los mercados del aluminio, del plástico y del acero.
- Los productores de petróleo buscarán aumentar su producción para aprovechar los altos precios. Eso los llevará a comprar más tubos para perforación de pozos petroleros, a contratar más trabajadores y a mejorar sus instalaciones.
- Como consecuencia de esto, aumentará el precio de los tubos para perforación petrolera, lo que incentivará el aumento de su producción, que a su vez determinará una mayor demanda del acero que se utiliza para estos tubos.

Es decir, los agentes económicos buscan adaptarse a la nueva situación, de la cual se "enteran" debido a los cambios en los precios.

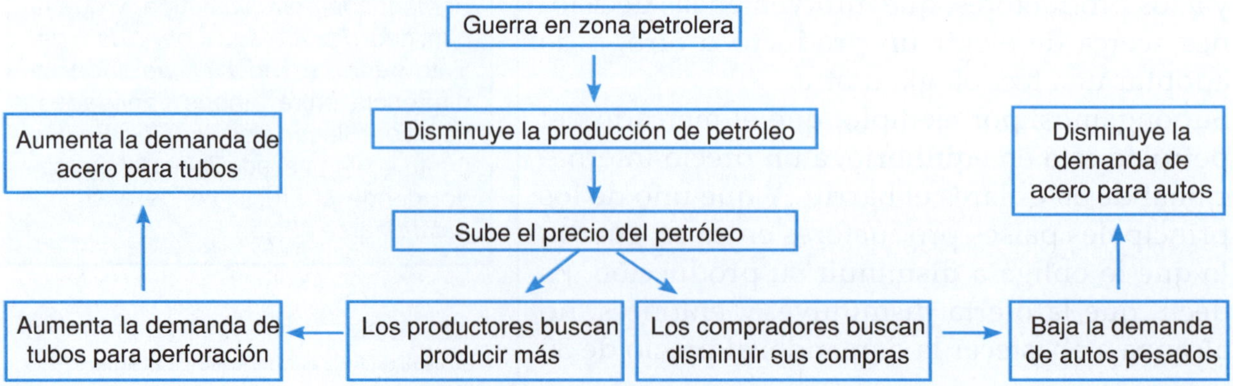

Estos procesos continuarán hasta que se llegue nuevamente a una situación de equilibrio, que implicará que los precios tiendan a mantenerse en un "precio de equilibrio", que será distinto del que había antes de la guerra.

En la economía de mercado los precios tienen el papel fundamental de servir de "señal", ante un cambio en las condiciones que afectan a los mercados, para que los consumidores ajusten las cantidades consumidas y los productores ajusten las cantidades producidas. Esto lleva a que cambie la composición de la producción (el conjunto de bienes y servicios que se producen) y/o la forma en que se realiza la producción (la tecnología empleada). Esto implica cambios en la **asignación de los recursos productivos**.

En este caso, las fases del proceso de reasignación de recursos fueron:

1. Hubo un hecho externo que afectó la oferta (también podría haber afectado la demanda, que fue lo que ocurrió en el caso de los automóviles);
2. Como consecuencia, se modificó el precio;
3. Como resultado, se modificaron tanto la demanda como la oferta. Esto implicó un cambio en los productos que se fabrican, que llevó a modificar la asignación de los recursos que se dedican a la producción.

Conceptos clave:

Asignación de recursos: proceso en el que los recursos productivos se distribuyen en las distintas actividades, en función de atender las necesidades.

Pozo petrolero.

3.6: Desplazamiento de las curvas de oferta y demanda

Veamos ahora con mayor detalle cómo afecta un cambio a un mercado en particular. Supongamos, en primer lugar, que en un momento dado las cantidades demandadas y ofrecidas por el conjunto de los participantes en el mercado de discos compactos (CD) legales (los que pagan derechos de autor e impuestos, y están fabricados con ciertas normas de calidad), de edición reciente, son las que se muestran en el cuadro a continuación:

Actividades

Imagina que súbitamente aumenta el precio del hierro, haciéndose más caro que el aluminio. ¿Cómo afectará ese aumento a las carpinterías de hierro, y cómo a las de aluminio? ¿Es posible esperar que se produzca un desplazamiento de recursos desde una actividad a otra? ¿En qué sentido?

Mercado de CD legales, situación inicial		
Precio promedio ($/CD)	Cantidad demandada (millones de CD)	Cantidad ofrecida (millones de CD)
5	3	1
15	2,5	1,5
25	2	2
35	1,5	2,5
45	1	3

Esta situación puede volcarse en un gráfico similar a los que vimos anteriormente:

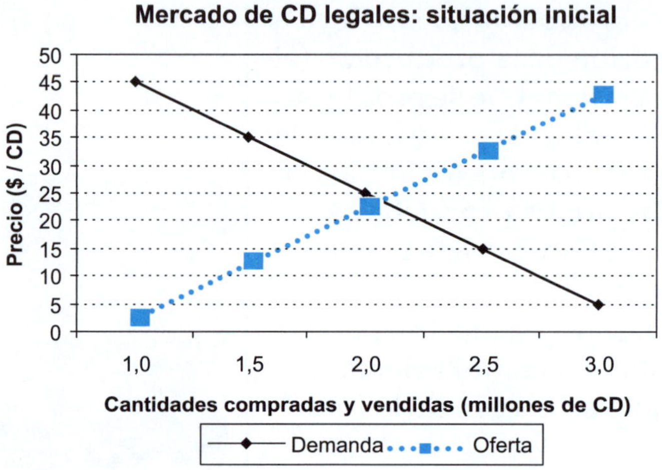

Puede verse (tanto en el cuadro como en el gráfico) que el equilibrio ocurre cuando el precio promedio es de $25 por CD: a ese precio, las cantidades demandas y ofrecidas coinciden (2 millones de CD).

Sobre esta base, veremos cómo incidirían en este mercado:

a) una variación en el ingreso de los consumidores;

b) una variación en las preferencias (o necesidades) de los consumidores;

c) una variación en el precio o en la disponibilidad de productos que pueden reemplazar a los CD (como la música bajada desde Internet a aparatos de MP3);

d) una variación en el precio o disponibilidad de productos que normalmente son usados cuando se usan los CD (por ejemplo, los reproductores de CD);

e) una variación en el costo de producción, ya sea por que cambiaron los precios de los insumos o por mejoras tecnológicas.

Desplazamiento de la demanda por variación en el ingreso de los demandantes

En primer lugar, consideremos un aumento en el ingreso de los consumidores, sin que se modifiquen las otras variables. Es de esperar que, al tener la gente mayor capacidad de compra, pueda comprar más CD, aunque valgan lo mismo. Es decir: aumentará la demanda para cada precio.

Esto puede reflejarse en el gráfico recién presentado. En él, hemos dejado –como referencia– la curva de demanda anterior al aumento del ingreso, pero agregamos la nueva curva que, junto con la oferta, determinará el nuevo equilibrio del mercado:

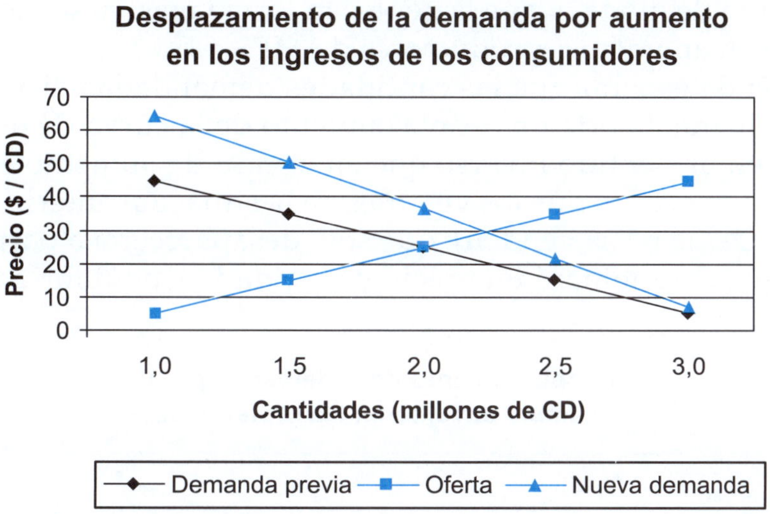

Para cada precio, ahora hay una demanda de mayor cantidad de CD: esto indica que se produjo un **desplazamiento de la curva de demanda**. Es decir, ahora la curva de demanda se ubica gráficamente en valores más altos que antes, e indica que la demanda, en su conjunto, está dispuesta a comprar mayor cantidad por el mismo precio, por efecto de una tercera variable: en este caso, el ingreso.

Ante este desplazamiento, al precio de $25 por unidad la demanda supera a la oferta. Esto les permitirá a los vendedores aumentar el precio, lo que a su vez los estimula a ofrecer más CD. El nuevo precio de equilibrio es $30 por unidad, y se venden aproximadamente 2,25 millones de CD.

En el caso de la oferta hay un **desplazamiento dentro de la curva**: la cantidad de equilibrio aumenta, pero únicamente porque varió el precio; la curva sigue siendo la misma que antes.

El aumento de la demanda de un bien, debido al aumento de los ingresos de los consumidores, suele darse en una gran cantidad de mercados cuando se atraviesa un período de expansión económica. Por ejemplo, durante el año 2006 aumentó el ingreso promedio de los argentinos, y ese mayor ingreso se volcó a la compra de bienes. Como consecuencia se observó, para la mayor parte de los artículos de consumo, un aumento tanto de las cantidades vendidas como de los precios.

En general, cuando aumenta el ingreso de los consumidores, la cantidad demandada de los bienes también crece. Decimos, en estos casos, que se trata de **bienes normales**. Sin embargo, en algunos casos y situaciones, cuando aumenta el ingreso la demanda disminuye. Por ejemplo, puede ocurrir en el caso de las alpargatas: al aumentar su ingreso, la gente puede optar por comprar calzado de mayor precio y, en consecuencia comprar menos alpargatas. Se dice, en este caso, que se trata de **bienes inferiores**.

Desplazamiento de la demanda por cambios en las preferencias

De modo similar puede analizarse el efecto de un cambio (respecto del producto en cuestión) en las preferencias de los demandantes. Supongamos, por ejemplo, que los CD pasaran de moda, y que la gente, en forma masiva se inclinara más por escuchar música en aparatos reproductores de MP3.

En ese caso, sería de esperar que las cantidades demandadas disminuyeran para cada precio, con lo que habría un desplazamiento de la curva de demanda "hacia abajo", es decir, en un sentido inverso que en el caso de aumento en los ingresos. Esto determinaría que, a los precios vigentes en la situación anterior, habría un exceso de oferta (CD que no se venden), que solo desaparecería a partir de un ajuste en el mercado, que determinará un precio y cantidad de equilibrio inferiores a los anteriores.

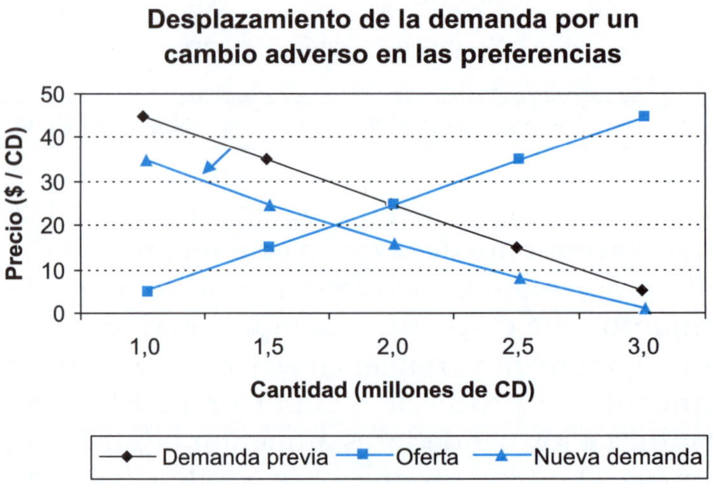

En el ejemplo, el precio de equilibrio baja de $25 promedio por CD a $20 por CD; y la cantidad de equilibrio disminuye de 2 millones de CD a, aproximadamente, 1,75 millones.

Un cambio favorable en las preferencias (que aumente la demanda de CD) desplazaría la curva de demanda hacia arriba, por lo que se podría analizar con un gráfico similar al utilizado para estudiar los efectos de un incremento en el ingreso.

Desplazamiento de la demanda por cambios en productos sustitutos

La demanda de un producto también puede modificarse debido a cambios que se producen en otros mercados. Por ejemplo, el aumento en el precio del petróleo hace aumentar la demanda de fuentes alternativas de energía capaces de sustituirlo. En este caso, hablamos de **productos sustitutos** (o **sustitutivos**): si bien no se trata del mismo producto, al satisfacer una necesidad similar, la gente puede optar por comprar uno u otro, con lo que entran en competencia.

Volviendo al ejemplo de los CD, podemos suponer que los consumidores pasan a adquirir una mayor proporción de aparatos reproductores de MP3, desplazando a

aquellos, no por una cuestión de moda, sino porque antes no existían en el mercado y ahora sí, o porque su precio se abarató considerablemente.
Esta disminución de la demanda de CD se refleja, gráficamente, en un desplazamiento hacia debajo de la curva de demanda:

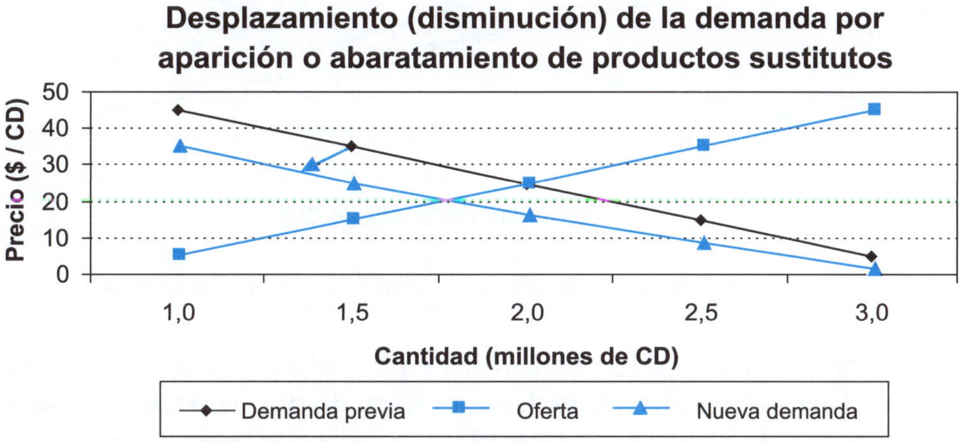

En cambio, si el impacto fuera positivo (por ejemplo, porque se prohibiera la importación de reproductores de MP3) sería de esperar que ocurriera un desplazamiento de la curva de demanda "hacia arriba", en forma similar a lo que vimos cuando analizamos un incremento en los ingresos de los consumidores.

Desplazamiento de la demanda por cambios en productos complementarios

Al contrario de los bienes sustitutos, en el caso de los **bienes complementarios** el consumo es conjunto. Así como para los fabricantes de nafta el aumento de la demanda de GNC es una mala noticia, porque le resta demanda a la nafta, el aumento de la venta de autos nafteros es una buena noticia, porque cuanto más se usen los autos, más nafta se va a consumir.
En el caso del mercado de CD, podría ocurrir que, por avances tecnológicos o por alguna otra razón, disminuyera el precio de los aparatos reproductores. Esto haría aumentar las ventas de éstos, con lo cual, quienes los compren, aumentarán su demanda de CD, sin los cuales no los pueden utilizar.
Nuevamente, esto provocaría un desplazamiento de la curva de demanda de CD "hacia arriba", lo que permite (igual que en el caso de aumento en los ingresos) incrementos tanto en la cantidad como en el precio de equilibrio.

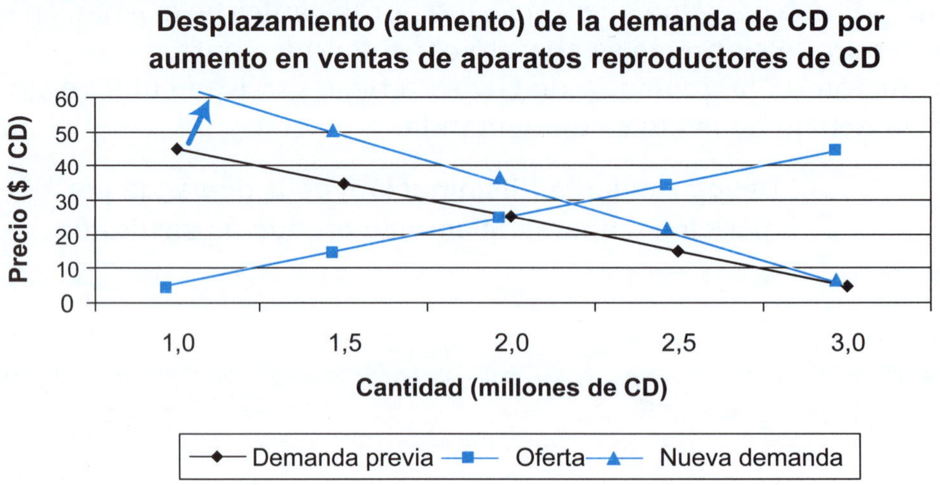

Este "efecto complementariedad" es tenido en cuenta por los grupos empresarios que venden productos complementarios a la hora de determinar sus estrategias de publicidad o fijación de precios. Es notable que, a pocos meses de su lanzamiento, las máquinas de afeitar, suelen tener un precio muy bajo, al menos comparado con el de los repuestos. La explicación es sencilla: el negocio del fabricante es vender los repuestos, no las máquinas. Entonces, estimula la adquisición de máquinas, porque su posesión induce al demandante a comprar los repuestos.

Desplazamiento de la oferta por variación en el costo de producción (cambios en precios de insumos o mejoras de la tecnología)

La curva de oferta también puede desplazarse; por ejemplo, supongamos que, debido a la devaluación de la moneda nacional, aumentaron los materiales con que se fabrican los CD. En ese caso, es de esperar un desplazamiento de la curva de oferta hacia arriba: es decir que los fabricantes requerirán un mayor precio unitario para vender la misma cantidad.

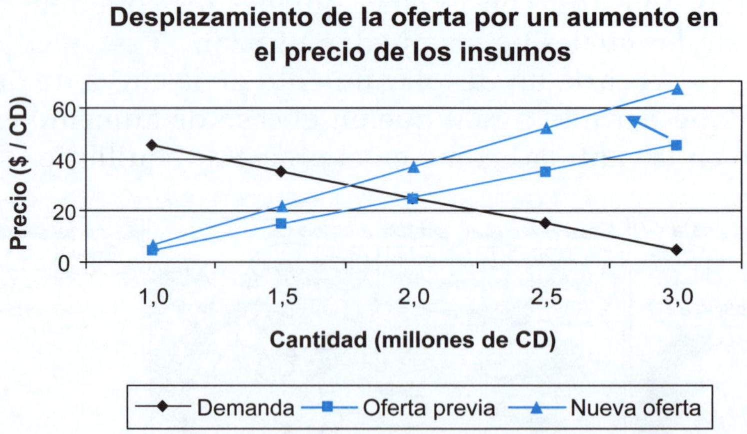

En este caso, el precio de equilibrio aumentaría a $30 por CD; pero como a ese precio los demandantes no estarán dispuestos a comprar lo mismo que antes, la cantidad de equilibrio disminuiría, aproximadamente a 1,75 millones de CD.
Lo opuesto ocurriría si hay una disminución en el precio de los materiales, o mejoras tecnológicas que hagan más barata la producción, como se grafica a continuación:

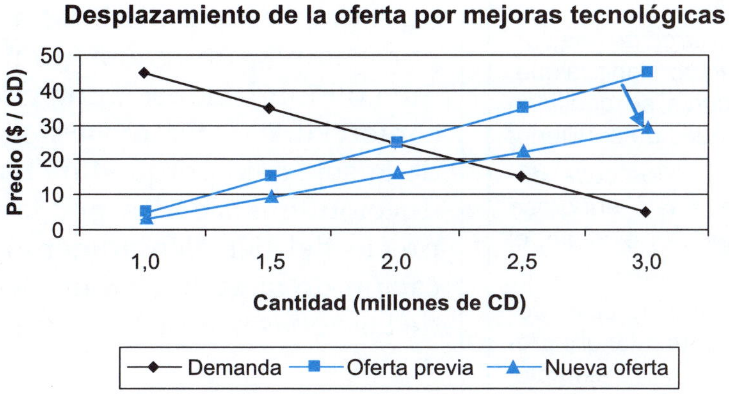

Entonces, tendríamos un desplazamiento de la curva de oferta hacia abajo, que determinaría una disminución del precio de equilibrio (de $25 a $20 por CD) y un aumento de la cantidad de equilibrio (de 2 millones de CD a 2,25 millones de CD).

Comentarios sobre desplazamientos de las curvas

En la práctica, los datos de la realidad están cambiando constantemente. Por ejemplo, en el caso de los CD legales, en los últimos años se ha dado:

a) Un aumento de la preferencia del público por los CD, que desplazó a los cassettes (que habían desplazado, a su vez, a los discos de vinilo);
b) Un aumento en los ingresos de los argentinos, medidos en pesos;
c) Un fuerte aumento de los costos al producirse la devaluación del año 2002;
d) El ingreso al mercado de aparatos reproductores de MP3 y un fuerte aumento en las conexiones de Internet de banda ancha, que facilitó la copia de música a través de la red; además de la expansión de copias ilegales de CD, que también son productos sustitutos de los CD legales.

Los tres primeros movimientos han presionado hacia el alza a los precios; pero esta alza se vio contenida por la competencia de las copias ilegales y de los reproductores de MP3. Como resultado, los precios de los CD legales durante 2006 en promedio aumentaron respecto del año 2000, pero menos que lo que aumentó la mayoría de los precios de la economía; es decir, en relación con otros bienes, se abarataron.
Los motivos de desplazamiento del equilibrio que se han ejemplificado son los que más frecuentemente se mencionan, pero no los únicos. La demanda puede crecer, además, porque el producto puede comenzar a exportarse (en ese caso, a la demanda interna se le suma la externa) o utilizarse en forma distinta a la que

Conceptos clave:

Desplazamiento de una curva (de oferta o demanda): Traslado de la curva, ya sea a la izquierda (ante los mismos precios, menores cantidades) o a la derecha (a los mismos precios, mayores cantidades).

Desplazamiento a lo largo de una curva (de oferta o demanda): significa que, dentro de la misma curva, se modifican los precios y cantidades de equilibrio.

Bienes normales: aquellos cuya demanda aumenta al aumentar el ingreso de los consumidores. Por ejemplo, el turismo.

Bienes inferiores: aquellos cuya demanda disminuye al aumentar el ingreso de los consumidores. Por ejemplo, los alimentos más baratos.

Productos sustitutos: los que pueden reemplazar (aún en forma imperfecta) a un bien en la satisfacción de necesidades. Por ejemplo, la margarina es un sustituto de la manteca.

Productos complementarios: los que se consumen conjuntamente. Por ejemplo, los automóviles nafteros y las naftas.

Actividades

a. Además del precio del pollo, ¿qué otras variables pueden provocar una modificación de la cantidad de pollo que están dispuestos a comprar los consumidores?

b. Ahora trata de razonar como un productor de pollos, a los que alimenta con maíz. Seguramente, cuanto más alto sea el precio que te paguen, más ganarás con tu actividad y, por lo tanto, más estarás dispuesto a producir. ¿Qué otras cuestiones harían que busques aumentar o disminuir tu producción de pollos?

se venía usando. Por ejemplo, en el caso del azúcar, su uso tradicional es para endulzar comidas y bebidas; pero también se usa para fabricar alcohol y alconafta, que reemplaza a la nafta de petróleo.

Pueden ocurrir también desplazamientos de la oferta por causas distintas a las enumeradas: por ejemplo, un fenómeno natural (como sequía o inundaciones), una guerra, un bloqueo comercial, etc. Es frecuente leer que el precio de la soja bajó porque llovió en zonas de producción amenazadas por la sequía; o que el precio del petróleo aumentó por la intensificación de la guerra en el Medio Oriente, una de las zonas productoras más importantes del mundo.

También podría ocurrir que en un mercado, todos los vendedores se pusieran de acuerdo para aumentar los precios. En ese caso, lo que cambia es la forma del mercado. Esta cuestión la analizaremos más adelante, en el Capítulo V.

3.7: Elasticidad de las curvas de demanda y de oferta

Vimos que es lógico esperar que un cambio en los precios provoque, como reacción de oferentes y demandantes, un cambio en las cantidades ofrecidas y demandadas. En esta sección analizaremos el concepto de **elasticidad**, que se refiere a la magnitud relativa de esa reacción: qué grado de "sensibilidad" tendrán las cantidades demandadas u ofrecidas ante cambios en los precios.

Supongamos, por ejemplo, que la demanda de lechuga de un mercado está representada por Laura y Marta. Laura es bastante "sensible" al precio de la lechuga: a un precio de 4$ el kg. ya no la compra, sino que la sustituye con tomate o zanahoria. En cambio, Marta recién deja de comprar lechuga cuando cuesta 8$ el kg. En ambos casos, lo máximo que consumirían (si a la lechuga la regalaran) sería 4 kg. semanales.

Podemos representar así las curvas de demanda individuales:

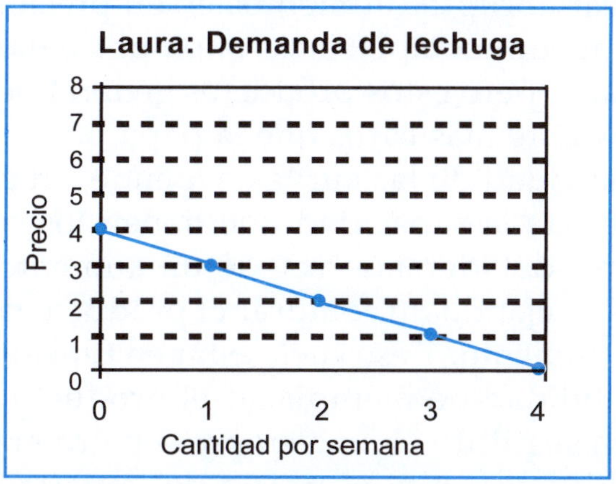

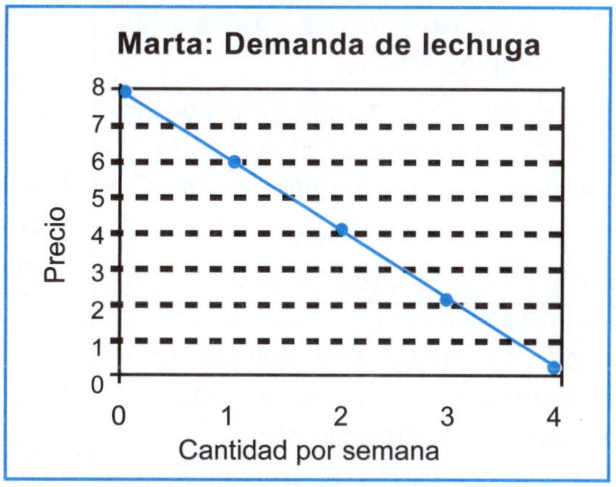

Como vemos, la demanda de Laura es más horizontal, es decir, tiene menos pendiente. Esto refleja su comportamiento: ante pequeños cambios en el precio, las cantidades demandadas varían significativamente. Esto significa que la demanda es más **elástica**. En cambio, la demanda de Marta es más vertical (tiene más pendiente). Las cantidades que demanda reaccionan menos ante cambios en el precio: implica que la demanda es más **inelástica**.

Suponiendo que toda la demanda del mercado esté representada por Laura y por Marta, su representación gráfica sería aproximadamente la siguiente:

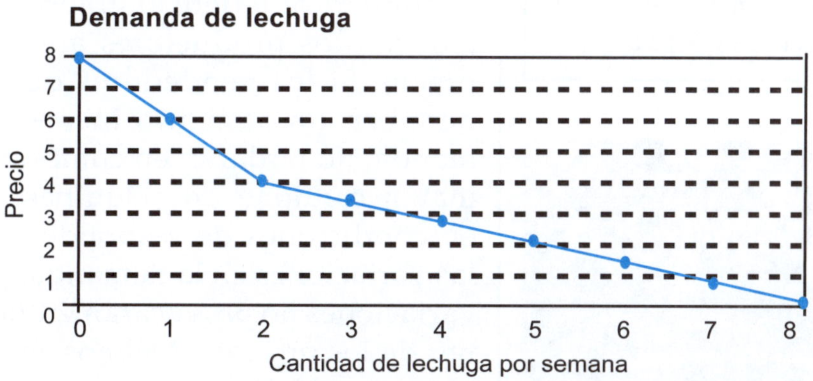

La elasticidad de la demanda de mercado es la resultante de las elasticidades de las demandas individuales. Para precios superiores a $4 el kg., la curva será más inelástica, ya que en ese tramo la única demandante será Marta. Para precios inferiores, la curva de demanda de mercado tendrá una elasticidad superior a la de Laura, pero inferior a la de Marta, ya que está compuesta por la demanda de ambas.

La elasticidad de las curvas de demanda es muy importante cuando se produce un cambio en el mercado, porque va a determinar en gran medida los efectos de ese cambio. Por ejemplo, si hay una mala cosecha de duraznos, que determina una disminución de la producción de dulce de duraznos, el precio seguramente no aumentará mucho: en cuanto los compradores adviertan que aumentó el precio del dulce de duraznos, lo reemplazarán por dulce de damascos o de ciruela.

Conceptos clave:

Elasticidad: reacción de una variable ante cambios en otra.

Elasticidad de la demanda: grado en que varía la cantidad demandada al modificarse el precio del producto.

Demanda elástica: situación en que, ante un cambio en el precio, las cantidades demandadas varían en proporción mayor. Por ejemplo, ante un aumento del precio del 10%, la demanda se reduce un 30%.

Demanda inelástica: la que reacciona relativamente poco ante variaciones en el precio. Por ejemplo, si ante un aumento del precio del 10%, la cantidad demandada solo se reduce un 3%.

Elasticidad de la oferta: grado en que varía la cantidad ofrecida al modificarse el precio de un producto. Si, para una determinada variación en el precio, la cantidad varía más que proporcionalmente, la oferta es elástica. Si pasa lo contrario, la oferta es inelástica.

Mercado.

Actividades

Según tu opinión ¿Cuál de estas demandas es la más elástica: la demanda de electricidad de los hogares o la demanda de bananas? Fundamenta tu respuesta.

En cambio, una mala cosecha de papas suele provocar abruptos aumentos en su precio. La gente puede reemplazar la papa por batata o el zapallo, pero estos productos generalmente son bastante más caros que la papa.

La elasticidad de las curvas depende, en gran medida, de la capacidad que tienen los compradores de "defenderse" de un aumento de precios, dejando de comprar el producto cuyo precio aumentó. Y eso suele estar en función de la posibilidad de reemplazar el producto por un bien sustituto. Si una empresa petrolera en particular aumenta el precio de la nafta que vende, los consumidores pueden cargar nafta de otras empresas. Pero si todas las naftas aumentan simultáneamente, habrá muchos consumidores que deberán seguir cargando nafta en sus autos, porque no pueden viajar de otra forma, ni pueden dejar de viajar. Es decir, su demanda será más inelástica.

El concepto de **elasticidad de la curva de oferta** es similar: se refiere al grado de reacción que tendrán los productores ante cambios en el precio. Si los vendedores de computadoras perciben un aumento inesperado de la demanda, no tardarán en comprar en el exterior mayor cantidad de máquinas. La oferta está en condiciones de responder rápidamente a las variaciones en la demanda, por lo que esas variaciones no provocarán grandes fluctuaciones de los precios. Decimos en ese caso que la oferta es **elástica**.

En cambio, ante un aumento súbito de la demanda de papas, si la siembra ya se realizó, la producción no puede aumentar. En ese caso, la oferta es **inelástica**, al menos en el corto plazo. Los mercados que tienen tanto oferta como demanda inelástica son los que están más sujetos a fuertes fluctuaciones en los precios, ya que necesitan que se produzca una gran variación de precios para que se ajusten las cantidades, hasta que se llegue al equilibrio en el mercado.

La producción y la retribución de los factores

En el capítulo anterior vimos que en los mercados actúan dos fuerzas: la oferta y la demanda; la interacción entre estas fuerzas determina qué se produce, cuánto se produce y a qué precios se vende.

Las decisiones de producción son tomadas por las empresas, que ofrecen bienes y contratan factores productivos. Nos interesa en este capítulo entender, en primer lugar, por qué deciden producir y, en segundo lugar, qué las lleva a contratar factores productivos. Para este análisis, partiremos de suponer que:

- El objetivo de los empresarios es maximizar beneficios. Al tomar decisiones tratarán de que la diferencia entre los ingresos que obtienen y los costos en que incurren sea la mayor posible.
- Los costos de producción dependen de la cantidad producida. Producir dos sillas va a costar más que producir una; pero no necesariamente el doble.
- En cambio, la cantidad que produzca un empresario individual no hace variar el precio por unidad que recibe. Si por una silla le pagan 20 pesos, por dos sillas le van a pagar 40 pesos.

Este último es un supuesto simplificador que sirve para empezar a analizar las decisiones empresarias; pero no refleja estrictamente lo que ocurre en gran parte de los mercados en la vida real. En el capítulo siguiente veremos cuándo el supuesto no es aplicable, y qué consecuencias son esperables en esos casos.

4.1: El nivel de producción que maximiza beneficios

Costos fijos, variables y totales

Consideremos el caso de una empresa establecida, que incurrió ya en gastos de edificios, máquinas y personal fijo, al que paga por mes. Es decir, tendrá **costos fijos**, que no dependen de la cantidad producida. Además, para producir gastará en materia prima (los materiales que transforma para hacer el producto), electricidad y mano de obra contratada por hora. Estos son **costos variables** en función de la producción: cuanto mayor sea la producción, mayor será el costo variable.

Suponemos que la empresa fabrica pulóveres, y los vende a $18 cada uno, y tiene además la siguiente información:

Ingresos y costos de un productor de pulóveres							
Cantidad (pulóveres por mes)	Ingreso por ventas: precio por cantidad vendida	Aumento en el ingreso (ingreso marginal)	Costo			Aumento de los costos (costo marginal)	Beneficios (Ingreso menos costo total)
			Fijo	Variable	Total		
0	0	0	30	0	30	0	-30
1	18	18	30	15	45	15	-27
2	36	18	30	27	57	12	-21
3	54	18	30	37	67	10	-13
4	72	18	30	45	75	8	-3
5	90	18	30	55	85	10	5
6	108	18	30	68	98	13	10
7	126	18	30	83	113	15	13
8	**144**	**18**	**30**	**101**	**131**	**18**	**13**
9	162	18	30	122	152	21	10
10	180	18	30	146	176	24	4
11	198	18	30	173	203	27	-5

¿Qué significan estos datos?

- Si no se produce ningún pulóver, no habrá nada para vender, y por lo tanto no habrá ingresos. Tampoco habrá costos variables, pero sí costos fijos. Esos costos implicarán una pérdida (beneficio negativo) de $30.
- Si la empresa fabrica y vende un pulóver, habrá costos variables, que se adicionarán a los fijos. Pero como, en este caso, el aumento de costos ($15) es menor a los ingresos que se obtienen al vender un pulóver ($18), las pérdidas disminuyen.
- En la medida en que el aumento de los costos ocasionado por el aumento de la producción siga siendo inferior al precio de venta, la situación de la empresa mejora: se reducen sus pérdidas, y llega a obtener beneficios, a partir de vender 5 pulóveres por mes. Como en ese nivel el aumento de los costos sigue siendo inferior a lo que obtiene por cada pulóver, nuestra empresa sigue aumentando su producción.
- Pero cuando llega a producir 8 pulóveres, el aumento de sus costos ya es igual al precio; y si aumenta la producción, el aumento de costos supera al aumento en los ingresos. Los beneficios empiezan a declinar, y llega un momento en que se convierten en pérdidas.

En estas condiciones, el sentido común indica que la empresa no debe producir más de 8 pulóveres si no quiere que disminuyan sus beneficios. Por el mismo motivo, una vez que llega a producir 7 u 8 pulóveres, tampoco le conviene disminuir la producción.

Ingresos y costos marginales

Al aumento en los ingresos que se obtiene al vender cada pulóver adicional se lo llama **ingreso marginal**. Como hemos supuesto que todos los pulóveres se venden al mismo precio, sin importar la cantidad vendida, el ingreso marginal es igual al precio de venta, y no se modifica al variar la cantidad de pulóveres vendidos.

Por su parte, al aumento que se verifica en los costos al producir un pulóver más lo llamamos **costo marginal**. Este costo, en el ejemplo, se modifica en función de la cantidad producida. Estamos suponiendo que, a partir de un momento dado, los costos de fabricar cada pulóver van en aumento. Esto puede darse, por ejemplo, si contratamos nuevos empleados para incrementar la producción, pero como no tenemos suficientes máquinas, los trabajadores deben turnarse para usar las máquinas existentes.

Si al fabricar un pulóver más los ingresos suben más que los costos, conviene hacerlo. Si, en cambio, los costos crecen más que los ingresos, no. Cuando los costos suben en la misma suma que los ingresos, es el momento para detener el aumento de la producción. En el caso del ejemplo, al vender 8 pulóveres se tienen los mismos beneficios que al vender 7. Ya no hay motivación para aumentar la producción, y tampoco para reducirla. Este razonamiento nos lleva a la siguiente regla:

En el nivel de producción óptimo para un empresario (con el que logra los máximos beneficios) el costo marginal es igual al ingreso marginal

Conceptos clave:

Ingreso: para una empresa, es la suma que obtiene al vender la producción.

Costo fijo: es el que no depende de la cantidad producida.

Costo variable: el que crece a medida que aumenta el nivel de producción.

Costo total: suma de costos fijos y variables.

Beneficio: diferencia entre ingresos y costos.

Costo marginal: incremento en el costo como consecuencia del aumento en una unidad de la cantidad producida.

Ingreso marginal: aumento en el ingreso que tiene lugar cuando las ventas aumentan en una unidad.

Actividades

Imagina que una agencia de autos tiene costos fijos (salarios de los empleados, alquiler, electricidad, etc.) de $10.000 al mes; y que el fabricante de autos se los vende a un costo de $25.000 cada uno. El gerente de la agencia ha observado que si pretende venderlos a $28.000 cada uno, logra vender 5 autos al mes; si los quiere vender a $29.000, logra vender 4 autos al mes; en tanto que si el precio es de $30.000, las ventas se reducen a 3 autos por mes. Calcule en cada caso los ingresos, beneficios y costos totales. ¿Qué precio le conviene poner? ¿Por qué?

4.2: La producción en el corto plazo y en el largo plazo

¿Qué haría la empresa fabricante de pulóveres de nuestro ejemplo si el precio de éstos disminuyera, por ejemplo, a $15 cada uno? En principio, reduciría su producción a 7 pulóveres: como podemos ver en la tabla presentada en la sección anterior, en ese nivel de producción el costo marginal es de $15, con lo que se igualará al nuevo ingreso marginal, que es igual al nuevo precio.

Pero para producir esa cantidad, sus costos totales son de $113, mientras que sus ingresos son de $105 (7 pulóveres, a $15 cada uno). La empresa tiene pérdidas por $8. Y si modifica su nivel de producción, las pérdidas son mayores todavía. Si no produjera ninguna unidad, no tendría ingresos, pero incurriría en costos fijos por $30.

A **corto plazo**, a la empresa le convendría producir los 7 pulóveres, para que sus pérdidas sean las menores posibles. Pero está claro que, si la empresa prevé que el precio va a seguir en $15, a **largo plazo** le conviene salir del negocio, evitando los costos fijos: venderá las máquinas y edificios, despedirá al personal contratado por mes, etc.; con lo cual esos costos dejan de ser "fijos"; es posible modificarlos.

Precisamente, lo que define al largo plazo es que no hay costos fijos: la empresa puede abandonar la producción de pulóveres, y dedicarse, por ejemplo, a fabricar zapatos. O puede también comprar maquinaria distinta; tal vez, con otra tecnología, su producción óptima podría ser 700 pulóveres por mes, en lugar de 7.

En el largo plazo, la empresa puede decidir qué produce y con qué tecnología. Para eso, deberá comprar máquinas, alquilar instalaciones, contratar personal fijo, etc. Esas acciones implicarán asumir costos fijos, que no pueden ser modificados a corto plazo.

El límite entre estos plazos depende de las características de cada empresa. Un puesto en una feria podría venderse en pocas semanas: este sería su "corto plazo". En cambio, una empresa siderúrgica tiene costos fijos muy importantes: sus decisiones de instalación o de ampliación comprometen durante muchos años el futuro de la empresa.

Conceptos clave:

Corto plazo: período de tiempo en el que hay al menos un insumo fijo, por lo que hay costos fijos. Puede ser unos pocos días, como el caso de la venta ambulante, o varios años: caso, por ejemplo, de una central hidroeléctrica.

Largo plazo: período de planificación de la producción suficiente como para que todos los insumos sean variables, y en consecuencia no haya costos fijos.

Actividades

Considera una panadería cuyos costos se componen de: harina, levadura, alquiler del edificio, maquinarias y un empleado estable.

a) ¿Cuáles de estos costos tendrá en cuenta el dueño de la panadería para decidir cuánto pan producirá al día siguiente?
b) ¿Cuáles de estos costos deberá tener en cuenta un empresario para decidir si instala una nueva panadería?
c) ¿Cuál de estas dos situaciones exige una decisión "de corto plazo" y cuál una decisión "de largo plazo"? ¿Por qué? (para esta respuesta, debes tener en cuenta la respuesta a las dos preguntas anteriores).

4.3: La retribución de los factores productivos

El fabricante de pulóveres tratará de obtener ganancias; pero para eso deberá contratar trabajadores y comprar hilado de lana, comprar o alquilar máquinas, etc., para lo cual necesitará capital.

A su vez, el hilado de lana se lo venderá una hilandería, que adquirirá la lana a campos dedicados a la explotación de ovejas.

Así, los ingresos provenientes de la venta de pulóveres remuneran, directa o indirectamente a:

- Los empresarios que fabrican pulóveres, hilados y crían ovejas (que pueden no ser los dueños del campo), que obtienen **beneficios**.
- Los trabajadores contratados por esos empresarios, que obtienen **salarios**.
- Los dueños del campo donde se produce la cría de ovejas, que obtienen **rentas de la tierra**.
- Los dueños del capital con el cual se compraron o alquilaron las máquinas e instalaciones, y que permite comprar el hilado y contratar trabajadores, aún sin haber vendido todavía la mercadería. Estos dueños del capital pueden ser los mismos empresarios; pero puede tratarse de gente que tiene capital y lo "alquila" a los empresarios, a cambio de que les paguen **intereses** por ese "alquiler".
- En algunos casos, los inventores de un producto reciben **regalías**. Por ejemplo, si un laboratorio creó una determinada variedad de semillas, puede exigir –por un tiempo– que quienes las usen le paguen regalías para compensar la inversión en el desarrollo de las semillas, que es aprovechado por quienes las usan.

El diagrama siguiente muestra algunos de los flujos económicos que se realizan:

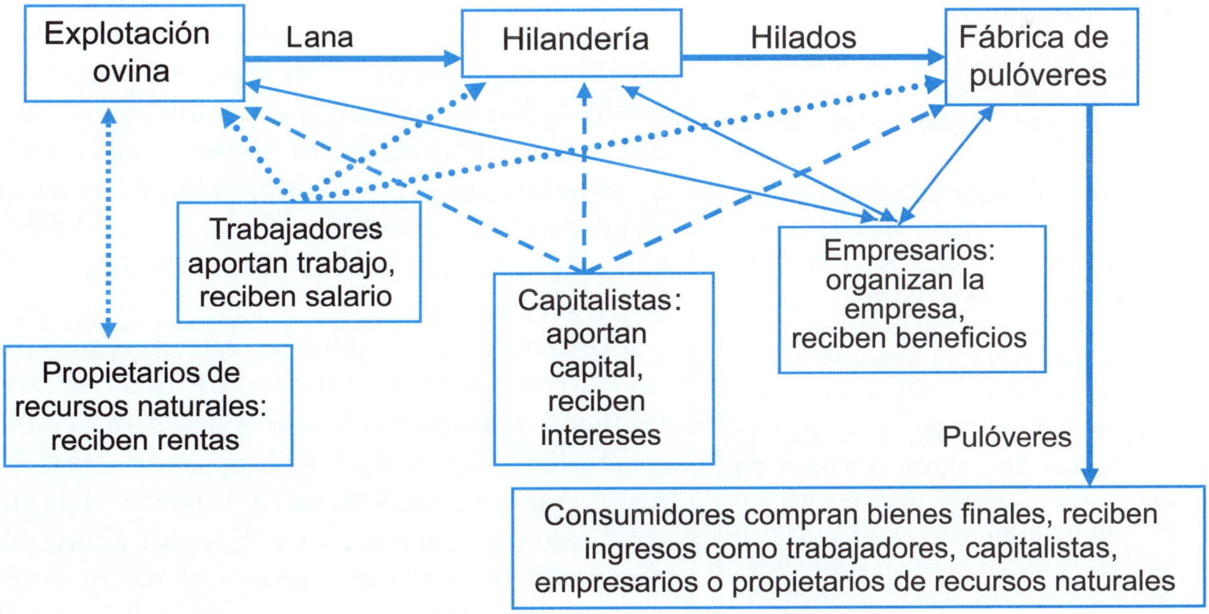

Los trabajadores, los capitalistas, los empresarios y los propietarios de recursos naturales obtienen ingresos por su participación en la producción. Esto les permite, como consumidores, adquirir bienes y servicios.

Como señalamos anteriormente, el ingreso en las economías de mercado tiende a distribuirse en forma desigual. Hay personas que trabajan largas jornadas, y a quienes no les alcanza para evitar que su familia sufra necesidades básicas, y otras que prácticamente no trabajan en toda su vida, y tienen acceso a bienes de lujo. ¿Qué es lo que determina cuánto recibe cada familia?

Cada persona que interviene en los procesos es propietaria de su capacidad de trabajo, su capacidad como empresario, su capital o sus derechos sobre recursos naturales. La propiedad de estos recursos se distribuye en forma desigual. Esto hace, por ejemplo, que quien posea 5.000 hectáreas de tierra en Pergamino pueda ganar más que el que solo posee 20 hectáreas en Patagones. Y que el que tiene mayor educación y capacitación normalmente gane más que un trabajador no calificado.

La remuneración que recibe un trabajador o un propietario de recursos depende de la cantidad y calidad de trabajo o recursos de su propiedad afectados a la producción, y de su "precio", es decir, la remuneración que reciba por unidad del recurso empleada. El "precio" del trabajo es el salario por hora o por mes. El "precio" del capital es la tasa de interés (generalmente establecida como una proporción del capital por mes o por año).

Supongamos, por ejemplo, que una persona (el patrón) es propietaria de un taxi, de cuyo manejo y administración se ocupa otra persona (el chofer). Y que, al hacer funcionar al taxi 200 horas por mes, se obtiene un ingreso (después de descontar gastos y desgaste del vehículo), de $3.000 al mes. Supongamos también que el taxi vale $50.000.

Conceptos clave:

Salario: *remuneración* del trabajo. Se mide por unidad de tiempo por trabajador. Ejemplo: por hora o por mes de trabajo.

Interés: remuneración por el uso del capital. Se mide por unidad de capital (por ejemplo, $100) y por unidad de tiempo (por ejemplo, un año).

Renta de la tierra: remuneración por el uso del suelo (se extiende al uso de otros recursos naturales escasos).

Regalías (o royalties): remuneración por el uso de conocimientos o de marcas. La palabra regalías también se usa para referirse al pago por la utilización de ciertos recursos naturales. Por ejemplo: *regalías petroleras*.

- Si se establece que el chofer recibe $2.000 por mes, y el patrón los restantes $1.000, el chofer tendrá un ingreso de $10 la hora ($2.000 / 200 horas), mientras que el patrón estará recibiendo una remuneración por su capital del 2% mensual (el cociente entre los $1.000 que recibe y los $50.000 que invirtió).
- Si, en cambio, los ingresos del chofer aumentaran a $2.500 por mes, trabajando la misma cantidad de tiempo, su remuneración subiría a $12,50 la hora. Como lo que le quedaría al patrón se reduciría a $500, la remuneración de su capital (que seguiría siendo de $50.000) descendería al 1% mensual.

La distribución del ingreso se ve afectada por la "dotación de factores" (la distribución de la propiedad de los factores productivos) y por la remuneración por unidad que tengan éstos. En la sección siguiente veremos una explicación acerca de cómo se establecen estas remuneraciones.

4.4: La productividad marginal

El empresario, al organizar la producción, contrata los factores productivos que necesita para hacer posible esa producción. Si necesita trabajadores, los contratará; si necesita capital, tomará un préstamo o se asociará con un capitalista. Pero solo lo hará si le resulta beneficioso. Esto implica que:

- La producción, luego de contratar al factor, debería ser más valiosa que antes, ya sea por mayor cantidad o mejor calidad. Normalmente nadie contrataría a un empleado cuyo trabajo no aporta nada; ni emplearía capital para comprar una máquina que no se usa.
- La remuneración que se paga al factor no debería ser mayor que el valor que se obtiene al emplearlo. Por ejemplo, nadie va a alquilar por diez mil pesos al mes una máquina que solo agrega a la producción un valor de ocho mil pesos por mes, ya que eso le provocaría pérdidas.

Actividades

Una empresa confecciona zapatillas, de las cuales vende 10.000 pares por mes, a un precio de $20 el par. Los materiales para fabricarlas le cuestan $10 por cada par. Además, tiene los siguientes costos:

- Tiene 20 empleados, que le cuestan, en promedio, $2.000 cada uno por mes.
- Alquila las máquinas y el edificio, por lo que paga $30.000 por mes.
- Paga $10.000 por mes en concepto de regalías a una empresa extranjera que diseñó las zapatillas que vende, le enseñó la técnica para fabricarlas, supervisa su calidad y le permite usar su marca, internacionalmente reconocida.

¿Cuál es el valor agregado –diferencia entre ingresos totales y costo de insumos- de la empresa? ¿Cómo se distribuye ese valor agregado entre remuneración al trabajo, remuneración al capital (alquileres), regalías y beneficios?

Adoptamos las siguientes definiciones:

- **Productividad** (de un factor): relación entre la cantidad de producto obtenido y la cantidad del factor utilizado. Si 10 obreros fabrican en un mes 1.000 planchas, en promedio su productividad es de 100 planchas por mes.
- **Productividad marginal**: incremento que se obtiene en la producción por la incorporación de una unidad de factor. Si, en el caso anterior, se suma otro obrero más, y gracias a su trabajo la producción sube a 1.070 planchas, decimos que la productividad marginal del obrero N 11 es de 70 planchas (el aumento en la producción que se logra con su incorporación).
- **Valor de la productividad marginal**: ingreso que se obtiene por la productividad marginal. Por ejemplo, si cada plancha tiene un precio –neto de gastos de materiales– de $30, el valor de la productividad marginal del obrero N 11 será de $2.100 (70 planchas, de $30 cada una).

Si el costo de emplear al onceavo obrero es de $2.000 por mes, al empresario le convendrá contratarlo: el ingreso que obtiene por hacerlo ($2.100) será mayor que su costo ($2.000). Si, en cambio, la contratación cuesta $2.200 por mes, no se realizará: no será buen negocio. **El punto en el que los beneficios son máximos es cuando el valor de la productividad marginal del factor es igual a su remuneración**.
Esta conclusión es similar a la que enunciamos en la sección 4.1, cuando dijimos que en el nivel de producción que hace máximos los beneficios, el costo marginal es igual al ingreso marginal. En esta sección estamos analizando la relación que hay entre el aumento (o disminución) de la cantidad de un factor productivo utilizado (por ejemplo, el trabajo) y la variación que se produce en el ingreso, al producir más (o menos) porque se modificó la cantidad del factor. Lo primero es el costo marginal; lo segundo, el ingreso marginal. Solo que la remuneración del trabajo es el costo marginal por trabajador (o por hora trabajada), y no por unidad del producto (que es como habíamos definido en 4.1 al Ingreso Marginal), y el valor de la productividad marginal es el ingreso marginal por trabajador (o por hora trabajada) y no por unidad de producto.

La "ley" de rendimientos decrecientes

Si la productividad marginal es una fuerza que influye sobre la remuneración que las empresas están dispuestas a pagar por contratar un factor, cabe preguntarse ¿qué es lo que hace que esa productividad sea mayor o menor?
La productividad del trabajo depende de la tecnología y el capital que se utilicen: un trabajador que maneje una pala mecánica tendrá mayor productividad que otro que emplee una pala manual, ya que el primero podrá obtener el mismo resultado en menos tiempo.
Pero además, la productividad puede depender de la cantidad de trabajadores a los que se emplee. Si hay una sola pala mecánica, y se contrata a un segundo trabajador, aunque los dos se turnen para el uso de aquella, seguramente su rendimiento no será el doble que el del primer trabajador. Por ejemplo, es probable que si quieren

hacer funcionar la pala durante el doble de horas, tengan que trabajar de noche, y estén limitados por la falta de luz solar.

La llamada "Ley de rendimientos decrecientes" sostiene que hay una relación inversa entre la cantidad de uno de los factores empleados y su productividad marginal. Es decir que, si aumentamos la utilización de un factor de producción (en el ejemplo, el trabajo) sin incrementar los otros (en este caso, sin aumentar el número de palas mecánicas), los incrementos de la producción que se obtendrán (los *rendimientos marginales* de los nuevos trabajadores), serán decrecientes, es decir, cada vez menores.

En el Capítulo III decíamos que cuanto más de un producto tiene un consumidor (por ejemplo, cuantos más abrigos tiene una persona) menor va a ser la satisfacción que le proporcionen las nuevas unidades y, por lo tanto, menos va a estar dispuesto a pagar por comprarlas. Al principio es un producto escaso, pero en la medida en que se lo tenga en abundancia, se lo valora menos.

Algo similar ocurriría con la incorporación de un factor a la producción, de acuerdo con el postulado de los rendimientos decrecientes: cuanto más abundante sea, menores van a ser los incrementos de la producción que logran las unidades adicionales. Así, la remuneración de los factores (salarios, intereses, renta de la tierra) depende del valor de su productividad marginal; y ésta, a su vez, de la cantidad empleada de los factores. Cuanto más escaso sea un factor, mayor será su remuneración.

4.5: Teoría y realidad económica

Si la remuneración de los factores fuera igual al valor de su productividad marginal, la distribución del ingreso estaría explicada por:

a) La distribución de la propiedad de los factores productivos, incluyendo las habilidades y capacidades laborales;

Conceptos clave:

Productividad: relación entre cantidad de producto y cantidad de un factor.

Productividad marginal: aumento que se logra en la cantidad del producto a partir de la incorporación de una unidad de un factor productivo.

Valor de la productividad marginal: aumento en los ingresos que se produce por la incorporación de una unidad adicional de un factor.

Ley de rendimientos decrecientes: principio que afirma que cuanto más se utilice un factor productivo en una actividad, sin aumentar los demás recursos, los aumentos de la producción tenderán a ser cada vez menores.

Actividades

Establece si la siguiente frase es verdadera o falsa, y fundamenta tu respuesta.

"El dueño de un lavadero de autos, para decidir si contrata o no un nuevo empleado, debe considerar, en primer lugar, si al hacerlo logrará lavar más autos que antes; y si la respuesta a esta pregunta es afirmativa, en segundo lugar comparará el aumento de los ingresos que tendrá por los nuevos autos lavados, con el costo que le ocasionará el nuevo empleado."

b) La dotación de factores productivos (la abundancia o escasez en que estén disponibles);

c) La tecnología.

Los últimos dos factores determinarían la productividad marginal de los factores y, por lo tanto, la remuneración por unidad de cada factor productivo.

Pero la realidad no es tan simple. Los salarios se suelen acordar en negociaciones entre sindicalistas y empresarios, donde pesa más el poder de negociación de cada parte que el valor de la productividad marginal. Y muchas empresas no contratan más trabajadores, aún pudiendo pagarles salarios inferiores a su productividad.

¿Por qué se dan estas diferencias entre las predicciones de la teoría de la productividad marginal y la realidad económica cotidiana?

Porque la teoría no refleja muchas características que tienen los mercados, que son cruciales para entender su funcionamiento.

Por ejemplo, la teoría suele partir del supuesto de que los agentes económicos tienen toda la información que necesitan para tomar sus decisiones. En la realidad esto no ocurre: quienes tienen que tomar decisiones lo hacen con información incompleta y muchas veces errónea; y el que tiene información (por ejemplo, acerca de la situación económica de una empresa) mejor que los otros, puede sacar provecho de esa situación.

Otros supuestos de la teoría se refieren a la posibilidad de un trabajador de trasladarse con facilidad de un empleo a otro, o de una empresa de prescindir de sus trabajadores y/o de cambiar de actividad. Esto tampoco suele verificarse en la realidad. Un trabajador puede estar recibiendo un sueldo inferior a su productividad, pero aún así puede no querer cambiar de empleo, por los costos que le implica.

Además, en muchos mercados no hay **competencia** entre empresas, o ésta es muy limitada. Como veremos en el capítulo siguiente, esto altera los resultados económicos.

Con todas estas advertencias, la pregunta podría ser ¿para qué nos molestamos en ver teorías que no reflejan exactamente lo que sucede en el mundo real?

El mundo real es complejo, cada situación económica es distinta a otra, y es difícil poder entender la realidad económica en su totalidad. Entonces, la economía –al igual que otras ciencias– recurre a **modelos**, para lograr una visión simplificada de la realidad a partir de la cual sacar conclusiones. Éstas probablemente no alcancen a explicar todo el funcionamiento de la economía, pero sí explican tendencias que actúan en la economía, que son más importantes cuanto más parecidos haya entre la realidad y el modelo; en este caso, cuanta más competencia haya en el mercado.

Por ejemplo, el nivel de salarios tiende a moverse en el mismo sentido (aunque no en las mismas proporciones) que la productividad del trabajo. Los salarios tienden a ser más altos en las ocupaciones donde el trabajador tiene una productividad mayor. Las tierras ubicadas en zonas de mayor productividad se alquilan a mayores valores que las tierras en zonas menos productivas.

Es importante entender cómo funcionaría una economía donde predomine la competencia entre empresas, pero también saber que hay otras fuerzas, además de la competencia, que influyen en los resultados económicos. En el próximo capítulo analizaremos cómo son afectados los resultados por el grado de competencia que haya en un mercado.

Conceptos clave:

Modelos: representaciones simplificadas de la realidad.

Competencia: rivalidad entre empresas o individuos que tienen intereses enfrentados, al tratar de lograr el mismo objetivo; por ejemplo, vender un producto a un consumidor.

Actividades

Lee la frase siguiente:

"En arquitectura se usan planos y maquetas para representar edificios a construir. Del mismo edificio se pueden hacer muchos planos y maquetas, cada uno mostrando las características del edificio que se quiere analizar; ninguno replicando todas las características, ya que eso haría que fuera tan complejo que sería muy difícil de analizar. Lo importante es que estos planos y maquetas sean de utilidad, es decir, que a partir de ellos se puedan sacar conclusiones válidas acerca del edificio."

Compara la función que cumplen en la arquitectura –según el párrafo anterior– los planos y las maquetas, con el papel que cumplen los modelos en la ciencia económica.

Las formas de mercado y la competencia

En el Capítulo III se analizó el funcionamiento de una economía de mercado en la cual los precios se determinaban como resultado de la interacción entre la oferta y la demanda. Este análisis es especialmente relevante para entender a los mercados competitivos, en los cuales ni los que venden ni los que compran pueden imponerle el precio a la otra parte.

Sin embargo, esto no es lo que estamos acostumbrados a ver. En nuestra percepción, generalmente es el vendedor el que establece el precio, muchas veces sustancialmente alejado de lo que puede ser el costo marginal de fabricar el producto y venderlo. Y en otros casos (como el de la electricidad para viviendas) hay una intervención del gobierno para fijarlo, por debajo del que establecería la empresa oferente si tuviera la libertad de hacerlo.

No todos los mercados funcionan igual; por eso decimos que hay distintas formas de mercado, que afectan a la capacidad de cada empresa para fijar precios. Las principales características que determinan a estas formas son: a) el número de vendedores; b) el número de compradores; c) la medida en que los productos de los distintos vendedores se diferencian uno del otro.

5.1: La competencia perfecta

La competencia (el grado en el que los distintos compradores y vendedores rivalizan para comprar o vender productos) es un elemento fundamental de las economías de mercado. Pero hay distintos grados de competencia. El caso extremo es la llamada competencia perfecta, que tiene las siguientes características:

- Hay muchos compradores y vendedores, y cada uno de ellos compra o vende una proporción relativamente pequeña del total.
- Los distintos oferentes venden el mismo producto; a los compradores les da lo mismo comprarle a un vendedor o a otro.
- Los participantes (compradores y vendedores) tienen toda la información que necesitan; por ejemplo, los precios a los que pueden comprar y vender.
- Hay libre entrada y salida del mercado. Esto implica que en cualquier momento se pueden sumar nuevos oferentes, o retirarse los que estaban.

Como consecuencia, nadie tiene la capacidad suficiente para imponer los precios. Si bien, en la realidad, ningún mercado es de competencia perfecta, podemos asimilar esta situación a la de un gran mercado concentrador de verduras, como el de

Tapiales (La Matanza): cientos de horticultores llevan su mercadería para venderla, cientos de verduleros van a comprarla, y los precios se establecen en función de la oferta y la demanda, sin que ninguno pueda vender a precios diferentes, porque no le comprarían.

Funcionamiento de los mercados de competencia perfecta

Al analizar (en la teoría) cómo funcionarían los mercados de competencia perfecta, llegamos a las siguientes conclusiones:

- El precio de un bien representa el costo que tiene para la sociedad producirlo.
  - ✓ Todos los productores deben vender al mismo precio, el que solo cubre los costos de producir de la manera más barata posible, incluido un beneficio normal para el productor.
  - ✓ Si alguien pretende un precio mayor, ya sea por tener costos más altos, o por intentar obtener una ganancia mayor que los demás, no lograría vender.
  - ✓ Los productores que tengan costos más caros tienen que abandonar el mercado al ser desplazados por los que producen con costos más bajos.
  - ✓ Los beneficios de los productores se limitan a los que se podrían obtener en cualquier otro mercado de competencia perfecta. Si, por algún motivo (por ejemplo, por un súbito crecimiento de la demanda) el precio de un producto aumentara, de modo que sus oferentes obtuvieran beneficios extraordinarios, esta situación atraería a productores de otros mercados. Como consecuencia, aumentaría la oferta, lo que haría bajar los precios hasta que los beneficios sean similares a los que se obtendrían en otros mercados.
- Al mismo tiempo, el precio de un bien (en relación con el de otros) refleja el valor que tiene para los consumidores la última unidad consumida de ese bien.
  - ✓ Los consumidores usan su capacidad de compra en los distintos bienes, teniendo en cuenta sus necesidades (o gustos) y los precios de aquellos bienes, de modo de lograr la mayor satisfacción posible.
  - ✓ Si a un consumidor el arroz le resulta caro, y los fideos baratos, aumentará su consumo de fideos y disminuirá el de arroz, hasta el punto en que, ya cansado de fideos y extrañando al arroz, él valore esos productos en una relación similar al precio que tienen.
- Los factores productivos serán empleados en las actividades donde más productivos sean.
  - ✓ Cada factor será empleado en cada actividad de modo que su productividad marginal sea igual a su remuneración.
  - ✓ Si, por ejemplo, un trabajador metalúrgico fuera más productivo fabricando zapatos, dejaría la metalurgia y se dedicaría a la zapatería, donde le pagarían más.
  - ✓ Así, la competencia perfecta tiende a que los recursos de la sociedad se usen con la máxima productividad.

Estas conclusiones llevaron a decir que la mejor forma de organizar la producción es la competencia perfecta. Y que el Estado debe intervenir lo menos posible en la economía, limitándose a procurar la libre competencia en todos los mercados.

Como veremos en el capítulo siguiente, esta propuesta es muy cuestionable. Por ejemplo, la mayoría de la gente cree que la distribución del ingreso en las economías de mercado tiende a ser injusta, y que el Estado debe intervenir para corregirla.

5.2: El monopolio

Existe **monopolio** cuando hay un solo vendedor. Esto ocurre si:

a) El gobierno otorga el derecho exclusivo para proveer un bien o servicio a una sola empresa. Por ejemplo, si se le otorga la **patente** (exclusividad) de un nuevo producto a la empresa que lo desarrolló.

b) Una empresa controla todas las fuentes de recursos necesarios para producir un bien o servicio (por ejemplo, si una empresa es propietaria de todas las minas de níquel en explotación).

c) Los costos por unidad son menores cuanto más se produzca. Esto generalmente ocurre cuando hay costos fijos muy grandes, que solo pueden ser compensados si la producción también es muy grande.

Los derechos exclusivos suelen limitarse a los casos de inventos o adelantos tecnológicos, y generalmente son por un tiempo limitado. Los casos de control exclusivo de un recurso son más bien extraordinarios. El caso de monopolio que tiene más importancia económica es el tercero, llamado **monopolio natural**.

Analicemos, por ejemplo, la distribución de gas natural en una ciudad. Para poder funcionar, una empresa tiene que hacer inversiones importantes: instalaciones centrales, red troncal,

Conceptos clave:

Competencia perfecta: forma de mercado en la que ningún agente económico (oferente o demandante) tiene capacidad para imponer precios

Actividades

¿Qué características definen a la competencia perfecta? (marca con una cruz):

- Los vendedores se reúnen periódicamente para acordar precios.
- Cada vendedor y cada comprador tiene pleno conocimiento de los precios a los que puede comprar o vender.
- Cada vendedor vende una parte tan importante del total que, si dejara de vender, el mercado se vería significativamente afectado.
- Hay un solo comprador, y gran cantidad de vendedores.
- Todos los vendedores venden el mismo producto, de modo que a un comprador le resulta indiferente comprarle a un vendedor o a otro.
- Hay una agrupación o "sindicato" de vendedores, que tiene la posibilidad de impedir que haya nuevos vendedores.
- Si un vendedor pretende un precio más alto que los demás, no venderá nada, ya que los compradores le comprarán a los demás vendedores.

estaciones reductoras de presión, redes secundarias, etc. Pero una vez realizadas esas inversiones, prestar el servicio a un consumidor más le representará un costo relativamente menor.

Supongamos, por ejemplo, que los costos de todas las instalaciones, incluyendo las redes, son de 100 millones de pesos; y que proveer cada metro cúbico de gas le cuesta un peso. A distintos niveles de venta de gas, estos serían sus costos:

Millones de m^3 de gas (1)	Costos (millones de pesos)			Costo por m^3 de gas vendido (4) / (1)
	Fijos (2)	Variables (3)	Totales (4) = (2) + (3)	
10	100	10	110	11
100	100	100	200	2

Los costos por cada unidad vendida son menores cuanto más gas venda. Si el total de la demanda de la ciudad fuera de 100 millones de m^3 de gas, no tendría sentido que se instalaran 10 empresas, que vendan 10 millones de m^3 cada una, porque tendrían costos relativamente altos. Por ejemplo, como en el primer caso de la tabla, supongamos que vendan el gas a 11 pesos por m^3, es decir, sin obtener ganancias. Una empresa podría disminuir el precio a 3 pesos por m^3, con lo cual atraería a todos los clientes que, además, seguramente consumirán más gas si es más barato. El resto de las empresas quebraría, y la que disminuyó el precio se queda con todo el negocio y con ganancias, ya que el costo por m^3 descendería de 11 a 2.

Esto explica por qué hablamos de "monopolio natural" cuando el costo por unidad desciende a medida que aumenta la producción: el resultado "natural" del libre funcionamiento del mercado es un monopolio.

Consecuencias del monopolio

En el caso de la competencia perfecta, vimos que cada vendedor, por sí solo, no tiene capacidad de alterar el precio, solamente decide la cantidad que él va a ofrecer, tratando de obtener con ella los máximos beneficios posibles. Pero el monopolista, a menos que tenga un control del Estado, sí puede fijar el precio, ya que los compradores que quieran el producto no pueden comprárselo a otra empresa. Llamamos **poder de mercado** a esa capacidad de fijar el precio.

En esas condiciones ¿qué precio fijará? Para verlo con un ejemplo, supongamos que, cuando los precios son los de la primera columna del cuadro siguiente, las cantidades demandadas y los costos y beneficios son los que se muestran en las columnas siguientes:

Precio ($\$/m^3$)	Cantidad (mill. m^3)	Ingresos (precio x cantidad)	Costos			Beneficios (Ingresos menos costos)
			Fijos	Variables (1 $\$/m^3$)	Totales	
3	200	600	100	200	300	300
4	160	640	100	160	260	380
5	122	610	100	122	222	388
6	90	540	100	90	190	350

El monopolista sabe que si aumenta el precio, la cantidad demandada disminuirá; pero:

- Si la disminución de la cantidad vendida no llega a compensar el aumento en el precio, el ingreso total aumenta. Es lo que ocurre al aumentar el precio de 3 a 4 $\$/ m^3$. Como los costos totales se reducen (al disminuir la cantidad producida), los beneficios son mayores.
- Aumentar el precio puede ser conveniente para el monopolista, aún si la cantidad demandada se reduce lo suficiente como para que el ingreso total disminuya (en el ejemplo, al pasar de 4 a 5 $\$/ m^3$) porque, ante la reducción de la cantidad vendida, los costos pueden disminuir aún más.
- Aumentar el precio reducirá los beneficios solamente si, como resultado de la consecuente reducción de la cantidad demandada, los ingresos disminuyen más que lo que lo hacen los costos. Esto es lo que pasa al subir el precio a 6 $\$/ m^3$.

Es necesario resaltar que:

- Para llegar a la situación que hace máximos sus beneficios, el monopolista compara la variación de sus ingresos (su ingreso marginal) con la variación de sus costos (su costo marginal). En el punto óptimo, ambos son iguales, igual que en las otras formas de mercado.

  Pero en el caso del productor en competencia perfecta, el precio no varía: toda la modificación del ingreso se debe a la variación en la cantidad; por cada unidad adicional vendida, se obtiene una suma igual al precio. En el caso del monopolista, varían tanto el precio como la cantidad. Esto hace que el ingreso marginal no sea igual al precio.
- El precio óptimo depende, en gran medida, de la elasticidad de la demanda. Si cuando aumenta el precio, la cantidad demandada disminuye poco (es decir, si la demanda es inelástica), el monopolista fijará un precio relativamente alto. Si la cantidad disminuye mucho (si la demanda es elástica), al monopolista no le convendrá aumentar demasiado el precio.
- El monopolista tiende a fijar precios superiores a los que habría en un mercado competitivo, y como consecuencia:

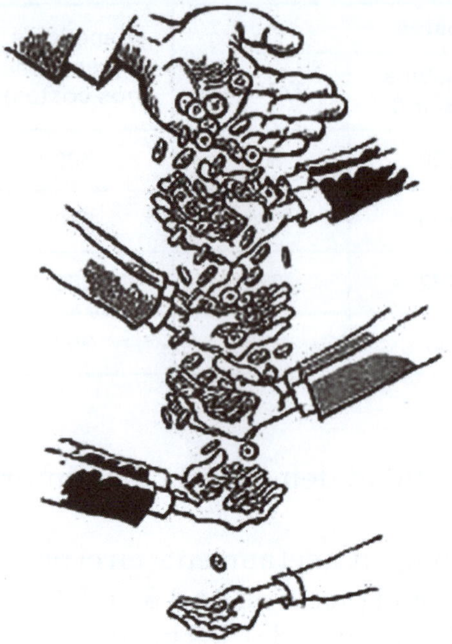

Conceptos clave:

Monopolio: mercado en el que hay un solo vendedor.

Patente: derecho exclusivo para fabricar o comercializar un producto, otorgado por el gobierno, generalmente a quien desarrolló el producto.

Monopolio natural: el que se forma cuando los costos por unidad disminuyen al aumentar la cantidad producida, de modo que una empresa grande puede vender a precios menores que los costos de las empresas pequeñas, obligándolas a retirarse del mercado.

Poder de mercado: capacidad que tiene un participante de un mercado para imponer en él las condiciones, fundamentalmente el precio.

Actividades

Da cuatro ejemplos de monopolio. Recuerda: deben ser casos en que haya una sola empresa que provee un bien o servicio en un área geográfica, donde no hay otras empresas que vendan productos sustancialmente similares.

✓ Los beneficios son mayores que los que obtendría en un mercado competitivo: esto perjudica a los compradores.

✓ Como los altos precios desalientan la demanda, la producción es menor. Esto hace que el empresario no contrate más trabajadores ni invierta más capital, aunque el costo de hacerlo sea menos que el precio que cobra por su producto.

Así, la maximización de los beneficios del monopolista suele ir en contra de los intereses del resto de la sociedad. Por eso, en muchos países hay normas que buscan limitar a los monopolios. Por ejemplo, en nuestro país, la Ley 25.156 (de Defensa de la Competencia) prohíbe las concentraciones económicas (acciones tendientes a reducir el número de competidores) cuyo objeto sea restringir o distorsionar la competencia, de modo que pueda resultar un perjuicio para el interés económico general.

5.3: El oligopolio

Cuando hay pocos vendedores que venden un producto, el mercado es un **oligopolio**. Cada una de las empresas que forman el oligopolio tiene cierta capacidad para fijar precios, pero debe hacerlo considerando cuáles serán las acciones de los demás.

Un ejemplo de oligopolio es el de las naftas en Argentina: cuatro empresas concentran la casi totalidad de las ventas. Todas cobran aproximadamente los mismos precios: si alguna quisiera cobrar un precio significativamente más alto, la gente le compraría a los competidores.

En un oligopolio los vendedores tienden a coordinar sus acciones, formando **carteles,** para tener en conjunto mayor poder de mercado. Si un cartel funciona bien, su comportamiento será muy parecido al del monopolio, lo que permitirá al conjunto de las empresas obtener mayores beneficios. Un ejemplo de "cartel" es el de las estaciones de GNC a lo largo de la Ruta 2 (de Buenos Aires a Mar del Plata):

aunque ni siquiera haya una asociación que las agrupe, es evidente que se ponen de acuerdo para cobrar el mismo precio, sustancialmente más alto que el que hay en los grandes centros urbanos (donde la competencia tiende a ser mayor).

Puede haber, sin embargo, problemas en determinar qué cuota del mercado le toca a cada miembro del cartel, y eso puede tentar a algunos miembros a competir también vía precio, lo que tenderá a acercar el resultado (en términos de precios y cantidades) al que regiría en un mercado de competencia perfecta. Sin embargo, en general, en los mercados oligopólicos tienden a establecerse precios superiores a los que regirían en un mercado competitivo.

Actividades

Lee el siguiente texto, extractado de un artículo periodístico del diario *Página 12*, del 27 de julio de 2005 y responde: ¿Cuál es la ventaja que logran las empresas oligopólicas si se ponen de acuerdo para no competir entre ellas? ¿Por qué esto perjudica a los consumidores?

MULTA DE 310 MILLONES DE PESOS A LAS CEMENTERAS POR REPARTO DE MERCADO Y ACORDAR PRECIOS. LAS HUELLAS DEJADAS EN EL CEMENTO FRESCO

Por Marcelo Zlotogwiazda

El Gobierno condenó a Loma Negra y al resto de las compañías cementeras que operan en el país a pagar una multa por un total de casi 310 millones de pesos por considerarlas responsables de prácticas competitivas que "aumentaron los precios y se repartieron el mercado en perjuicio de los consumidores". Según señaló el ministro de Economía, Roberto Lavagna, se trata de "la multa más importante que se aplicó" desde que existe la Comisión Nacional de Defensa de la Competencia (CNDC). En efecto, la sanción triplica en pesos e incluso supera en dólares a la que en su momento le impusieron a YPF por prácticas oligopólicas en el negocio de las garrafas.

La multa más alta, por 167,2 millones de pesos le correspondió a Loma Negra junto a su controlada Cementos San Martín (...). A Juan Minetti, del grupo suizo Holderbank, le impusieron un cargo de 100,1 millones; a Cementos Avellaneda, del grupo español Molins, 34,6 millones; y a Petroquímica Comodoro Rivadavia, 7,3 millones. También fue condenada a pagar algo más de medio millón de pesos la Asociación de Fabricantes de Cementos Portland (AFCP), la cámara empresaria que cumplía un rol importante en las maniobras condenadas.

La causa que derivó en la histórica sanción se remonta al año 1999, cuando (...) Luis Jorge Capurro, un ex gerente de Loma Negra, arrepentido de lo que hizo, reveló en detalle cómo funcionó durante largos años lo que se conocía como "Club de Cemento" o "Mesa de Acuerdos": un sistema cartelizado de reparto de mercado y fijación concertada de precios violatorio de la Ley de Defensa de la Competencia. (...)

Las conductas sancionadas fueron dos:

- "Concertación de cuotas y participaciones a escala nacional en el mercado de cemento portland, organizado y monitoreado a través de la AFCP, a través de la cual se acordaban precios y demás condiciones comerciales en diferentes zonas del país";
- "Concertación para intercambiar información competitivamente sensible referida al mercado, instrumentada a través de la AFCP. La información intercambiada presentaba un altísimo grado de detalle permitiendo determinar el volumen de despacho de cada empresa, mensual y hasta semanalmente, y discriminado por localidad."

La investigación realizada por la CNDC demostró cómo desde la creación del Club o Mesa de Acuerdos en 1981 hasta 1999 se mantuvieron casi inalterados los porcentajes de participación de cada grupo en el mercado, liderado por Loma Negra con algo menos de la mitad. La documentación que Capurro fue guardando en un meticuloso trabajo de hormiga (actas de las reuniones, correos electrónicos, planillas, etc.), también revelaba el reparto entre las empresas de la provisión de cemento en las licitaciones públicas, previa coordinación de precios superiores a los que hubieran surgido de la libre competencia. (...)

Conceptos clave:

Monopsonio: mercado en el que hay un solo comprador.

Oligopsonio: mercado en el cual hay pocos compradores, y cada uno de ellos participa en una cantidad importante de las compras totales.

Actividades

¿Cuál es la diferencia entre un monopolio y un monopsonio? ¿Y entre un monopsonio y un oligopsonio?

5.4: La concentración de la demanda: monopsonio y oligopsonio

Así como puede haber un solo oferente, también puede haber un solo demandante. Esa situación se conoce como **monopsonio**. Típicamente, se trata de una gran empresa que actúa como compradora de insumos o factores. Por ejemplo, una gran empresa láctea, que compre toda la producción de los tambos de una región. Para los tambos es difícil venderle la leche a otra empresa, por las dificultades para trasladarla; y tampoco pueden venderla directamente al público, porque no tienen instalaciones para pasteurizarla.

En esas condiciones, la empresa que tiene el monopsonio es la que establece el precio que les paga a los proveedores. Esto le permite adquirir a precios más bajos que si hubiera otras empresas que compitieran para comprarles a los mismos proveedores.

El **oligopsonio** tiene lugar cuando existen pocos compradores en un mercado. Por ejemplo, las empresas automotrices constituyen un oligopsonio para la compra de algunas partes de automóvil. Igual que en el caso del oligopolio, las empresas que tienen un oligopsonio pueden incrementar sus ganancias si forman un cartel, e imitan el comportamiento de un monopsonio.

5.5: La competencia monopolística

Además de la cantidad de compradores y vendedores, la competencia en un mercado se ve afectada por lo parecidos o diferentes que resulten los productos que ofrecen los distintos vendedores. Si no se diferencian entre sí, el producto es **homogéneo**.

Si el producto es homogéneo, y hay varios vendedores, los compradores pueden comprar al que venda más barato. Pero si los compradores perciben que hay diferencias entre los productos de distintos vendedores, puede que no les resulte claro a quién comprar, y entonces hay espacio para que algunos vendedores vendan más caro.

Generalmente, al comprar elegimos entre bienes de distintas marcas, o entre servicios ofrecidos por distintas empresas. Aunque satisfacen necesidades similares, pueden ser de distinta calidad, y que satisfagan las necesidades en forma diferente. Por ejemplo, en el caso de los automóviles, champúes, leche, etc., hay distintas marcas que compiten entre sí. Son casos de **Competencia Monopolística:** cada vendedor tiene el monopolio de su propio producto, pero el consumidor puede sustituirlo por otro.

En la medida en que un producto sea percibido como diferente a otros, los compradores compararán menos su precio con el de su competencia, lo que le otorga a la empresa un cierto poder de mercado. Para reforzar este poder, las empresas hacen costosas campañas publicitarias, en función de lograr la **diferenciación** de su producto, donde resaltan las propiedades de su producto que los demás –presuntamente– no tienen. Esto trae el mismo tipo de consecuencias que los monopolios: perjuicio para los consumidores y producción inferior a la que habría en un mercado más competitivo. Ante eso, los gobiernos suelen promover la competencia; por ejemplo, obligan a exhibir los precios de los productos, o prohíben la propaganda engañosa.

Un ejemplo de cómo las empresas tratan de defender su poder de mercado lo constituye el caso de los medicamentos. Los que tienen la misma droga básica (genérico), pueden tener distintas marcas (nombre que le pone el laboratorio que lo fabrica), pero tienen similares propiedades terapéuticas, y a pesar de eso suelen tener precios muy distintos. Tradicionalmente, los médicos han recetado marcas de medicamentos, sin considerar si hay otros similares más baratos, y los laboratorios han concentrado su acción promocional en los médicos, tratando de que receten sus marcas. Para limitar el poder de mercado de los laboratorios, el gobierno intenta imponer la receta por genérico, en lugar de marca, para que el paciente, al comprar el medicamento, pueda elegir el más barato. Ante esto, los laboratorios intentan convencer a médicos y pacientes de que no es cierto que los medicamentos con la misma droga básica sean iguales, y que los medicamentos más baratos son inferiores.

Actividades

Une la denominación de cada mercado con una característica propia de él.

Mercado	Característica
Competencia perfecta	Hay un solo comprador.
Monopolio	Cada vendedor vende su propio producto, que se diferencia de los productos de los demás, pero que compite con ellos.
Oligopolio	Hay un solo vendedor.
Monopsonio	Un mismo producto tiene gran cantidad de potenciales vendedores y gran cantidad de potenciales compradores.
Competencia monopolística	La totalidad o casi totalidad de las ventas está a cargo de unos pocos vendedores.

Conceptos clave:

Producto homogéneo: el que tiene iguales características, sin diferenciarse en función de quién es el productor.

Competencia monopolística: situación en la que compiten distintos productores, cada uno con un producto diferenciado del de los demás.

Diferenciación de productos: acción tendiente a que productos que satisfacen necesidades similares, sean vistos como productos diferentes.

5.6: El funcionamiento de los precios máximos

Es habitual que el gobierno establezca precios máximos para ciertos bienes o servicios, con el fin de favorecer a los consumidores.

Precios máximos en mercados competitivos

¿Qué ocurre cuando el gobierno establece un precio máximo en un mercado competitivo? Para analizarlo, supongamos que en el mercado de hacienda el precio del ganado se determina competitivamente, a partir de la oferta y la demanda, cuyas curvas se dibujan en el gráfico a continuación:

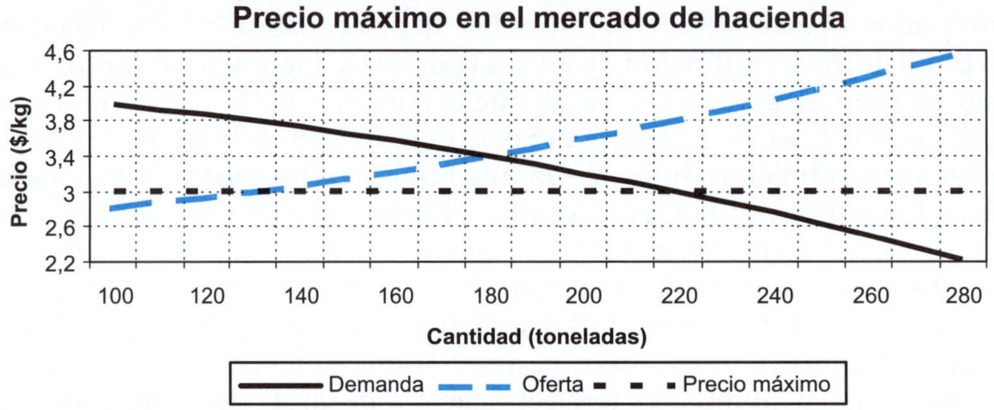

La oferta y la demanda coinciden en el punto en que la cantidad es de 180 toneladas, y el precio es de $3,40. Supongamos que el gobierno considera que ese es un precio excesivo, y establece un precio máximo de $3. Estimulados por esa reducción, los consumidores están dispuestos a comprar más carne, hasta 220 toneladas. Pero los productores, a ese precio, solo están dispuestos a ofrecer 130. Se crea, entonces, un exceso de demanda de 90 toneladas.

¿Cómo se resuelve el exceso de demanda? Se puede establecer un cupo de compra (por ejemplo, que ninguna familia pueda comprar más de 3 kg de carne a la semana). Pero en la medida en que haya quienes quieran consumir más, y tengan los recursos para hacerlo, probablemente surja un mercado informal, o "mercado negro", en el cual los precios son mayores. Esto haría que los productores prefirieran canalizar sus ventas a través de ese mercado, lo que provocará mayor escasez en el mercado autorizado.

Pero en el caso de que el Gobierno logre imponer un precio máximo, que signifique menores precios para los productores, algunos de éstos reducirán sus planteles de ganado, y se dedicarán a la agricultura, con lo cual tenderá a consolidarse una menor oferta y, por consiguiente, la escasez de ganado.

Así, a la larga el precio máximo terminaría perjudicando no solo a los productores, sino también a los consumidores, que no obtendrían las cantidades deseadas al precio que estarían dispuestos a pagar.

Precios máximos en un monopolio

La imposición de un precio máximo en un mercado monopólico impide que el monopolista pueda fijar el precio. Si el precio máximo es inferior al que hubiera fijado el monopolista, la demanda crecerá. Como cada unidad vendida le reporta un ingreso igual al precio máximo, en la medida en que éste sea superior al costo marginal, al monopolista le conviene incrementar la producción para poder atender la demanda.

Así, la fijación de un precio máximo puede hacer que el precio y el nivel de producción se acerquen a los que hubieran prevalecido si el mercado fuera competitivo. Por lo tanto, mientras que en el caso del mercado competitivo la intervención estatal tiende, a largo plazo, a alejar a la economía de la situación óptima, en el monopolio la intervención puede ser beneficiosa. Desde ya, los beneficios de esta intervención tienen un límite: si el precio máximo se determinara por debajo del costo, la empresa incurriría en pérdidas, y a largo plazo debería retirarse del mercado, a menos que el gobierno subsidie esas pérdidas.

Muchas veces resulta difícil determinar cuál es el nivel de precios máximos que la empresa monopólica no puede soportar. A partir de haberse producido un fuerte aumento del dólar en el año 2002, los costos (tanto fijos como variables) de las empresas de servicios públicos, típicamente monopólicas, aumentaron considerablemente. Éstas reclamaron que se les autorizara a aumentar sus precios, haciendo la advertencia de que, en caso contrario, podría haber un colapso en estos servicios. Sin embargo, a pesar de que no se autorizaron aumentos en la medida de lo solicitado por las empresas, el colapso pronosticado (con pocas excepciones) no se produjo. En gran medida, eso se debió a que hubo un aumento notable del nivel de consumo de los servicios públicos. A pesar del aumento de los costos variables, el precio autorizado seguía siendo superior; y el aumento en el volumen de ventas logró compensar parcialmente el aumento en los costos fijos. Los beneficios se redujeron pero, en general, no se transformaron en pérdidas.

Precios máximos en mercados de competencia imperfecta

Cuando el mercado está en una situación intermedia entre la competencia perfecta y el monopolio, la eficacia de la imposición de precios máximos también será intermedia. Los mercados suelen estar más expuestos a la competencia en el largo plazo (cuando es más fácil para las empresas entrar a un mercado o salir de él) que en el corto plazo.

Teniendo esto en cuenta, en general se cree que los controles de precios sobre mercados en los que hay un grado importante de competencia no deberían prolongarse demasiado en el tiempo. La experiencia más reciente de control generalizado de precios en Argentina (1973-1975) respalda esta conclusión: inicialmente los precios dejaron de aumentar, pero luego comenzó a haber desabastecimiento y mercados negros, hasta que el control de precios no se pudo sostener, y los precios retomaron su marcha ascendente, con más fuerza que antes.

Conceptos clave:

Competencia imperfecta: situación en la que hay competencia, pero no perfecta, ya sea porque la oferta o la demanda están concentradas en pocos agentes, o porque hay una significativa diferenciación de productos.

Actividades

¿Qué consecuencias pueden esperarse si se imponen precios máximos en un mercado de competencia perfecta? ¿Y si se imponen en un mercado monopólico?

Lecturas complementarias

Asimetrías ("El baúl de Manuel"; Manuel Fernández López, Página/12)

"Cuando desate el paquete y vea que se ensartó", "le vendió un buzón", "meter gato por liebre", y otras expresiones populares, aluden a transacciones que tienen por objeto bienes, de los que el primer propietario tiene información que oculta al receptor del bien. Siempre hay una transacción, un propietario, vendedor u oferente; un comprador o demandante, y un objeto que la primera parte entrega a la otra. La información sobre el objeto siempre está en poder del vendedor, y es de interés del comprador conocerla, pero el vendedor puede revelarla solo parcialmente. El hombre desde siempre supo que información equivale a poder, y desde tiempo inmemorial jugó a revelar u ocultar. Pero es un juego en el que la parte activa es desempeñada por los vendedores. Por eso, Marco Tulio Cicerón (-106 a. -43) se dirigía exclusivamente al vendedor: "Este no debe ocultar al comprador nada de cuanto sabe… el vendedor ha de manifestar todos los defectos (De los deberes, 11:51). Inspirado por Cicerón, Santo Tomás de Aquino reclamó de los vendedores manifestar a los compradores los vicios o fallas en el objeto negociado. El fabricante de fósforos sabe con qué materiales produjo la cajita de "400 fósforos de madera" y nos promete "seguridad" en el envase. Sin embargo, 399 funcionan y apenas uno, al encenderse, nos saltará al ojo dañándonos. Una consulta al oculista sale 85 pesos. Es evidente que, si el comprador tuviese toda la información sobre el contenido de la caja de fósforos, su decisión en el mercado sería muy distinta. El mercado, por lo general, opera con información verdadera que solo conoce el vendedor, mientras que el comprador se ve influido por pseudoinformación construida por agencias de publicidad. La política criolla se construye así: solo el candidato sabe los límites de su acción si resulta electo, y también sabe cuáles son sus verdaderos fines al postularse a tal o cual cargo. Sin embargo, al ofrecerse a sus potenciales votantes les transmite información que no tiene nada que ver con su persona ni con sus verdaderos propósitos ni con lo que espera hacer. Si se ofrece para actuar como legislador, le prometerá cambiar el modelo para que sirva mejor a la gente, como si se tratara de votar por un presidente o un ministro de Economía. El examen científico de la información asimétrica ha traído muchas sorpresas acerca de cómo funcionan los mercados y la democracia.

La intervención del Estado en la economía

El sistema de economía de mercado es una forma en la cual la sociedad se procura los bienes y servicios que necesita. Pero en todas las economías modernas el mercado es, al menos, complementado por el Estado. El mercado se basa en el libre intercambio entre los agentes individuales; el Estado representa al conjunto de los agentes del sistema, y en función de esa representación, obliga a los agentes individuales a pagar impuestos aunque no quieran, y proporciona bienes y servicios sin requerir un pago a cambio.

6.1: Las fallas del mercado

Los economistas partidarios de que el Estado intervenga lo menos posible en la economía señalan que, cuando hay competencia perfecta, los recursos son empleados de la forma más productiva posible para satisfacer las necesidades. Y si bien reconocen que, en estado puro, estos mercados no existen, sostienen que la gran mayoría de los mercados, si se los deja actuar libremente, funcionan en mayor o menor medida como si fueran de competencia perfecta.

A partir de ese análisis –y de no cuestionar la distribución del ingreso–, recomiendan que el Estado tenga un papel secundario, que establezca las reglas que tiendan al libre funcionamiento de los mercados –incluida la protección de la propiedad privada–, que provea los servicios indispensables que el sector privado no está dispuesto a prestar y que, por lo demás, interfiera lo menos posible con el funcionamiento de los mercados.

Pero otras visiones señalan que el libre funcionamiento de los mercados no siempre tiende a llegar a la mejor solución para el conjunto de la sociedad, debido a las denominadas **fallas del mercado**, entre las cuales podemos mencionar:

- La existencia de **monopolios naturales**. Como vimos en el capítulo anterior, hay mercados que tienden a concentrarse en uno o muy pocos vendedores; la intervención del Estado puede impedir que eso perjudique a los consumidores. El Estado puede regular los monopolios, fijándoles precios máximos y exigencias de calidad. O hacerse cargo, a través de empresas públicas, de la producción, protegiendo a los consumidores.
- Los **bienes públicos**. En el mercado, quien quiere consumir un producto debe pagar por él. Pero hay casos –denominados "bienes públicos"– en los que no es posible (o no es práctico) cobrar un precio. Por ejemplo, las personas que pasan

por un camino de noche se benefician si está iluminado, pero no es posible cobrarles por esa iluminación. Otros ejemplos son: la administración de justicia, la seguridad interna y externa, el mantenimiento de calles y espacios públicos, etc. El Estado se encarga de que estos servicios estén disponibles, ya que al no poder cobrar por ellos, un empresario privado no estaría dispuesto a proveerlos.

- Las **externalidades negativas:** a veces, la actividad de una persona perjudica a otras a las que no tiene en cuenta; por ejemplo, alguien que contamina un río, que otros utilizan para actividades turísticas. En esos casos, el Estado puede intervenir para proteger los derechos de los perjudicados; por ejemplo, obligando al que contamina a que deje de hacerlo.
- Las **externalidades positivas:** al contrario del caso anterior, hay actividades que benefician a terceras personas. Por ejemplo, si alguien se protege contra una enfermedad contagiosa, no solo se beneficia él mismo, sino también a otras personas que, gracias a eso, tendrán menores riesgos de contagiarse.

El mercado no toma en cuenta esos beneficios a terceras personas; es el Estado el que debe intervenir: por ejemplo, puede obligar a las personas a protegerse, o facilitar el acceso a la protección.

- La **información imperfecta:** en general, los análisis tradicionales parten del supuesto de que las personas harán lo que mejor convenga a sus intereses. Pero si las personas no conocen bien los costos y beneficios de sus decisiones, es difícil que tomen la mejor decisión. En el capítulo anterior dimos el ejemplo de los medicamentos: los consumidores pueden comprar un medicamento más caro, creyendo que es superior a uno más barato, aunque puede ser que los dos provoquen el mismo efecto. También en estos casos puede ser recomendable alguna intervención estatal, al menos en el sentido de proveer información.
- **Inequidad en la distribución del ingreso:** en general, existe la percepción de que los ingresos se distribuyen en forma muy desigual; que la diferencia de poder adquisitivo entre los ricos y los pobres es demasiado grande, y que eso no está justificado en los merecimientos de cada uno. El mercado no tiende a resolver esta inequidad. Se reclama, entonces, la intervención del Estado para mejorar la situación de los más desfavorecidos; por ejemplo, facilitándoles el acceso a vivienda, alimentación, educación y atención de la salud.

- Desempleo masivo y ausencia de desarrollo económico: el desempleo masivo y la pobreza son algunas de las cuestiones que más preocupan a la gente. Respecto del desempleo masivo, Keynes y otros economistas observaron que la libre acción del mercado no necesariamente logra eliminarlo, al menos en un corto plazo. Por su parte, el libre funcionamiento de los mercados tampoco garantizaría el progreso de los países pobres. Por eso, muchos sostienen que el Estado debe procurar reducir el desempleo y promover el desarrollo económico.

  Sobre esto hay discusión: los economistas neoclásicos o monetaristas suelen alegar que el desempleo sería menor, y el desarrollo económico mayor, si el Estado interviniera menos. Pero hay consenso en que el Estado debe tratar de evitar los desequilibrios macroeconómicos (desempleo, recesión, inflación), sean o no provocados por su accionar.

Las fallas que presentan los mercados hacen que, en mayor o menor medida, en todos los países el Estado sea una herramienta que utiliza la comunidad para intervenir en la asignación de recursos y en la distribución del ingreso.

6.2: La financiación del Estado a través de tributos

La acción del Estado tiene la capacidad de corregir, aunque sea parcialmente, muchas de las fallas del mercado, lo que suele hacer a través de los gastos públicos. Para financiar estos gastos, se establece que los ciudadanos deben pagar **tributos**, que constituyen obligaciones de contribuir al gasto del Estado.

Los tributos se clasifican generalmente como **impuestos, tasas** o **contribuciones**. En el caso de las tasas o contribuciones, el pago tiene como contrapartida un servicio específico. Por ejemplo, el Estado presta los servicios de

Conceptos clave:

Fallas del mercado: situaciones que hacen que el libre funcionamiento de los mercados no conduzca a los mejores resultados, en términos de asignación de recursos y distribución del ingreso.

Bienes públicos: bienes o servicios que reúnen dos características: a) no es posible, o no es práctico, excluir a quien no paga de los beneficios del bien; b) tampoco es eficiente excluir a nadie, ya que, una vez provisto el bien, no hay costos adicionales por incluir a nuevos consumidores.

Externalidades: perjuicios (en el caso de externalidades negativas) o beneficios (externalidades positivas) que provoca una actividad económica a personas que no son las que toman las decisiones en esa actividad.

Información imperfecta: situación en la cual hay oferentes o demandantes que no tienen pleno conocimiento de los costos y beneficios de sus acciones. Esto puede causar que tomen decisiones que más los beneficien.

Actividades

En ningún país la sociedad deja que el mercado resuelva todas sus necesidades; generalmente hay algún grado de intervención del Estado en la economía. ¿En qué casos se considera que esa intervención es necesaria?

alumbrado, barrido y limpieza de calles, y establece una tasa que deben pagar quienes reciben estos servicios. Los impuestos, en cambio, no tienen una contrapartida específica. Pero aún en el caso de las tasas y contribuciones, las personas están obligadas a pagar, aunque crean que el beneficio que reciben es inferior al tributo que pagan.

Esto determina dos consecuencias importantes:

a) El Estado les "quita" a algunas personas, a través del cobro de tributos, más del valor que les "entrega" en forma de servicios públicos; mientras que con otras personas pasa lo contrario. La mayoría de los tributos se establece a partir del **principio de la capacidad contributiva**: quienes más pueden pagar (las personas de más altos ingresos) son las que más deben pagar. Pero éstas no son necesariamente las que más se favorecen por el gasto público. Algunos gastos favorecen más a los sectores de menores ingresos, como el realizado en los hospitales públicos, que son más usados por los pobres que por los ricos.

   Así, el Estado actúa redistribuyendo ingresos, desde las personas que pagan más tributos, hacia las personas que se benefician más del gasto público.

b) Muchas personas, para evitar pagar algunos impuestos, gastan recursos y toman decisiones que no hubieran tomado en ausencia de esos impuestos. Por ejemplo, para evitar el pago de impuestos por el uso de cuentas bancarias, se tiende a realizar pagos en efectivo, que son más incómodos (por la necesidad de trasladar billetes, contarlos, etc.) y más inseguros (hay mayor probabilidad de robos).

   Por otra parte, hay gente que debe pagar impuestos, pero no lo hace, evadiendo su obligación. Esto es injusto, ya que hace que la carga tributaria sea más pesada para los que sí pagan, y obliga al Estado a incurrir en costos para controlar el cumplimiento de las obligaciones.

Es decir, la acción del Estado tiene consecuencias en la economía, tanto en lo que hace a la **eficiencia** (el mejor uso de recursos para la atención de las necesidades) como a la equidad (la justicia entre las personas).

Conceptos clave:

Tributo: contribución obligatoria establecida por el Estado.

Tasas y contribuciones: tributos que deben pagar quienes reciben los beneficios de un servicio determinado.

Impuestos: tributos que no tienen la contrapartida de un beneficio específico.

Principio de la Capacidad Contributiva: criterio que establece las obligaciones tributarias en función de la capacidad de pago de las personas.

Eficiencia: obtención del máximo de resultados con los recursos disponibles.

Actividades

¿Cómo hace el Estado para pagar sus gastos? ¿Cuál es la diferencia con las empresas privadas, que se financian vendiendo bienes o servicios?

6.3: Las fallas del Estado

Por otra parte, aunque se proponga actuar al servicio de la comunidad, muchas veces el Estado no cumple sus propósitos, y es usado por intereses particulares en contra de la mayoría de la sociedad. En otras palabras, el Estado tiene ineficiencias, que constituyen fallas en lograr sus objetivos. ¿Por qué estas fallas tienden a aparecer en organizaciones estatales más que en empresas privadas?

- Las organizaciones gubernamentales suelen ser muy grandes y complejas, y tienen funcionamientos burocráticos que les restan agilidad.
- Las empresas privadas están obligadas a producir con el mínimo costo posible, porque en caso de no obtener beneficios, desaparecen. En cambio, los entes estatales pueden permanecer aún en el caso de que no usen bien los recursos.
- En las empresas privadas, el dueño vigila a los empleados y puede despedir a quienes no hagan sus mayores esfuerzos para lograr los objetivos de la empresa. En las organizaciones públicas nadie se siente dueño (aunque lo seamos todos); como consecuencia, la presión hacia el cumplimiento de los objetivos suele ser menor que en las empresas privadas.

Actividades

1) ¿Qué motivos podrían explicar la ineficiencia (utilización deficiente de los recursos) de las organizaciones estatales?
2) Lea el siguiente texto, extractado del diario *Página 12*, del 22 de marzo de 2006. Relacione este texto con el concepto de "fallas del Estado".

Editorial: *El dilema entre lo público y lo privado*

El gobierno rescindió el contrato de concesión con Aguas Argentinas alegando diversos incumplimientos en la prestación del servicio, y creó una nueva empresa estatal, ambas cosas por decreto, para que provea el servicio de agua potable y cloacas en Capital Federal y el Gran Buenos Aires.

La medida no es mala ni buena en sí misma. Depende de cómo se gestione a la empresa, de ahora en más, para poder juzgarla con criterio. Y en ese sentido la historia nos obliga a ser, por lo menos, cautelosos. (...)

El dilema de empresa pública o privada es muchas veces bastante falso, cuando se trata de servicios públicos. Lo que sí se debería dejar en claro es cuáles son los objetivos a cumplir que se impuso la nueva empresa de agua, cómo se va a financiar su plan de obras y cuál es el mismo para lograr esos objetivos en un plazo determinado.

Es sabido que la empresa privada tiene mayor eficiencia porque el dueño es más visible, aún en las grandes corporaciones, donde los presidentes también son accionistas, pero existen compañías públicas que logran buenos resultados. La cuestión pasa por cómo se la maneje.

Si AYSA, Aguas y Saneamiento Argentino Sociedad Anónima, la compañía estatal que operará la red de Aguas Argentinas, se concentra en su función específica de dar servicio a la población se habrá superado el atolladero que significaba para Suez ampliar la red con tarifas congeladas por cuatro años.

En cambio, si esta nueva empresa estatal se utiliza para otros fines, como se hizo en el pasado, se caerá en la corrupción y otros males que caracterizaron a la empresa pública durante décadas.

6.4: Economías capitalistas, centralizadas y mixtas

En todas las sociedades del mundo existe una comunidad organizada, es decir, un Estado que, en nombre del conjunto de la sociedad, tiene la capacidad de obligar a cada uno de sus miembros a cumplir las reglas que impone.
Al mismo tiempo, en todas las sociedades existen actividades económicas basadas en el intercambio voluntario entre los distintos participantes.
Sin embargo, la importancia relativa de las decisiones de la comunidad organizada y del resultado del funcionamiento del mercado varía según la organización social.

El capitalismo

Las economías en las que las fuerzas dominantes son las del mercado, se denominan economías de mercado o capitalistas. Esta última denominación reconoce que los agentes económicos que tienen mayor poder de decisión son los propietarios del capital.
En las economías capitalistas más "puras", el Estado cumple básicamente la función de establecer las reglas de juego que aseguren la libertad de acción de los capitalistas, y de proteger la propiedad privada, ayudando así a consolidar la distribución del ingreso. En forma crítica se ha dicho que esto es "capitalismo salvaje", porque implica desentenderse de la situación de los menos favorecidos.
Gran parte de las economías nacionales del siglo XIX y principios del siglo XX fueron netamente capitalistas: el gasto del Estado se dedicaba fundamentalmente a mantener el ejército, la policía, el servicio de justicia y la administración gubernamental, mientras se destinaban pocos esfuerzos a mejorar la situación de la población de menores ingresos.

El comunismo

Los cambios sociales y las crisis económicas determinaron un fuerte cuestionamiento a este modelo de sociedad. Luego de derrocar a gobiernos que estaban a favor del capitalismo, en varios países se instalaron sistemas comunistas, basados en la planificación central de la producción. En ellos, la propiedad de los principales medios de producción (fábricas, maquinarias, campos, etc.) queda en poder del Estado, quien decide qué es lo que se produce, en qué cantidades y cómo se distribuye lo producido. El funcionamiento de los mercados queda fuertemente restringido.
El objetivo central del comunismo es la mejora de la equidad en la sociedad. Una premisa del comunismo inicial era que los aportes a la producción y la distribución del producto debían ser, respectivamente, "de cada quien según sus capacidades, a cada quien según sus necesidades". Las naciones comunistas lograron, además, reducir el desempleo y algunos gastos que, entendían, constituían un "derroche económico", como la publicidad que busca diferenciar productos.
Las principales naciones comunistas han sido la Unión Soviética (imperio dominado por Rusia), desde 1917 hasta 1991, y China, desde 1948 hasta la actualidad.

La Unión Soviética tuvo un período de fuerte crecimiento, sustentado por una alta tasa de ahorro, que le permitió acumular capital rápidamente. Durante gran parte del siglo XX la Unión Soviética compitió con Estados Unidos, la potencia más fuerte de este período, en poderío militar, tecnología espacial e influencia política en el mundo.

Todas las grandes empresas eran del Estado; existían comités regionales y un comité central de planificación que establecían metas de producción para cada una de las unidades productivas estatales. Periódicamente se aprobaban planes quinquenales donde se determinaba la producción para los próximos años, los recursos que se iban a utilizar y la distribución del producido. El Estado se encargaba de que las necesidades básicas de la población fueran cubiertas.

Durante la década de 1980, el cambio tecnológico a nivel mundial se aceleró, y la Unión Soviética tuvo dificultades para adaptarse, dada la rigidez de su sistema económico. Finalmente, colapsó entre fines de los 80 y principios de los 90, en medio de una fuerte crisis económica y política, en cuyo contexto la mayoría de los países que la integraban (Ucrania, Letonia, Estonia, Lituania, Kazajstán y otros) se independizaron de Rusia.

Las causas de la crisis económica de la Unión Soviética se relacionan con lo que hemos denominado "fallas del Estado". La toma de decisiones centralizadas era extremadamente compleja y burocrática; y el esfuerzo de cada persona, en particular de quienes dirigían las empresas, no tenía el incentivo del interés personal en la misma medida que en la economía capitalista.

En el caso de China, en cambio, en las últimas décadas mantuvo un ritmo muy importante de crecimiento. Sin embargo, ese crecimiento estuvo, en buena medida, asociado con un fuerte desarrollo capitalista, especialmente en el sudeste del país, donde empresas extranjeras invirtieron muchos miles de millones de dólares para crear una industria exportadora que aprovecha la mano de obra china educada, disciplinada y barata en relación con su productividad. Es decir, que al menos en parte el éxito económico de China no se debería a su sistema comunista, sino a su apertura al capitalismo.

Las economías mixtas

En los principales países que no adoptaron el sistema comunista, las protestas sociales, la democratización del poder y la amenaza de que las clases sociales más desfavorecidas quieran instalar un gobierno de tipo comunista, llevaron durante el siglo XX a una creciente intervención estatal, caracterizada por:

- El **Estado de Bienestar**. Aumentaron considerablemente los gastos públicos destinados a mejorar la situación de las personas de menores recursos, especialmente la asistencia social (provisión de alimentación y cobertura de necesidades básicas de los más pobres), la educación y salud pública y los sistemas de previsión social.

- Las **regulaciones económicas**: el Estado comenzó a regular servicios públicos, precios, salarios, comercio exterior y otras variables económicas, intentando redistribuir ingresos y favorecer el desarrollo económico.
- El desarrollo de empresas públicas en sectores considerados de importancia estratégica para la defensa nacional o el desarrollo económico y en sectores caracterizados por estructuras de mercado monopólicas.

Actualmente, las principales economías del mundo tienden a ser de **economía mixta**, en las que tanto el Estado como las empresas privadas tienen importancia. En ese sentido, es de destacar la situación de varios países europeos, donde el principal motor económico son las empresas privadas, pero donde el Estado tiene un poder regulador y distribuidor del ingreso muy importante. En Suecia, por ejemplo, el gasto del Estado equivale aproximadamente a la mitad de la riqueza generada anualmente por el país.

Argentina también es considerada una economía mixta, si bien la importancia relativa del Estado es inferior a la que tiene en países desarrollados. Los principales impuestos son similares a los que rigen en esos países, pero la recaudación es comparativamente menor. Esto se debe principalmente al gran incumplimiento en el pago de impuestos, y a que hay grupos de personas o empresas que han sido exceptuados del pago de algunos de estos, lo que se vincula, en gran medida, con la falta de convencimiento de sectores con influencia política y alta capacidad contributiva acerca de la necesidad de financiar los gastos públicos.

Sin embargo, a partir de la crisis económica que atravesó el país entre 1999 y 2002, se ha revalorizado el rol del Estado, especialmente en su función de redistribuir ingresos para aliviar la situación de los más perjudicados por la crisis.

Conceptos clave:

Estado de Bienestar: acción del Estado que busca redistribuir ingresos a partir de la provisión de servicios públicos a sectores de bajos y medios ingresos.

Regulación económica: intervención del Estado en la economía, mediante normas que obligan a los agentes privados a determinados comportamientos. Por ejemplo, no aumentar los precios, proveer los bienes y servicios con un nivel mínimo de calidad, suministrar información a sus clientes, etc.

Economías mixtas: sistemas económicos en los que tanto las fuerzas de mercado como las del Estado cumplen papeles importantes.

Actividades

Tache las palabras en cursiva que no corresponden al texto:

"En las economías capitalistas, la organización de la producción la realizan trabajadores / empresarios. En cambio, en una economía comunista es el Estado / mercado el que organiza la producción, a través de la interacción entre la oferta y la demanda / planificación central. Las principales economías comunistas han sido la Unión Soviética / los Estados Unidos / China. Pero la Unión Soviética se derrumbó económicamente alrededor de 1990, debido en gran medida a la acción de las fallas del mercado / Estado".

La Contabilidad Nacional

Comenzamos ahora a analizar el comportamiento del sistema económico –y, en particular, de la economía argentina– en su conjunto. Nos interesa saber acerca de la producción, el consumo, los precios y otras variables que suman o promedian los resultados de las actividades de los agentes individuales. Cada individuo, familia o empresa se mueve dentro de un sistema, y lo que le ocurre al sistema muy probablemente nos afecta, en mayor o menor medida, a cada uno de nosotros.

7.1: La macroeconomía, la política económica y las cuentas nacionales.

La Macroeconomía se ocupa de las variables que se refieren al conjunto de un sistema económico: la producción, el consumo, la inversión, el nivel de precios, el empleo, la distribución del ingreso, la relación con otros sistemas. Nos preocuparemos por cuál es el significado de esas variables, por qué evolucionan como lo hacen, qué consecuencias tienen sus cambios, qué puede hacer el gobierno para influir en su evolución y sus consecuencias.

Para ello, se toma como referencia al sistema económico nacional. ¿Por qué? Porque el grueso de las relaciones económicas se dan en el interior de este sistema. En todo el país hay una sola moneda, que es distinta de la de otros países. Los límites del sistema están dados por las fronteras nacionales. Dentro del sistema hay libre circulación de mercaderías, pero para traspasar las fronteras hay que pasar por aduanas, que pueden negar u obstaculizar el paso de personas y mercancías.

Sistema económico nacional: actividad económica interna y relaciones con el exterior

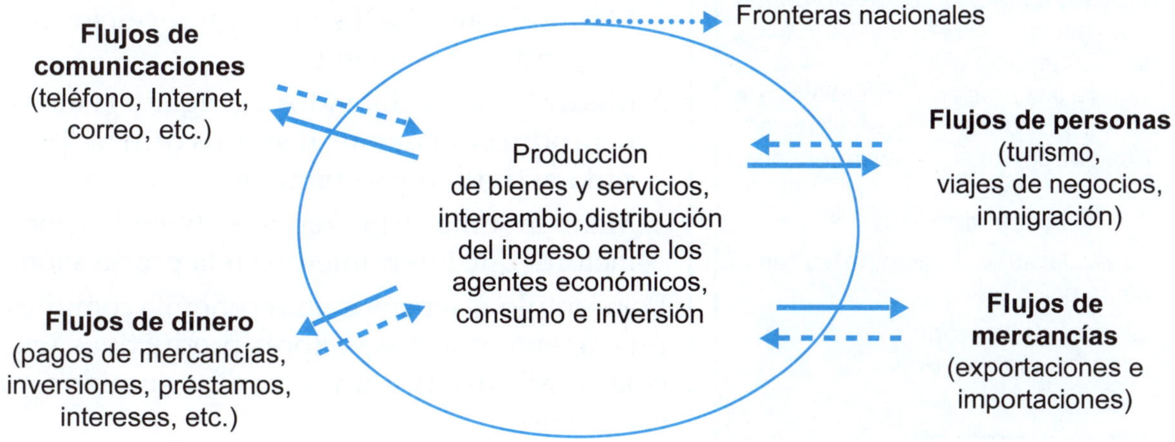

Conceptos clave:

Política macroeconómica: conjunto de medidas que toma el gobierno, destinadas a influir en la evolución de la actividad económica nacional (producción, consumo, inversión, precios, etc.).

Contabilidad nacional (o "cuentas nacionales"): medición sistemática de los componentes de la oferta y la demanda global de la economía.

Actividades

¿Cuáles de los siguientes comportamientos son estudiados por la macroeconomía?

- La determinación del precio de las manzanas en el Mercado Central de La Matanza.
- Las variaciones del promedio de los precios de los bienes y servicios adquiridos por los hogares argentinos.
- El aumento de la cantidad vendida de un modelo de automóvil.
- La evolución del gasto de las familias en bienes y servicios.
- El valor de la producción de todas las empresas del país.

La **política macroeconómica** es el conjunto de medidas que intentan influir sobre las variables que afectan a la economía en su conjunto. Generalmente, el responsable principal de estas políticas es el Gobierno Nacional, para lo cual necesita conocer la evolución de estas variables.

Una empresa calcula cuánto produce, qué compras debe realizar, cuál es el valor de lo que posee y de lo que debe, cómo distribuye sus ganancias entre sus socios, etc. Esta información es fundamental para quienes toman decisiones en la empresa.

De la misma manera, también es necesario conocer estas cuestiones para el conjunto del sistema económico nacional. Esto se hace a través de la **contabilidad nacional**, que se basa en la medición, con información de encuestas, censos y otros datos, de los grandes agregados nacionales.

7.2: El Producto Bruto Interno

El más conocido de estos agregados es el **Producto Bruto Interno** (PBI), o Producto Interno Bruto (PIB).

Es **Producto** porque se refiere al valor del producto final de la economía, es decir, la producción total de bienes y servicios en un determinado lapso de tiempo (un año, un trimestre o un mes), restando los insumos intermedios, que ya están contenidos en los productos finales.

Hay tres formas de calcular el Producto, que –de no haber errores– deberían coincidir:

1. Medir el valor de los bienes y servicios finales producidos en el país.
2. Medir la suma del **valor agregado** (valor de la producción menos insumos utilizados) en cada actividad productiva.
3. Medir la suma de los ingresos obtenidos por los factores que intervinieron en la producción.

Por ejemplo, si tenemos una economía compuesta únicamente por dos sectores productivos (agrícola e industrial) y un sector consumidor, con estos datos:

Sector	Ventas	A Sector:	Distribución de ingresos por ventas
Agrícola	$5 en manzanas → $10 en trigo → Total: $15	Consumidor Industrial	Sueldo de peones: $ 7 Ganancia de patrones: $ 8 Total ventas: $ 15
Industrial	$20 en pan	Consumidor	Sueldo de obreros: $ 4 Ganancia de patrones: $ 6 Valor agregado industrial: $ 10 Compras a sector agrícola: $ 10 Total de ingresos por ventas: $ 20

Si sumamos el valor de los productos finales, el valor agregado de cada sector (diferencia entre sus ventas y el valor de los insumos adquiridos a otro sector) y el valor de los ingresos obtenidos por los factores de la producción, el resultado es el mismo.

PBI = $25

Valor agregado: $25
Sector agrícola: $15
Sector industrial: $10

Valor productos finales: $25
Manzanas: $5
Pan: $20

Ingresos: $25
Ganancias de empresarios (incluido rentas de la tierra e intereses del capital): **$14**
Salarios: (suma de sueldos de peones y obreros) = **$11**

En la práctica, se suele usar el método del Valor Agregado: a través de encuestas, se determina cuál es el valor de las ventas de cada sector y se le restan las compras de insumos. Para llegar al producto total de la economía, se suma el valor agregado de todos los sectores.

Decimos que el PBI es "Interno" porque se refiere a lo producido dentro de las fronteras nacionales, sin importar que quienes reciban los ingresos (los trabajadores, los capitalistas o terratenientes) sean argentinos o extranjeros.

A través del PBI se mide el nivel de producción; cuando aumenta, decimos que la economía está en **crecimiento**. Si ocurre lo contrario, la economía está en **recesión**.

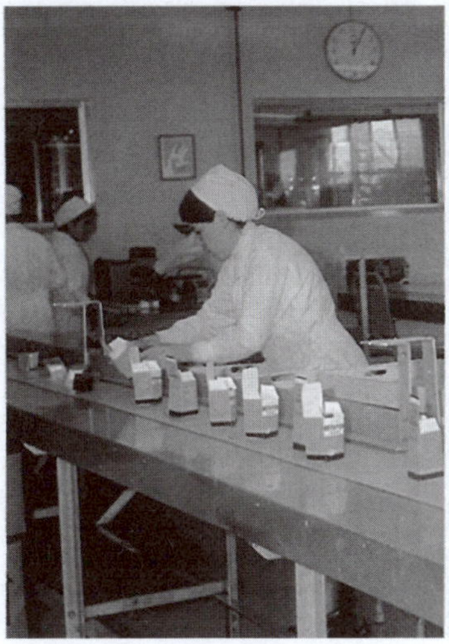

7.3: El Ingreso Nacional y el Ingreso Disponible de las familias

Pero si lo que interesa medir es el nivel de ingresos de los argentinos (por ejemplo, para saber si aumenta o disminuye su capacidad de satisfacer necesidades económicas), entonces la variable adecuada es el **Ingreso Nacional**, que es la suma de los ingresos de los habitantes del país, generados dentro o fuera de éste.

Lógicamente, hay una estrecha relación entre las variaciones en el Producto Interno y en el Ingreso Nacional; pero entre los dos conceptos hay diferencias, fundamentalmente a causa de que una parte de los ingresos generados dentro de las fronteras del país van a parar a los bolsillos de empresas extranjeras.

Para medir el Ingreso Nacional, partiendo del Producto Interno, es necesario:

- Restar los pagos al exterior que constituyen **remuneración a factores del exterior**. Los más importantes son los intereses de la deuda externa, las ganancias giradas al exterior por las empresas de capital extranjero, y los pagos por *royalties* (o "regalías"), que remuneran el uso de tecnologías o marcas extranjeras.
- Sumar los pagos que reciban los argentinos por esos mismos conceptos (intereses y ganancias de empresas argentinas en el exterior); por ejemplo, intereses sobre depósitos de ciudadanos argentinos en bancos suizos.
- Sumar las **transferencias** recibidas del exterior; por ejemplo, envíos de residentes argentinos en España a sus familiares en Argentina, o donaciones que se reciben desde el exterior.
- Restar las transferencias que, en sentido contrario, se envían desde Argentina hacia el exterior (principalmente, por parte de trabajadores que residen en Argentina pero que provienen de países limítrofes, hacia sus familiares en esos países.

Conceptos clave:

Producto Bruto Interno (PBI): suma del valor agregado en la producción por las actividades realizadas dentro de las fronteras del país.

Valor agregado: diferencia entre el valor de la producción y el de los insumos consumidos incorporados a los productos.

Crecimiento económico: aumento de la producción y de los ingresos.

Recesión: proceso de disminución de la producción.

Actividades

Si una empresa construyó un buque, al que vendió en $10.000.000, para lo cual compró a otras empresas insumos (hierros, pintura, electricidad, etc.) por un total de $4.000.000 ¿cuál es el valor agregado generado por la actividad?

Si suponemos que, además de comprar esos insumos, contrató trabajadores, con un costo de $2.000.000, ¿cuál es la remuneración del resto de los factores productivos usados directamente en ella (trabajo, capital, beneficio empresarial, etc.)?

¿Cuál es la relación entre el valor agregado de una actividad y la suma de los ingresos que se distribuyen entre el conjunto de los factores productivos que intervienen directamente en esa actividad?

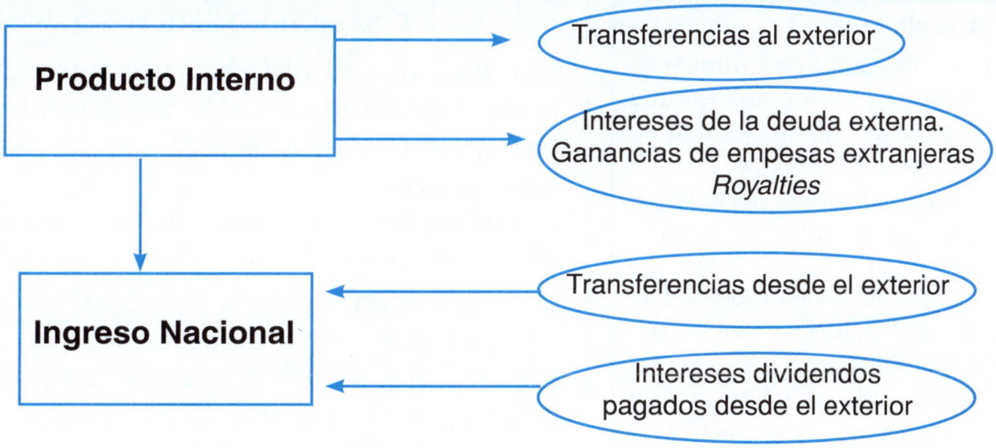

En Argentina y en gran parte de los países de América Latina, el Ingreso Nacional es menor al Producto Interno, por el peso de los intereses de la deuda y de las ganancias de empresas extranjeras. En general, lo contrario ocurre en Estados Unidos, Japón y en varios países europeos: su ingreso nacional se compone, no solo de su producción interna, sino también de su participación (a través de intereses sobre acreencias y ganancias de empresas en el exterior) en la producción que se realiza en otros países.

Pero hay países de América Latina, como México y El Salvador, que reciben importantes transferencias de dinero que envían trabajadores que emigraron a países desarrollados –fundamentalmente, Estados Unidos– a familiares en sus países de origen. Argentina también recibe, pero en cantidades menores.

Los datos estimados por el INDEC para nuestro país, para el año 2005 son:

PBI a precios corrientes:	$ 531.939 millones
Menos: Remuneración neta a factores del exterior[1]:	$ 18.394 millones
Más: transferencias netas recibidas:	$ 1.997 millones
Ingreso Nacional Bruto:	$ 515.541 millones

Estos datos indican que alrededor del 3,5% del ingreso generado dentro de las fronteras del país (el PBI) se destina a remunerar a extranjeros, fundamentalmente por el capital que invirtieron en el país.

El **Ingreso Disponible de las familias** resulta de restarle al Ingreso Nacional los impuestos que cobra el gobierno, y sumarle los fondos que éste transfiere a las familias; como por ejemplo los subsidios por desocupación, o las pensiones.

El Ingreso Disponible determina la capacidad de consumo del sector privado pero no es un buen indicador del bienestar de la población, porque puede ocurrir que una mayor recaudación de impuestos (que disminuye el Ingreso Disponible de las familias) sea usada por el Estado para prestar servicios públicos necesarios para la población, con lo que la gente puede aumentar su bienestar a pesar de haber disminuido su Ingreso Disponible.

1 Resulta de la diferencia entre los intereses, dividendos y regalías pagados al exterior y los percibidos desde el exterior.

Conceptos clave:

Ingreso nacional: suma de los ingresos obtenidos por los residentes en una nación, a partir de los cuales podrán realizar consumos o ahorros.

Remuneración a factores del exterior: pagos que representan la participación, en el producto interno, de recursos productivos de propiedad de extranjeros; por ejemplo, intereses por la deuda externa.

Transferencia: entrega de dinero sin contrapartida (no es consecuencia de un intercambio). Los impuestos son transferencias del sector privado al gobierno; los planes sociales son transferencias del gobierno a las familias.

Ingreso disponible de las familias: Ingreso nacional, menos impuestos pagados al gobierno (neto de transferencias recibidas).

Producto neto: diferencia entre el Producto Bruto y la depreciación (pérdida de valor) de los recursos productivos de la economía, como máquinas y construcciones, que se produce durante el proceso de producción. Esta depreciación suele ocurrir por el desgaste; por ejemplo, al usar un tractor, sus piezas se desgastan, y al cabo de unos años, es necesario reemplazarlo. También puede ocurrir por la aparición de nuevas tecnologías: una máquina que fabricaba disquetes para computadora hace 20 años, hoy es obsoleta (perdió todo valor) porque los disquetes que se usan actualmente son distintos.

7.4: El Producto o Ingreso Neto

Decimos que el PBI es **Bruto** porque no se le resta la pérdida de valor del capital utilizado para producir (por ejemplo, el desgaste de las maquinarias).

Puede ocurrir, por ejemplo, que un empresario esté utilizando máquinas que valen $10, y que deben renovarse cada cinco años. En ese caso, el empresario debería utilizar, de su ingreso bruto, $2 por año para comprar nuevas máquinas; si consume todo su ingreso, estará "comiéndose" su capital.

La medida que tiene en cuenta este desgaste de los bienes de capital (fundamentalmente edificios y maquinarias), restándolos del Producto Bruto, se llama **Producto Neto** o Ingreso Neto.

Actividades

1) Explica la diferencia entre Producto Interno e Ingreso Nacional. Da un ejemplo de por qué ambos valores pueden diferir.
2) Una empresa produce 100.000 de toneladas de harina por año, que vende a $1 por kilogramo, y para ello:
   - Gasta en insumos $60.000.000 en trigo y $10.000.000 en combustibles, y además:
   - Utiliza maquinarias que valen $50.000.000, las cuales trabajan (sin requerir mantenimiento) durante cinco años, al cabo de los cuales no sirven más:

   ¿Cuál es el valor del producto bruto anual de esta empresa?

   ¿Y cuál es el valor de su producto neto?

7.5: El Ingreso Nacional por habitante y el PBI por habitante

Hemos comentado que el Ingreso Nacional es un indicador de la capacidad económica del conjunto de los habitantes; pero eso no nos informa si, en promedio, cada uno de ellos está mejor o peor. Si el ingreso de un país creció pero la población creció más, en promedio, cada habitante es más pobre que antes.

Por eso, para medir el bienestar económico promedio en un país, es mejor usar el **Ingreso Nacional por habitante**, que es el cociente entre el Ingreso Nacional y la población. Sin embargo es habitual que, por razones de disponibilidad de información acerca del Ingreso Nacional por habitante, se use como sustituto al **PBI por habitante** (el PBI en relación con la población), cuya evolución es normalmente bastante similar. El PBI por habitante se usa en comparaciones internacionales para determinar, por ejemplo, si la población de un país es más rica o más pobre que la de otro.

Al considerar el PBI de diferentes países[2], podemos ver que en el año 2003 India y Brasil estaban entre los diez países de mayor producción. En comparación, los PBI de Suiza y de Israel eran claramente inferiores; y el de Argentina era solo la tercera parte del brasileño.

Fuente: PNUD (Programa de las Naciones Unidas para el Desarrollo)

Pero el PBI de un país solo da idea del tamaño de la economía. Si comparamos el PBI por habitante, los resultados son bien distintos. En promedio, un habitante de Suiza tiene un ingreso superior al de 10 habitantes de la India. Y el PBI por habitante de Argentina es superior al de Brasil:

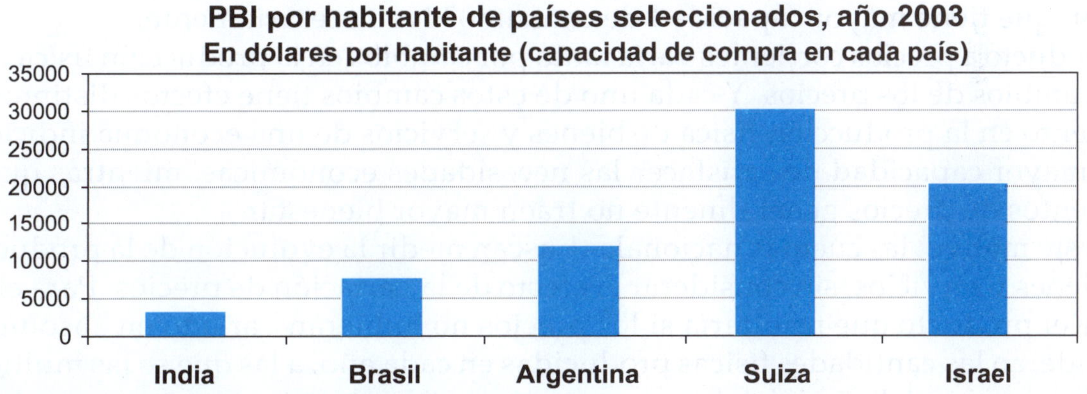

Actividades

Ordena los siguientes países según su Ingreso Nacional por Habitante:

- Venezuela
- Bolivia
- Noruega

Conceptos clave:

Ingreso nacional por habitante: Ingreso Nacional dividido por la cantidad de habitantes de un país.

PBI por habitante ("PBI per cápita"): cociente entre el PBI y la población.

2 Considerando la capacidad de compra de cada país. Fuente: Informe del Desarrollo Humano 2005, del Programa de Naciones Unidas para el Desarrollo.

7.6: Valores a precios corrientes y a precios constantes

Para calcular el Producto en cada período se multiplican los volúmenes físicos producidos de cada bien o servicio, por el precio que tienen esos bienes o servicios.
Por ejemplo, supongamos que la producción de una economía consistiera solamente en manzanas y peras que se extraen de árboles que ya están plantados. Y que para un año determinado (al que llamaremos "año 1") las cantidades producidas de cada fruta, sus precios y su valor (resultado de multiplicar las cantidades por los precios) son los siguientes:

Fruta	Cantidad año 1	Precio año 1	Valor año 1
Manzana	500 kg.	$1 por kg.	$500
Pera	1.000 kg.	$2 por kg.	$2.000

Ese año, entonces, el Producto de la economía será de $2.500 (suma de valor de producción de manzanas y peras).
Supongamos, ahora, que para el siguiente año los datos registrados son éstos:

Fruta	Cantidad año 2	Precio año 2	Valor año 2
Manzana	600 kg.	$1,5 por kg.	$900
Pera	800 kg.	$3 por kg.	$2.400

El producto, medido a los precios de cada año (el **producto a precios corrientes**), aumentó a $3.300, un 32%[3] respecto del primer año. ¿Significa que la gente está mejor, que tiene mayor capacidad de consumo? No necesariamente.
El Producto a precios corrientes varía tanto por cambios en la producción física como por cambios de los precios. Y cada uno de estos cambios tiene efectos distintos: un aumento en la producción física de bienes y servicios de una economía indica que hay mayor capacidad de satisfacer las necesidades económicas, mientras que los aumentos de precios generalmente no traen mayor bienestar.
Por este motivo, las cuentas nacionales buscan medir la evolución de la producción de bienes y servicios, sin considerar el efecto de la variación de precios. Para ello se mide el producto que resultaría si los precios no hubieran variado en absoluto: se consideran las cantidades físicas producidas en cada año, a las que se las multiplica por los precios del año inicial, que se usa como "año base".
Si, en el ejemplo presentado, hacemos eso, los resultados serían:

Fruta	Cantidad año 2	Precio año 1	Valor año 2, a precios del año 1
Manzana	600 kg.	$1 por kg.	$600
Pera	800 kg.	$2 por kg.	$1.600

3 El incremento es de $800. Si se lo divide por el valor del producto del año base ($2.500), el resultado es 0,32, o sea, 32%.

Aquí se ve que la producción física de manzanas subió, la de peras bajó, y como resultado, el producto de esta economía, medido a precios del año base (o **Producto a precios constantes**) se redujo en el año 2 a $2.200, un 12% en relación al año 1[4].
En nuestro país, durante la segunda mitad de la década de 1990 y los primeros años de la primera década del siglo XXI, se ha utilizado como "año base" a 1993, para el cual se estimó que el PBI de Argentina era de 236,5 MM$ (miles de millones de pesos).
Para el año 2005, el PBI a precios corrientes fue estimado en 532,3 MM$; en tanto que, medido a precios del año 1993, fue de 304,8 MM$. Es decir: mientras que el PBI a precios corrientes más que se duplicó, a precios constantes el aumento fue mucho más modesto, algo menos del 29%. La diferencia se explica por el aumento de precios.
El siguiente es un gráfico construido a partir de los datos que publica el INDEC:

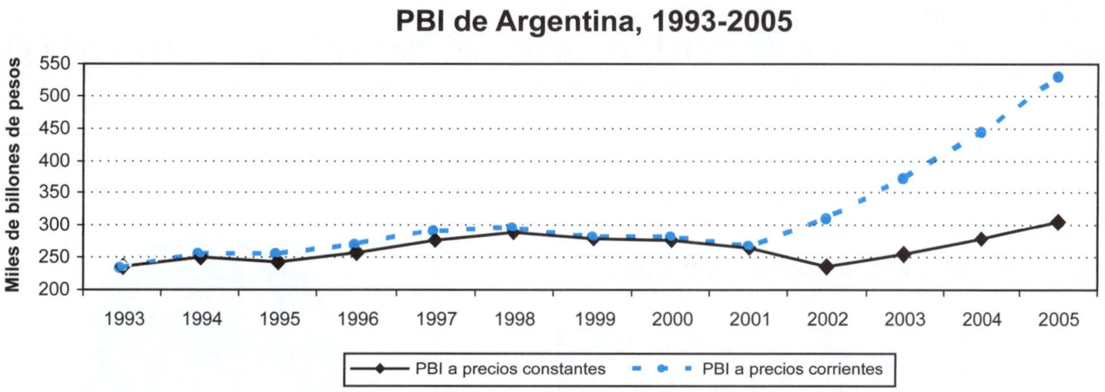

El gráfico nos dice:

- Los años 1994, 1996 a 1998, y 2003 a 2005 fueron de aumento de la producción.
- Al contrario, durante los años 1995 y entre 1999 y 2002 hubo recesión (se redujo la producción).
- Entre los años 1994 a 2001 hubo muy poco aumento de los precios. Por eso, el PBI en pesos corrientes fue similar al PBI a precios constantes.
- En cambio, a partir de 2002 la diferencia entre ambas mediciones es importante.

Actividades

¿Cuál es la diferencia entre medir el producto (o ingreso) "a precios corrientes" y "a precios constantes"?

Conceptos clave:

Producto a precios corrientes: medición de la producción de un año o una serie de años, que se logra multiplicando las cantidades producidas por los precios que se registraron en cada uno de esos años.

Producto a precios constantes: medición del producto que utiliza, en lugar de los precios de cada año, los precios del año utilizado como base.

4 La reducción es de $300. Al dividirla por el valor del año base ($2.500), el resultado es 0,12 (12%).

7.7: La oferta y demanda global

Ya vimos que, dentro de un mercado particular, la oferta expresa la voluntad de vender, y la demanda la voluntad de comprar. Cuando consideramos al conjunto de los bienes y servicios que se intercambian en un sistema económico, interesa ver cómo están compuestas la oferta y la demanda globales.

La **oferta global** (a la que en las fórmulas nos referiremos simplemente como "O") se compone por los bienes y servicios producidos en el país (PBI) y por las **importaciones** (a los que identificaremos con la notación "M"). Así, **O = PBI + M**

Los bienes y servicios tienen como destino el **consumo privado** (C), el **consumo del gobierno** (G), la **inversión** (I), o las **exportaciones** (X). La suma de estos conceptos es la **Demanda global** (D): **D = C + G + I + X.**

La Inversión es capital acumulado por las empresas. Está compuesta por la compra de **Bienes de Inversión (Capital Fijo)** como máquinas y edificios, y por la **Variación de Existencias**, que refleja los cambios en las existencias (stocks) de insumos y productos que tienen las empresas.

Los siguientes gráficos muestran la composición de la oferta y la demanda global en el año 2005, medidas a precios corrientes de ese año.

Conceptos clave:

Oferta global: suma de la producción en el país (PBI) y las importaciones.

Demanda global: suma del consumo privado y público, la inversión y las exportaciones.

Consumo privado: valor de las compras que realizan las familias destinadas a su consumo (satisfacción directa de necesidades).

Consumo público: gasto del gobierno en remuneraciones de empleados públicos y compras de bienes y servicios (excluyendo los de inversión).

Inversión: Suma del valor de las compras de bienes de inversión y la variación del valor de las existencias de mercaderías de las empresas.

Bienes de inversión (capital fijo): Edificios, otras construcciones y maquinaria y equipos (incluyendo camiones y ómnibus), que se usan para la producción, sin incorporarse en los bienes producidos (por lo que se pueden usar durante un tiempo prolongado, al menos más de un año).

Variación de Existencias: diferencia entre el valor que tenían los stocks de mercadería (tanto insumos como bienes sin terminar y terminados) al final de un período, con el valor que tenían al final del período anterior.

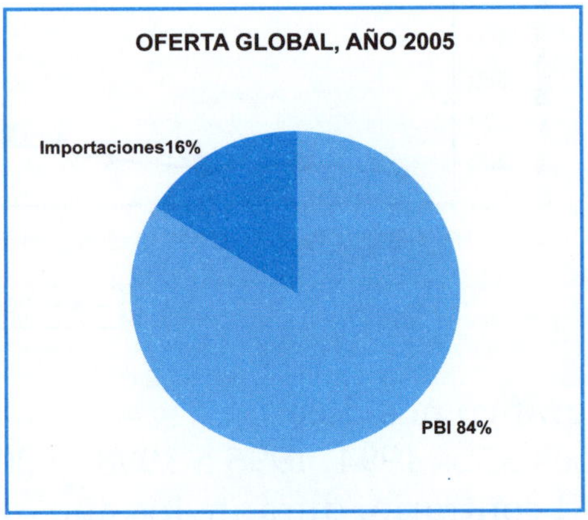

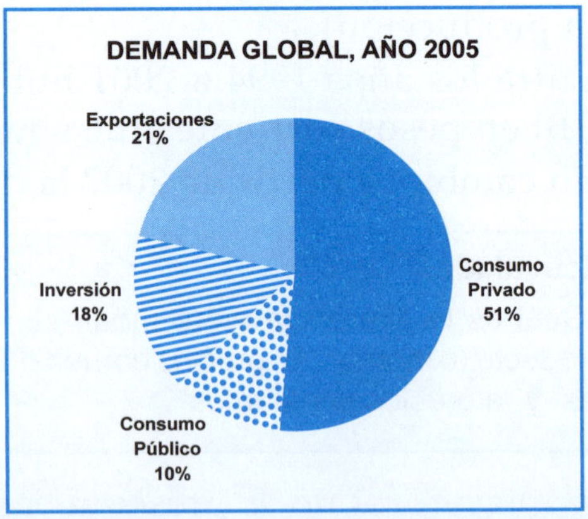

Actividades

¿A qué propósitos se destina la producción nacional?

Determinantes de la oferta y demanda global

En el capítulo anterior presentamos a los grandes agregados macroeconómicos; en el presente analizaremos qué hace que crezcan o disminuyan. Esto es muy importante: el bienestar y el humor de la gente, y en consecuencia la suerte de los gobiernos, dependen muchas veces de cómo marche la economía del país, es decir, qué ocurra con la producción, el consumo, y otras variables.

8.1: Los límites a la producción

La restricción de la capacidad productiva

Para poder producir es necesario disponer del capital suficiente, de la tecnología adecuada, de la capacidad de contratar a los empleados que hagan falta y, si fuera el caso, de los recursos naturales necesarios. Es decir: se requiere la utilización de factores productivos.

Una economía que tenga todas las maquinarias, edificios, trabajadores, recursos naturales y conocimientos tecnológicos eficientemente empleados estará en su frontera de posibilidades de producción. Para producir más, tendrá que "correr" esa frontera, lo que puede implicar:

- Realizar inversiones en maquinarias y edificios (capital fijo).
- Adoptar tecnologías superiores, que logren aumentar la productividad de los recursos disponibles (invertir en tecnología).
- Aumentar la cantidad de trabajadores.
- Capacitar a los trabajadores para que puedan realizar las tareas que se requieren (invertir en **capital humano**).

En el caso de la Argentina actual, en donde aproximadamente el 10% de los que quieren trabajar no encuentran empleo, la cantidad de trabajadores no se presenta como una restricción, por lo que el esfuerzo debe ponerse en inversiones, tecnología y capacitación. Pero en un país al que le falte mano de obra, como fue el caso de Argentina a fines de siglo

XIX y principios de siglo XX, para "correr" la frontera de posibilidades de producción puede ser necesario aumentar la dotación de mano de obra, por ejemplo, incorporando **inmigrantes**.
El indicador más "visible" de que las empresas tienen intención de aumentar su producción son las inversiones en capital fijo que realizan. No obstante, la capacidad productiva del país no depende solo de estas inversiones; por ejemplo, también puede aumentar gracias a una inversión mayor en educación, que tienda a mejorar el capital humano.

La restricción de la demanda

Pero a veces se puede aumentar la producción simplemente si se utilizan mejor los recursos ya existentes, en caso de que estén parcialmente desempleados: máquinas a las que se hace funcionar poco, trabajadores desocupados que buscan trabajo y no lo encuentran. ¿Por qué ocurre esto? Porque si los empresarios aumentaran la producción aprovechando las maquinarias ociosas y la mano de obra desempleada, no encontrarían quién les compre esa mayor producción, al menos a los precios a los que ellos pretenden vender. Entonces, prefieren tener las máquinas ociosas a producir bienes que no se podrían vender.
Históricamente, el país atravesó por fuertes fluctuaciones en el nivel de producción, originadas principalmente en variaciones de la demanda global. Por ejemplo, entre 1998 y 2002 la producción disminuyó 18%; en ese lapso, tanto el stock de capital de la economía como la cantidad de trabajadores aumentaron, pero se los usó menos. En sentido contrario, en 2003-2004 el PBI aumentó casi 19%, mientras que el stock de capital y el número de trabajadores solo lo hicieron entre 2 y 3%, porcentaje que refleja una mayor utilización de los factores productivos. Esto puede verse en el gráfico siguiente:

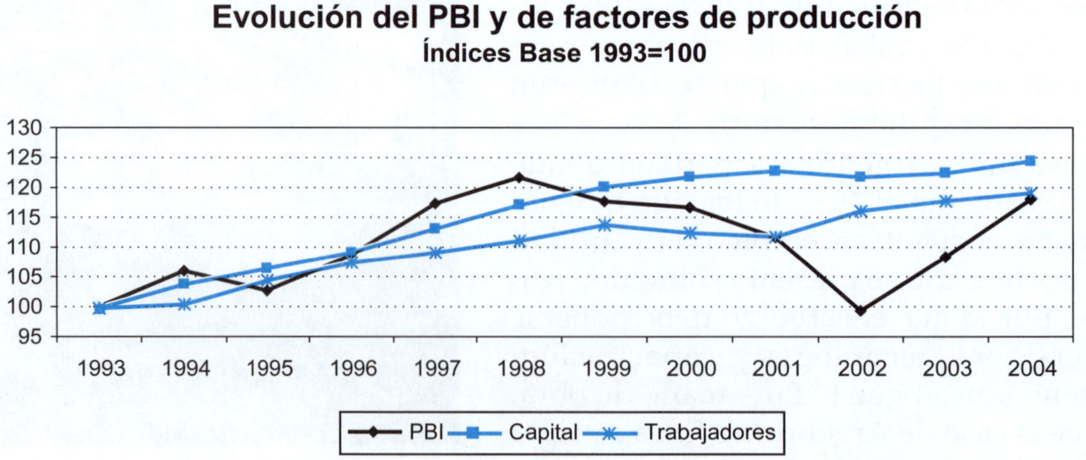

Esto demuestra que, si bien a largo plazo la producción depende de la oferta de factores productivos y del progreso tecnológico, a corto plazo depende, en gran medida, de la demanda que encuentra. Si la demanda global disminuye, el país entra en recesión; si aumenta, la producción crece. Es fundamental, entonces, saber por qué sube o baja esta demanda, para lo cual debemos estudiar el comportamiento de sus componentes: el consumo privado, el consumo público, las inversiones y las exportaciones.

También es importante ver la evolución de las importaciones, que están compuestas, en algunos casos, por bienes que no se producen en el país, y en otros, por bienes que compiten con otros similares que se producen en el país.

Conceptos clave:
Capital humano: capacidad para producir de los trabajadores (normalmente aumenta con su entrenamiento y educación).

Actividades
Explica la siguiente frase:
"La producción y, por lo tanto, los ingresos del país, dependen fundamentalmente de tener con qué y para qué producir. Nadie puede producir sin los recursos necesarios, y nadie querrá hacerlo si el producto no se usa".

8.2: El consumo privado

En general, la gente gasta para consumir al menos una parte de sus ingresos. Como éstos se generan a partir de la producción de bienes y servicios, cuanto mayor sea esa producción, mayores serán los ingresos; y eso permite aumentar el consumo. Esto explica que cuando aumenta o disminuye la producción, también lo hace el consumo, como puede verse en el siguiente gráfico:

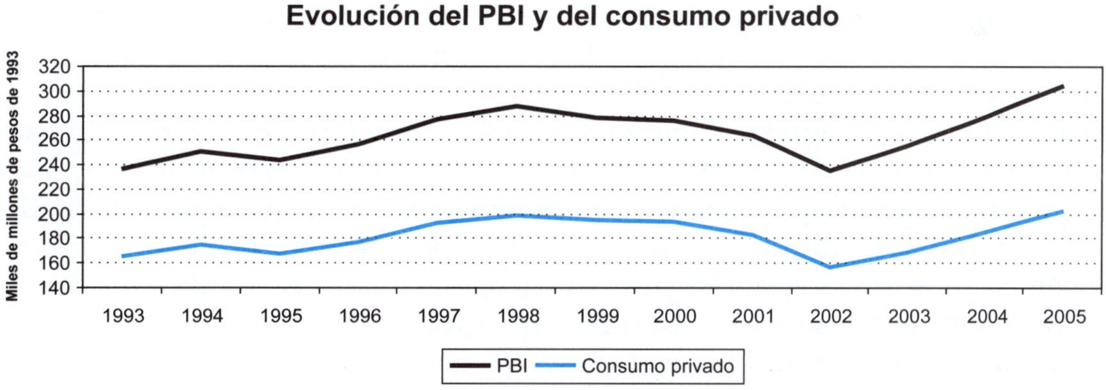

A pesar de la estrecha relación que existe entre PBI y consumo privado, a veces sus variaciones no son idénticas. Por ejemplo, puede observarse que en el año 2005 el PBI fue claramente superior (aproximadamente un 6%) al máximo anterior, del año 1998, mientras que el consumo privado fue apenas superior al nivel registrado en 1998. Esto se debe a que los gastos de las familias se realizan a partir de su Ingreso Disponible, que se ve afectado por los pagos al exterior y por los impuestos que recauda el gobierno. Cuando se comparan los años 2003-2005 con los años 1993-2002, es notable la mayor incidencia de los impuestos, aún luego de restarles las transferencias que realiza el gobierno a las familias, como las jubilaciones y los subsidios entregados en el marco de planes sociales.

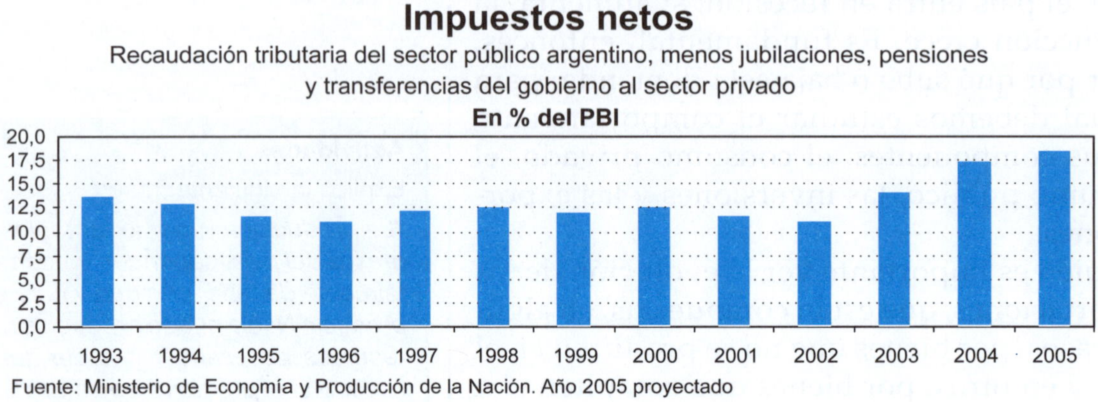

Fuente: Ministerio de Economía y Producción de la Nación. Año 2005 proyectado

Pero entre los años 2000 y 2002, cuando la recaudación de impuestos bajó, el consumo privado disminuyó más que el PBI. Esto indica que hay otras variables que influyen en el comportamiento del consumo privado. Entre éstas podemos citar:

- Las expectativas de ingresos futuros: cuando la situación económica está mejorando, suele existir optimismo respecto de los ingresos futuros. Eso hace que las familias se animen a ahorrar menos y que los bancos y empresas les otorguen créditos para consumir, a devolver con esos ingresos futuros. Si, por el contrario, la situación empeora, la gente puede pensar que en el futuro puede quedarse sin trabajo. En esas condiciones, hay gente con capacidad de ahorro que tiende a disminuir su consumo para guardar para tiempos difíciles; y al mismo tiempo, los préstamos se hacen más escasos. Esto ocurrió en el año 1995 y, especialmente, durante los años 2001-2002.
- La distribución del ingreso: la gente de bajos ingresos (por ejemplo, gran parte de los asalariados y jubilados) gasta casi todo lo que gana para cubrir necesidades de consumo inmediato; el grueso del ahorro proviene de personas de medianos y altos ingresos. Cuando el ingreso se hace más desigual (es decir, se concentra más en empresarios y grandes propietarios, con mayor capacidad de ahorro), el consumo tiende a disminuir como proporción del producto.
  Esto también habría actuado en el año 2002, cuando los precios de los alimentos y de la ropa aumentaron mucho más que los salarios y jubilaciones, lo que obligó a las familias que dependían de estos ingresos a reducir la cantidad de cosas que compraban.
- La tasa de interés: si aumenta la remuneración del capital (depositado o prestado), la gente debe pagar más por tomar préstamos, con lo cual estará menos dispuesta a endeudarse para sus gastos de consumo. En el caso de las familias que ahorran, el aumento de la tasa de interés significa que le pagarán más por sus ahorros, lo

que puede estimularlas a postergar consumos para ganar, mientras tanto, dicha tasa. Ésta influye sobre el consumo en Europa u otros países avanzados, en los cuales gran cantidad de gente deposita sus ahorros en los bancos o recibe préstamos de ellos. En Argentina en cambio, la tasa de interés no tiene un efecto importante sobre el consumo, ya que gran parte de los ahorros de la gente no está depositada en bancos argentinos (gran parte de los ahorros argentinos están en el exterior o invertidos en inmuebles y otros bienes), lo que hace que la importancia del sistema bancario no sea tan grande.

Actividades

¿Qué puede esperarse que ocurra con el consumo privado en cada una de las siguientes situaciones? ¿Aumentará, disminuirá o permanecerá igual? ¿Por qué?:

- El gobierno aumenta los impuestos para pagar sus deudas.
- Los bancos bajan las tasas de interés que cobran y buscan otorgar más préstamos.
- Suben los precios pero no los salarios; la distribución del ingreso se hace más desigual.
- Hay mayor demanda de automóviles en Brasil, y eso hace aumentar las exportaciones y la producción de automóviles en Argentina.
- La desocupación está aumentando, y dado que se percibe que no hay motivos para que la situación mejore, se extiende una ola de pesimismo.

8.3: La inversión

Como vimos, la inversión tiene un doble papel: su aumento implica una mayor demanda cuando se produce, y una mayor oferta potencial en el futuro, ya que agrega capital a la economía. La inversión ha tenido aumentos o disminuciones muy pronunciados en los últimos años, como puede verse en el siguiente gráfico:

Inversión Bruta Fija
En miles de millones de pesos de 1993

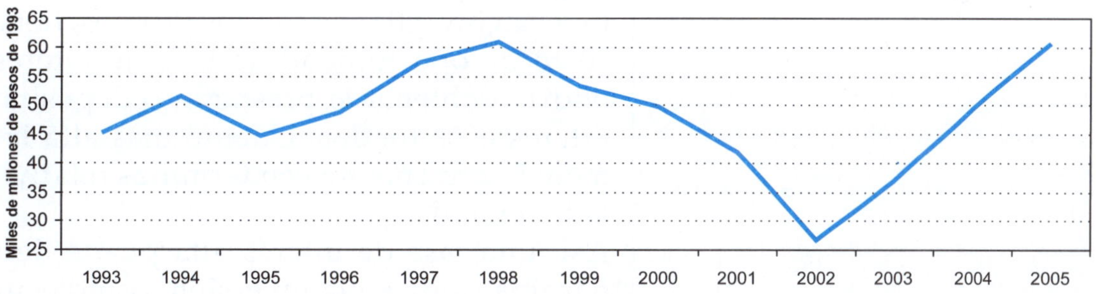

En los años de recesión la inversión cae con fuerza, y en los años de crecimiento aumenta en forma pronunciada. Por ejemplo, la inversión de 2002 se redujo a menos de la mitad de lo que había sido en 1998, luego se recuperó, y llegó en 2005 a un nivel similar al de 1998.

Al ser un componente muy importante de la demanda, el hecho de que la inversión tenga variaciones tan bruscas aumenta la inestabilidad de la demanda global.

¿Por qué las empresas invierten más durante algunos años, y menos en otros?

Los empresarios invierten para ganar plata. El principal motor de la inversión es la expectativa de ganancias. En general, ellos son más optimistas si la demanda está

Bolsa de valores.

en crecimiento, lo que mejora las posibilidades de vender la mayor producción derivada de la inversión, a precios convenientes. Y, al igual que en el caso del consumo privado, al haber mejores expectativas es más probable que las empresas obtengan préstamos para invertir.

La fuerte caída durante los años 1999 a 2002 se explica por el pesimismo acerca de la marcha de la economía que hubo en esos años: los empresarios veían que la demanda interna disminuía y entonces no tenía sentido invertir porque, hasta que no mejorara la situación no valía la pena producir más bienes y servicios porque no los iban a poder vender.

En el año 2002 las exportaciones comenzaron a crecer lentamente, lo que hizo que algunos empresarios revirtieran su pesimismo y la inversión comenzara a crecer hacia fines de ese año. A partir de 2003 el consumo también creció, dando nuevo vigor al crecimiento de la inversión.

Los empresarios, antes de invertir, normalmente comparan las ganancias que creen que lograrán como resultado de la inversión, con el costo que tiene esa inversión. Si para invertir tienen que pedir un préstamo, deberán pagar los correspondientes intereses. Si, en cambio, piensan invertir con fondos propios, tienen un costo de oportunidad: la tasa de interés que podrían obtener si prestaran o depositaran a interés esos fondos. Cuanto más alta la tasa, menos conveniente –en términos relativos– es la inversión.

Así, una tasa de interés alta puede determinar una caída en la inversión, como ocurrió a principios del año 1995 y durante el período 1999-2002. La disminución de la tasa de interés, hacia fines de 1995 y de 2002, puede ayudar a explicar la recuperación de la inversión que tuvo lugar en los años siguientes.

Actividades

Explica, usando en lo posible tus propias palabras, qué relación hay entre las variaciones de la Inversión y las que se producen en el conjunto de la demanda agregada, y por qué se da esta relación.

Acumulación de capital ("El baúl de Manuel"; Manuel Fernández López, *Página/12*, 24 de julio de 2005)

Invertir es, para la economía y los economistas, incrementar los bienes de producción existentes. Lo cual parece sencillo y no lo es. Hay, primero, un obstáculo cultural: antes que la inversión aparezca, se necesita que el segmento de la población que percibe ingresos superiores a su consumo indispensable, en lugar de dedicar el ingreso no indispensable a adquirir autos 0 km importados para matar de envidia a su vecino, inyectarse siliconas para lucir mejor, hacerse *piercings* en distintos lugares del cuerpo, u otros gastos igualmente suntuarios, preste esos fondos a intermediarios financieros que los hagan llegar a las unidades productivas para adquirir nuevos bienes de capital. Si ello se concreta, todavía no alcanza para que exista inversión o acumulación de capital: primero, los bienes que se produzcan con los nuevos equipos y maquinarias deberán ser demandados, ya sea por el mercado interno o el externo; y segundo, como el capital existente continuamente se deprecia (disminuye su valor) a raíz del desgaste natural, para mantener el *mismo* capital, primero deben crearse nuevos bienes de capital en una magnitud equivalente a la depreciación. Para *incrementar* el capital, pues, es necesario crear nuevos bienes de producción por encima del ritmo de depreciación. La "mano de obra", a pesar de su nombre, no produce con las manos, sino con la ayuda de bienes de producción, y más empleo requiere más bienes de capital: una pala permite trabajar a un hombre; para que trabajen dos, se necesitan dos palas. Si en un momento dado el capital del país (K) da empleo a N habitantes, y no alcanza a dar empleo a cierto número de trabajadores redundantes, es evidente que la magnitud de K debe incrementarse. El caso es peor aún cuando el número de trabajadores redundantes va en aumento, por causas económicas o por el mero crecimiento vegetativo. Entonces K no solo debe aumentar, sino hacerlo a mayor ritmo que el aumento de N. Si son obstáculos la preferencia del consumo suntuario en sectores pudientes y la escasa capacidad de ahorro en una parte importante de la población en estado de pobreza, no son menores los relativos a posibles creadores de nuevos bienes de capital: el Estado, más movido hoy por el oportunismo, el empresariado vernáculo, movido por la propensión al consumo suntuario, y el empresariado multinacional, movido más por codicia que por fines sociales.

8.4: El consumo público

El consumo público depende de decisiones de gasto del gobierno, que se encuentran limitadas por su capacidad de financiar ese gasto (principalmente a través de impuestos), y por restricciones políticas y legales.

La recaudación de impuestos se basa, en gran medida, en los ingresos del sector privado, de modo que, al igual que el consumo privado y la inversión, está muy ligada con el nivel de producción: cuando este nivel aumenta, hay mayor recaudación de impuestos, y eso permite aumentar los gastos públicos.

Pero en el caso del consumo privado, veíamos que sus variaciones eran aproximadamente similares a las del PBI; y en el caso de la inversión, las variaciones eran mayores. En cambio, el consumo público ha tenido más estabilidad: las variaciones tienden a ser proporcionalmente menores que las del PBI.

Consumo público
En miles de millones de pesos de 1993

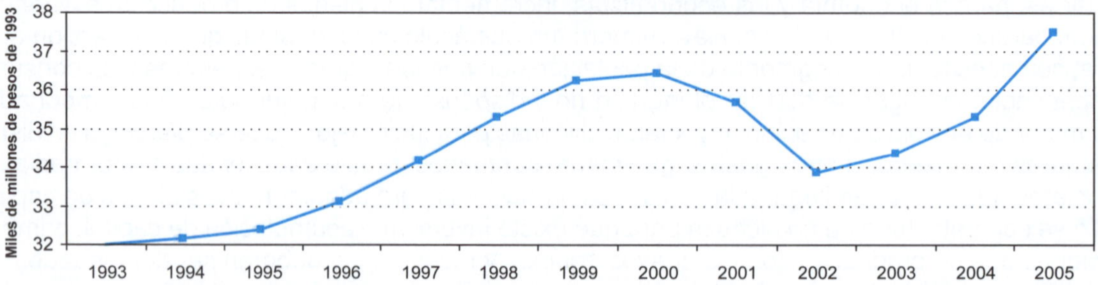

El consumo público aumentó en todos los años de la serie, excepto en los peores años de la crisis (2001 y 2002), cuando la recaudación de impuestos disminuyó fuertemente, y eso elevó el **déficit público** a niveles que no podían ser financiados. Pero esta disminución del consumo público fue muy inferior a la que sufrieron el PBI, el consumo privado y, especialmente, la inversión. Del mismo modo, al recuperarse la economía en los años siguientes, el aumento del consumo público fue mucho menor que el de las otras variables mencionadas.

La mayor estabilidad del consumo público se debe, en gran medida, a que los empleados públicos –a través de los cuales se prestan los servicios de seguridad, defensa, educación, etc.– no pueden ser despedidos masivamente sin grandes conflictos.

Actividades

Lee la frase siguiente:

"Los buenos tiempos de los gobiernos se dan cuando la recaudación de impuestos está creciendo; eso les permite aumentar los gastos y –si tienen la prudencia suficiente- también reducir el déficit u obtener superávit. Pero en la historia argentina ha habido con frecuencia malos tiempos: la recaudación de impuestos disminuye, las cuentas públicas empeoran y, a veces, los gobiernos se ven obligados a reducir el gasto público. En estos casos, el tipo de gasto que más varía es la inversión pública. En cambio, el gasto corriente, destinado al consumo público, tiende a ser más estable".

¿Cuáles son las razones que llevan a una mayor estabilidad del consumo del gobierno?

Conceptos clave:
Déficit público (o "déficit fiscal"): exceso de los gastos del gobierno por sobre los ingresos.

8.5: El comercio exterior: exportaciones e importaciones

El comportamiento del comercio exterior en el período 1993-2005, medido en miles de millones de pesos a precios de 1993, se muestra en el siguiente gráfico:

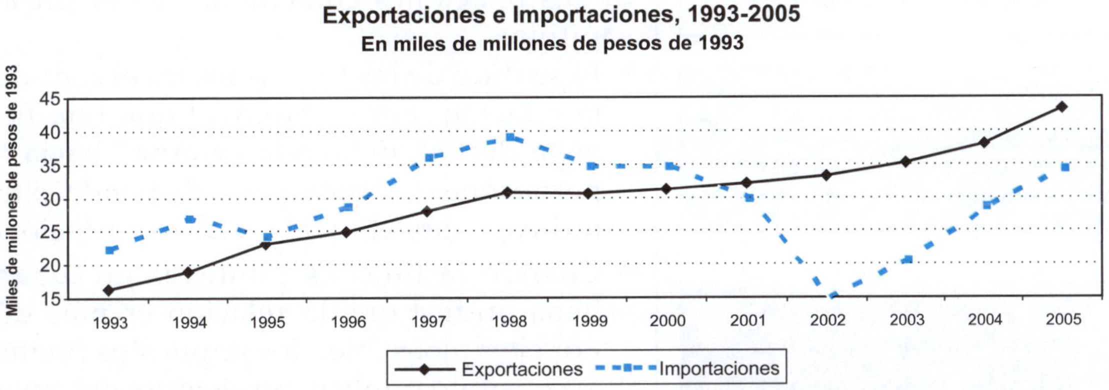

Podemos observar que:

- Las exportaciones aumentaron casi todos los años, con independencia del ritmo de la economía. Como proporción del PBI pasaron del 7% en 1993, a 14% en 2005. Esto es parte de una tendencia mundial: la mayor parte de las economías del mundo ha visto crecer tanto sus exportaciones como sus importaciones en las últimas décadas.
- Las exportaciones dependen en gran medida de la situación de los mercados externos. Durante el período 1993-2005 la economía mundial tuvo un crecimiento importante, lo que favoreció las exportaciones argentinas. El único año en el que no crecieron fue 1999. Esto se debió a la menor demanda por parte de Brasil, país que había adquirido en 1998 casi la tercera parte de las exportaciones argentinas. En 2003-2005 hubo un importante aumento de las exportaciones, especialmente a China, Chile y otros países que tuvieron un crecimiento económico importante durante ese período.
- Las exportaciones se ven estimuladas cuando aumenta el valor del dólar (se devalúa la moneda argentina), ya que, como en estos casos los precios se fijan en dólares, aumenta su rentabilidad. El efecto de una **devaluación** sobre las exportaciones, sin embargo, no es inmediato: en el año 2002 hubo una devaluación del peso muy importante, pero solo a partir de 2004 las exportaciones aumentaron sensiblemente su ritmo de crecimiento.
- Las importaciones aumentaron cuando crecieron los ingresos (lo que, como vimos, determina un aumento de la demanda interna: el consumo y la inversión) y disminuyeron en los años de recesión.
- Las compras externas tuvieron una caída especialmente pronunciada en 2002 (se redujeron a la mitad del nivel que tenían en 2001). Ese año, además de que la demanda interna disminuyó un 17%, se produjo una devaluación, que encareció las importaciones y, por ello, estimuló su reemplazo por producción nacional, que pasó a ser relativamente más barata.

Conceptos clave:

Devaluación: disminución del valor de la moneda propia, en relación con el de la moneda que se toma como referencia (generalmente, el dólar).

Actividades

¿Por qué un aumento del dólar favorece a las exportaciones y afecta negativamente a las importaciones?

8.6: Resumen: variables que afectan la oferta y demanda global

En el diagrama siguiente se sintetizan algunas de las relaciones comentadas en el presente capítulo:

- El sentido de las flechas indica el sentido de la relación. Por ejemplo, el que una flecha vaya desde "demanda externa" hacia "exportaciones", indica que la demanda externa influye sobre el nivel de las exportaciones.
- Cuando la línea es punteada en lugar de llena, indica que la relación es más débil. Por ejemplo: si bien los impuestos financian al consumo público, no siempre el consumo público aumenta cuando aumentan los impuestos.
- El signo (+) indica que un crecimiento en la primera variable provoca normalmente aumentos en la segunda. El signo (-) indica lo contrario.

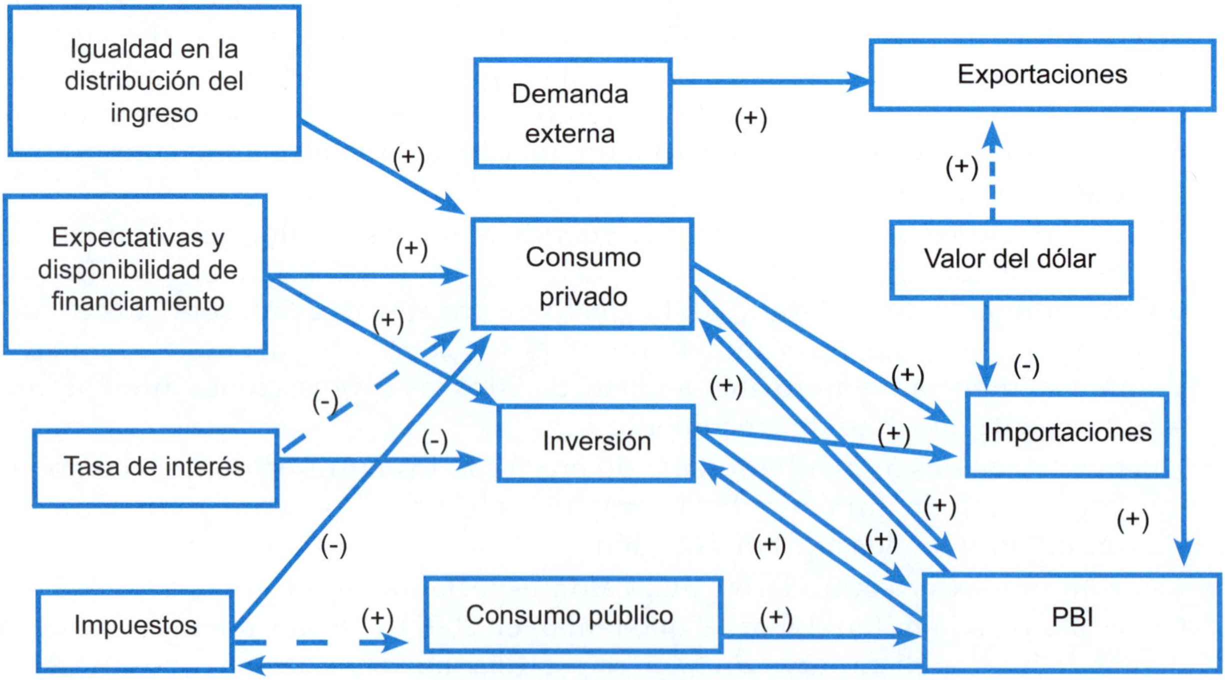

- El nivel de producción (PBI) depende a corto plazo de la demanda interna (inversiones y consumo público y privado) y de las exportaciones.
- Pero a su vez, el crecimiento del PBI influye en el nivel de consumo privado (porque implica mayor ingreso) y en las inversiones (porque implica mayores ganancias potenciales). También es causa de una mayor recaudación de impuestos, lo que facilita el crecimiento del consumo público.
- Las importaciones también dependen de la demanda interna.
- Cuanto mejores sean las expectativas sobre el futuro de la economía (lo que normalmente implica también mayor financiamiento), mayores tienden a ser la inversión y el consumo.
- Un aumento en el valor del dólar (devaluación) normalmente hace disminuir las importaciones y aumentar las exportaciones. Este último efecto suele no ser inmediato.
- Cuando la distribución del ingreso se hace más desigual, el consumo privado tiende a disminuir.
- A mayor tasa de interés, menor es el nivel de inversión. También contribuye a disminuir el consumo privado, pero esta relación es más débil.
- Cuantos más impuestos se paguen, menor será el ingreso que le quede al sector privado y por lo tanto, menor será el consumo privado.

Actividades

Nombra tres hechos cuyo efecto probable sea aumentar el nivel de producción del país (PBI) y tres hechos que tiendan a hacer disminuir ese nivel.

Lecturas complementarias

No coman carne

("El baúl de Manuel"; Manuel Fernández López, *Página/12*, 9 de abril de 2006.)

Pedir a la población que deje de comer carne no pretende, por cierto, pedir que "deje de comer", sino que reemplace el alimento "carne" por otro alimento. Cualquiera sea el sucedáneo, el cambio implica modificar hábitos o costumbres. Pretender que tal cosa ocurra en un breve lapso es confundir el corto con el largo plazo. Pues todo economista que se precie sabe perfectamente que la formación de los gustos y los hábitos es una evolución de largo plazo. ¿Y hasta dónde hemos de remontarnos en el pasado para rastrear la formación del hábito argentino por la carne vacuna? Tan lejos como 1748, los viajeros y científicos Jorge Juan y Antonio de Ulloa describían la captura y manufacturación de los bovinos cimarrones que poblaban los campos de Buenos Aires, conocida como "vaquerías". En esas actividades se capturaban vacunos –entonces bienes "libres"– para aprovechar solo su piel (principal artículo de exportación) y de paso consumir algunas partes preferidas del animal. Esa preferencia se estableció tan firmemente en las poblaciones urbanas que ser un "buen asador" es una nota de prestigio para cualquier varón, y tener una parrilla es un factor que ayuda visiblemente a la venta de cualquier vivienda. Los hábitos de consumo no se modifican sensiblemente en el corto plazo. Ya Alfred Marshall hablaba de los "cambios graduales en los hábitos y en la familiaridad con cosas nuevas y nuevas formas de usarlas": "hay que tener en cuenta los cambios en la moda, en los gustos y en los hábitos, el descubrimiento de nuevos usos de cierta mercancía, el descubrimiento, mejora o abaratamiento de otras cosas que pueden ser aplicadas a los mismos usos. En todos estos casos hay dificultad en tener en cuenta el tiempo que transcurre entre la causa económica y su efecto. Pues se necesita tiempo para que el aumento en el precio de una mercancía ejerza plena influencia sobre el consumo. Se requiere poco tiempo para que los consumidores se familiaricen con sucedáneos que pueden usarse en reemplazo, e incluso para que los productores contraigan el hábito de producirlos en cantidades suficientes." En el largo plazo, la exportación de carne debió rendirse ante el consumo interno, y si pudo recuperarse algo fue por las mejoras tecnológicas introducidas en la producción y manufactura de la carne. La solución del problema debe buscarse del lado de la oferta, no del lado de la demanda interna.

El dinero y el sistema bancario

En las economías modernas, los agentes intercambian productos utilizando un bien cuya función principal es la de servir de herramienta para el intercambio: el dinero. Se ha comparado al dinero con el aceite lubricante: una máquina tiene problemas tanto si le falta aceite como si le sobra. Como en este caso, la "máquina lubricada" por el dinero es la economía, prestamos especial atención a este "aceite".

Cada persona podría intercambiar lo que produce en exceso de sus necesidades por otros bienes y servicios directamente: es lo que ocurre en un sistema de **trueque**. Por ejemplo, una persona puede canjear lechuga que cultivó, por conejos que crió otra persona. El inconveniente es que así el intercambio se hace más difícil: requiere que cada persona necesite lo que el otro esté dispuesto a vender.

El intercambio –que es el motor de una economía de mercado– se facilita cuando hay un bien "intermediario" en las transacciones: el dinero. Así, quien cultiva lechuga, puede recibir dinero a cambio, y luego con ese dinero comprar conejos (o cualquier otra cosa).

9.1: Las funciones del dinero

El dinero cumple normalmente con las siguientes funciones:

- **Medio general de pago**: cuando los agentes económicos lo aceptan en forma generalizada como pago de los productos o servicios que ofrecen.
  Para eso, cada agente debe saber que, si recibe dinero, podrá a su vez usarlo para pagar lo que quiera comprar: cada uno lo acepta si los demás lo aceptan.
- **Unidad de cuenta**: el dinero cumple esta función cuando los precios de los bienes y servicios de la economía se miden en unidades de dinero. En Argentina, esta unidad es el "peso", el que se usa para medir los precios de los bienes y servicios. En Estados Unidos se utiliza el dólar, en Brasil el real, etc.

Conceptos clave

Trueque: intercambio directo de productos, sin uso de dinero.

Medio general de pago: lo que se usa en un sistema para cancelar cualquier obligación económica (como la compra de una mercancía, o un préstamo).

Unidad de cuenta: lo que se usa para medir magnitudes económicas (precios, ingresos, riqueza, costos, etc.).

Reserva de valor: medio a través del cual es posible conservar capacidad de compra por un tiempo.

Actividades

¿Para qué sirve el dinero?

- **Reserva de valor**: cuando los agentes económicos no gastan el dinero inmediatamente después de recibirlo, sino que lo guardan para poder gastarlo en el futuro.

9.2: La evolución del dinero

En principio se usó como dinero una mercancía que tenía **valor intrínseco**. Por ejemplo, la sal podía ser usada como dinero, pero además se utilizaba (y, por lo tanto, tenía valor) para salar la comida.

Con el tiempo se generalizó la utilización como dinero de metales preciosos, principalmente oro y plata. Luego se utilizaron documentos (billetes) que representaban un cierto valor en oro o plata, que serían entregados por una persona o institución que resultaba confiable para aquellos que aceptaban esos documentos.

La evolución posterior del sistema monetario determinó que:

- Los billetes fueran emitidos por el **Banco Central** de cada país;
- Se abandonara la conversión de billetes en metales preciosos: es decir, la gente que tenía los billetes dejó de tener la posibilidad de canjearlos por oro o plata.

De esta manera, el dinero –representado por estos billetes– pasó a tener solo **valor fiduciario**; a diferencia del dinero mercancía, el único valor de los billetes radicaba en su utilización como dinero.

El costo de fabricar un billete de cien pesos es de unos pocos centavos, y de no utilizarse como dinero no serviría ni para empapelar paredes. Sin embargo, la gente lo acepta por un valor de cien pesos, principalmente porque confía en que, a su vez, le será aceptado por ese valor cuando tenga que pagar algo.

Con el tiempo está pasando con los billetes y monedas lo mismo que ocurrió con los metales preciosos: en lugar de trasladarlos físicamente, las personas los depositan en **bancos**, y para pagar, en lugar de entregar billetes, transfieren el derecho sobre el dinero depositado, dándole al banco una orden en ese sentido.

Por ejemplo, supongamos que Juan deposita en un banco $100. Luego, le compra a Pedro una botella de vino que vale $100. Juan le entrega a Pedro un documento que el banco puede reconocer, llamado **cheque**, que le da el derecho a Pedro a retirar los $100 del banco, que se restarán de la cuenta de Juan. Pedro puede canjear el cheque por billetes, o depositarlo en su propia cuenta. Si hace esto último, en definitiva, los billetes no se mueven del banco, éste simplemente se limita a registrar que los $100 se restan (debitan) de la cuenta de Juan, y se suman (acreditan) en la cuenta de Pedro.

Otra forma de pago sin usar billetes son las **tarjetas de débito**. A través de su uso, se transfiere dinero, desde la cuenta del dueño de la tarjeta, a la cuenta del comercio en donde está haciendo la compra, sin que los billetes se muevan del sistema bancario.

En el caso de las **tarjetas de crédito** tampoco se entregan billetes en el momento de la compra pero porque el pago se realiza más tarde.

También se pueden efectuar transferencias de dinero sin usar billetes, utilizando cajeros automáticos, o incluso desde una computadora común mediante Internet.

En todos estos casos, no se entregan billetes, sino la propiedad sobre un depósito bancario, o –en el caso de las tarjetas de crédito– se otorga un crédito.

9.3: La creación de dinero

El gobierno, a través del Banco Central, es el único responsable de emitir los billetes y monedas. Es quien ordena y controla su fabricación, y el que los entrega a los agentes económicos, poniéndolos así en circulación en la economía. A la emisión realizada por el Banco Central se la denomina **Base Monetaria**.

Pero, si consideramos como "dinero" a aquello que es utilizado en forma generalizada para realizar pagos, debemos incluir no solo a los billetes y monedas (**efectivo**) que tienen los particulares, sino también a los fondos depositados en las cuentas bancarias porque, como vimos, con estos fondos también se puede efectuar pagos.

Si los bancos, al recibir billetes y monedas en depósito, los dejaran inmóviles en sus tesoros, la cantidad de dinero en la economía sería igual a la suma de billetes y monedas emitidas por el Banco Central.

Pero los bancos saben que si mantuvieran como reservas la totalidad de los billetes depositados, la mayor parte no se movería nunca de allí. Si bien constantemente habrá clientes que retiren billetes, también constantemente habrá otros que depositarán, con lo que normalmente la cantidad total no tendrá grandes variaciones.

Ante eso, lo que hacen los bancos es prestar parte del dinero depositado. De esa forma, están creando dinero bancario, con lo que multiplican la cantidad de dinero.

En un ejemplo simplificado, el mecanismo funciona así:

- El gobierno emite $1000 en billetes, y con ellos le paga el sueldo a Jorge, que es empleado público.

Conceptos clave:

Valor intrínseco: es el que tiene un bien al utilizárselo para satisfacer directamente necesidades o para contribuir a un proceso de producción.

Banco Central: institución del gobierno, que en Argentina se encarga de la emisión de billetes y monedas y del control de los bancos.

Valor fiduciario: el que se basa en la confianza (fiducia); en el caso del dinero, en la confianza en que va a ser aceptado por los demás.

Bancos (o bancos comerciales): empresas que reciben dinero en depósito y lo usan para financiar a empresas, familias y gobiernos que lo requieren.

Cheque: instrucción a un banco para que entregue a un tercero fondos depositados en la cuenta de quien entrega el cheque.

Tarjetas de débito: tarjetas con una banda magnética que, al ser leída por un dispositivo electrónico, permiten transferir fondos desde una cuenta bancaria a otra.

Tarjetas de crédito: tarjetas a través de las cuales se pacta que el pago por una compra se va a diferir en el tiempo.

Actividades

Compara ventajas y desventajas de utilizar como dinero:

- Ganado ovino (la unidad monetaria serían las ovejas);
- Depósitos en un banco (la unidad monetaria sería el peso)

- Jorge se queda con $100 para sus gastos diarios en efectivo, y deposita $900 en una cuenta en un banco, la que puede utilizar en cualquier momento para hacer compras, de la misma forma que si tuviera los billetes.
- El banco recibe los $900, guarda $180 en su tesoro (por si Juan hace un retiro) y le presta $720 a Pedro.
- Pedro utiliza los $720 para pagarle a María, que vende máquinas. María guarda $120 para sus gastos en efectivo, y deposita $600 en el Banco.
- El banco, nuevamente, guarda una parte ($120) en previsión de que María quiera hacer un retiro, y le presta los restantes $480 a Luis, quien retira los billetes.

Si sumamos el dinero (efectivo más depósitos en bancos) de cada uno tenemos:

	Efectivo (billetes)	Cuentas bancarias	Total
Jorge	100	900	1.000
María	120	600	720
Luis	480	0	480
TOTAL	700	1.500	2.200

Actividades

Imagina que el gobierno ha emitido $1.000.000 en billetes, que distribuye entre la gente. ¿Esto significa que la capacidad de compra de la gente aumenta en ese monto? ¿De qué forma el sistema bancario puede "multiplicar" esa capacidad de compra?

Conceptos clave:

Base monetaria: billetes y monedas emitidos por el gobierno (suma del efectivo y las reservas bancarias).

Efectivo: billetes y monedas en circulación (fuera del sistema bancario).

Reservas bancarias: billetes y monedas en poder de los bancos, incluyendo los depósitos que tienen en el Banco Central.

Encaje: cociente entre las reservas que mantienen los bancos y los depósitos de los particulares en éstos.

A partir de que el gobierno emitió una base monetaria de solo $1.000, la capacidad de compra de los particulares (Jorge, María y Luis) creció en $2.200. Esto se debió a la acción del sistema bancario que, al tomar depósitos y otorgar préstamos, multiplicó por 2,2 la base monetaria. Esta multiplicación es mayor:

- Cuanto mayor sea la proporción de su dinero que los particulares depositen en los bancos, y
- Cuanto menor sea la proporción de los depósitos que los bancos guarden como **reservas bancarias** (lo que se llama "**encaje**").

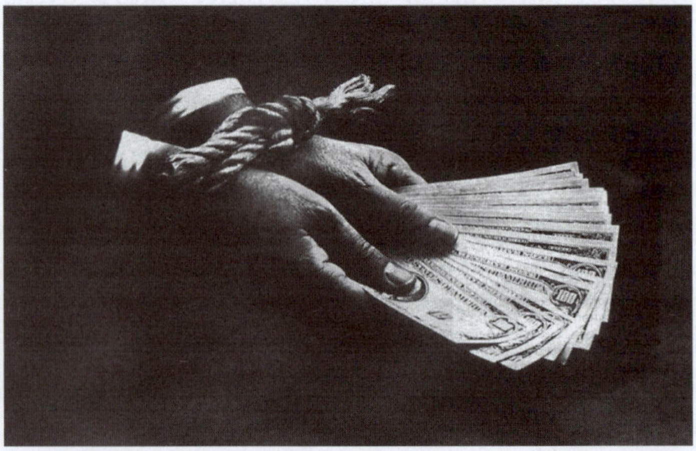

9.4: La medición de la cantidad de dinero

Los billetes y los depósitos en bancos sirven para efectuar pagos; pero hay distintas clases de depósitos, y no todos nos proporcionan la misma facilidad para realizar pagos cuando y donde se nos ocurra. A esta facilidad la llamamos **liquidez**.

En la economía actual de nuestro país, el bien con mayor liquidez es el efectivo. Prácticamente todos los que quieren vender algo aceptan billetes y monedas como pago. En cuanto a los depósitos bancarios, la mayor liquidez la tienen las **cuentas corrientes**. Su titular (el dueño del dinero) puede transferir fondos tanto a través de cheques como utilizando tarjetas de débito o realizando transferencias a través de la red de cajeros automáticos o de Internet. La liquidez de los fondos en cuenta corriente es muy importante en países en donde es muy amplia la aceptación de cheques en pago; en Argentina no es tan extendido su uso, especialmente en las compras minoristas.

A la suma del efectivo en poder de particulares (fuera del sistema bancario) y los depósitos en cuenta corriente se la llama **M1**. La M es la inicial de *Money*, es decir, "dinero" en inglés.

Otro tipo de cuentas bancarias son las **cajas de ahorro**, de las que también se pueden hacer retiros en cualquier momento, aunque no pueden utilizarse cheques. Debido a esta limitación, se considera que los depósitos en cajas de ahorro son menos líquidos que los depósitos en cuenta corriente. A la suma de M1 más depósitos en caja de ahorro se la llama **M2**.

Finalmente, en los bancos la gente puede hacer un tercer tipo de depósitos: a **plazo fijo**. En este caso, a cambio del pago de una tasa de interés, el cliente acepta no retirar su dinero durante un cierto lapso de tiempo, que en general no es mayor a 90 días. Dado este reducido plazo, se estima que una definición más amplia de dinero tiene que incluir estos depósitos. A esta definición (M2 más depósitos a plazo fijo) se la llama **M3**.

El siguiente diagrama sintetiza los conceptos definidos, con sus correspondientes valores a junio de 2006, expresados en miles de millones de pesos:

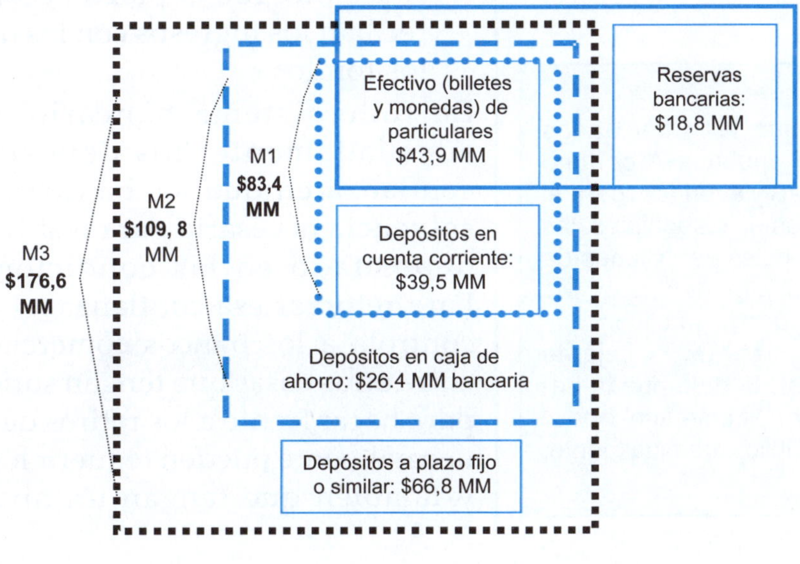

Conceptos clave:

Liquidez: capacidad que tiene un bien para actuar como dinero, es decir, como medio de pago.

Cuenta corriente bancaria: contrato con un banco mediante el cual se puede depositar, recibir depósitos, retirar o transferir fondos en cualquier momento. En general, no se cobran intereses por los fondos depositados.

Cajas de ahorro: son similares a las cuentas corrientes pero con menor facilidad para transferir fondos (no admiten el uso de cheques). Normalmente los fondos depositados perciben un pequeño interés.

Depósitos a plazo fijo: En este caso el titular no puede retirar los fondos hasta una fecha preestablecida, por lo cual le está "alquilando" su capacidad de compra al banco, y éste le paga una tasa de interés.

M1: suma de efectivo y depósitos en cuentas corrientes en bancos.

M2: suma de efectivo y depósitos en cuentas corrientes y cajas de ahorro.

M3: suma de efectivo más el total de depósitos bancarios.

Actividades

Ingresa en el sitio Web del Banco Central de la República Argentina (www.bcra.gov.ar) y averigua, para el último mes que estén disponibles, las magnitudes (en miles de millones de pesos) de: a) Base Monetaria; b) M1 (circulante en poder del público + cta. cte. en pesos); c) M2 (M1 + caja de ahorro en pesos). El dato puede hallarse en el "Informe Monetario" que el Banco Central publica mensualmente.

9.5: El sistema bancario

El sistema bancario argentino está integrado por el Banco Central de la República Argentina y por los bancos comerciales.

Los bancos comerciales reciben depósitos de personas físicas, empresas, gobiernos y otras instituciones, otorgan préstamos, y realizan otros servicios, como el cobro de recaudaciones (por ejemplo, de impuestos), la custodia de bienes, etc.

Los bancos son **intermediarios financieros**: reciben depósitos de la gente que tiene ahorros y prestan dinero a gente que quiere realizar una inversión o un gasto a cuenta de ingresos futuros. Los primeros podrían prestarle directamente sus ahorros a los segundos, pero en general no lo hacen, porque:

a) Los depositantes no saben si quienes necesitan los fondos tendrán la capacidad y la voluntad de devolverlos en el futuro, y les resulta muy costoso averiguarlo. Los bancos analizan las características de las empresas y personas a las que les prestan fondos, y les solicitan garantías de que los van a devolver.

b) Los ahorristas quieren tener disponibles sus fondos a corto plazo, por si los precisan; pero quienes toman prestado necesitan que se les otorgue el plazo necesario para que reciban los ingresos con los que devolverán los fondos.

En todo sistema bancario que funcione adecuadamente, los depositantes tienen confianza en que los bancos mantendrán la **solvencia** necesaria para restituirles el dinero depositado en las condiciones pactadas. Para reforzar esa confianza, el Banco Central controla a los bancos comerciales: les exige, entre otras cosas que tengan suficiente liquidez para hacer frente a los retiros de depósitos que normalmente pueden requerir los depositantes; y también que tengan un nivel mínimo de capital propio que respalde las obligaciones que toman. En caso de que un banco tenga dificultades transitorias para devolver los fondos, el Banco Central puede prestarle, hasta que recomponga su liquidez.

La confianza en los bancos es fundamental porque si todos los depositantes quisieran retirar al mismo tiempo su dinero, no sería posible: parte de ese dinero ha sido prestado, y para recobrarlo hay que esperar que venzan los plazos de los préstamos. Cuando los depositantes pierden masivamente la confianza en el sistema bancario se pueden producir "corridas" bancarias, como la que ocurrió en Argentina a fines de 2001. Ante la falta de capacidad de los bancos de devolver los fondos depositados –y la limitación que tenía en ese momento el Banco Central para prestarles– el Gobierno impuso una restricción al retiro de fondos, que se conoció como **corralito financiero**; a lo que se sumó, a principios de 2002, una conversión obligatoria de los depósitos en dólares, que fueron transformados en pesos o en títulos públicos. Esto dañó severamente la confianza en el sistema bancario, que se encuentra aún en proceso de recuperación.

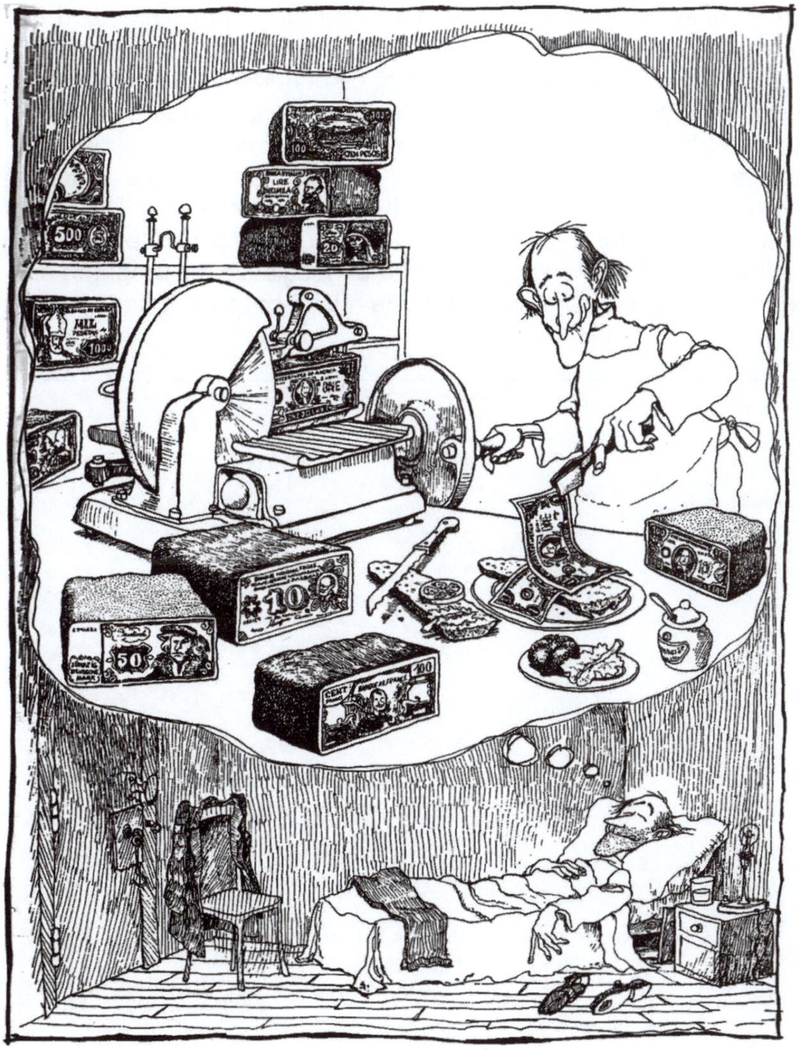

Conceptos clave:

Intermediarios financieros: función que cumplen los bancos al tomar los depósitos de quienes tienen capital (capacidad de compra), y prestárselo a quienes lo necesiten y estén dispuestos a pagar por disponer de éste por un tiempo.

Solvencia: capacidad para satisfacer las obligaciones.

Corralito financiero: restricción impuesta al retiro de depósitos bancarios desde fines de 2001 hasta fines de 2002.

Actividades

¿Cuál es el rol que desempeñan los bancos en la economía? ¿Qué puede ocurrir si los bancos entran en crisis y no tienen suficiente efectivo para hacer frente a los retiros de depósitos que quieren hacer sus clientes? (Averigua qué es lo que ocurrió al respecto entre fines de 2001 y los primeros meses de 2002).

Lecturas complementarias

No es lo mismo

(El baúl de Manuel, Manuel Fernández López, *Página /12,* 14 de marzo de 2004).

Ya Platón, cinco siglos antes de Cristo, se dio cuenta de que los productos no pueden cambiarse directamente en sí, porque solo por casualidad coinciden en cantidad y tiempo las necesidades y la producción de los mismos. Suponía una pequeña ciudad integrada por un agricultor, un tejedor y un albañil, productores de cereal, ropa y viviendas respectivamente. El agricultor obtenía cereal una vez al año, pero la necesidad de pan se presentaba todos los días. Y así con los demás productos. La solución era, claro, adoptar un bien intermediario de los cambios, reconocido por todos, es decir, el dinero. Sin dinero, el intercambio entre varios participantes se vuelve dificultoso o imposible. Hace menos de un siglo ocurrió ese caso: la crisis de la Bolsa de valores de Wall Street, en octubre de 1929, si no fue la causa, sí fue el detonador de la crisis económica mundial de la primera mitad de la década de 1930. Uno de los efectos de la Gran Depresión fue la espectacular reducción del comercio multilateral y su reemplazo por tratados o acuerdos bilaterales. Esta tendencia se incrementó con el estallido de la Segunda Guerra Mundial. En julio de 1944, cuando se avizoraba la derrota del enorme ejército nazifascista, se comenzó a preparar el terreno para el día después, que se suponía estaría dominado por los EE.UU. Ese país convocó a una reunión de 44 naciones en Breton Woods. Allí se discutieron propuestas para reconstruir el intercambio bilateral: la de EE.UU. o Plan White, con el dólar como moneda internacional; y la de Inglaterra, o Plan Keynes, que proponía crear una moneda artificial llamada *bancor*. Triunfó, claro, el Plan White, que se concretó en el Fondo Monetario Internacional (FMI), cuya sede se estableció en Washington y cuyos funcionarios son, –norteamericanos o no– provistos por graduados de universidades de EE.UU. Perón, quejoso por no recibir ayuda de EE.UU., rehusó entrar al FMI. Caído Perón, se entró al FMI en 1957. El país vio sucesivos "planes de estabilización". El único gobierno que rechazó la "ayuda" del FMI fue el del Dr. Arturo Illia. Con los años, el FMI fue dejando su papel de "aceitador" del intercambio y pasó a cumplir el de garante de las inversiones de cartera, es decir, el capital financiero puramente especulativo. La pregunta es si tiene sentido para nuestra sociedad seguir en un ente que engorda a los obesos y enflaquece a los desnutridos.

Las relaciones económicas con el exterior

En el presente capítulo estudiaremos las relaciones del sistema económico nacional con el resto del mundo, para analizar, particularmente, cómo afectan estas relaciones al funcionamiento del sistema.

10.1: El comercio internacional

Del mismo modo en que los agentes de un sistema económico realizan intercambios (compras y ventas) entre sí, también las realizan con agentes de otros sistemas, a pesar de las dificultades que esto trae aparejadas:

- En diferentes países se utilizan distintas monedas, y es necesario cambiar una moneda por otra para realizar una compra en el extranjero.
- Las leyes de un país son distintas a las de otros, y ante el incumplimiento de un contrato, la persona perjudicada puede tener más dificultad para hacer valer sus derechos que si ambos estuvieran sujetos a las mismas normas.
- Los gobiernos pueden decidir obstaculizar los intercambios con el exterior, por ejemplo, estableciendo impuestos (llamados **aranceles**) a las importaciones.

Sin embargo, la importancia del comercio internacional ha crecido en las últimas décadas. Sus principales ventajas son:

- Permite aprovechar las **ventajas comparativas** de cada país en cuanto a la producción de distintos bienes o servicios (ver Apéndice a este capítulo). Éstas son similares a las que produce el intercambio entre dos personas, que permite que cada una se especialice en la actividad en la que tiene mayor productividad.
- Permite aprovechar las economías de escala. Al vender no solo en el país sino también en el exterior, se puede producir en mayores cantidades, lo que en algunos casos hace reducir los costos por unidad.
- Amplía la competencia, lo que mejora el funcionamiento de los mercados.

Por ejemplo, la Argentina tiene abundancia de gas natural, uno de cuyos componentes es el etano, a partir del cual se fabrica etileno, materia prima de productos plásticos. Pero, como para tener costos competitivos es necesario producir etileno en una cantidad que supera al consumo de todo el país, la instalación de

una planta de etileno en Bahía Blanca solo fue viable a partir de exportar gran parte de la producción.

Tradicionalmente Argentina exportó productos agropecuarios primarios (como el trigo y el maíz) o con bajo grado de elaboración (**manufacturas de origen agropecuario**), como harina de trigo, aceite de soja o carne vacuna congelada. Además, en los últimos años se han exportado petróleo y derivados (incluidos en el rubro "Combustibles y energía") por sumas muy importantes, y hay crecientes exportaciones de mineral de cobre.

Este perfil exportador se corresponde con las ventajas comparativas que se destacan de nuestro país: abundancia de tierras fértiles y riqueza pesquera, minera y petrolera.

Sin embargo, la exportación de productos con mayor elaboración y utilización de capital y mano de obra, denominados **manufacturas de origen industrial**, ha tenido un importante crecimiento en los últimos tiempos. Como resultado, estos productos (entre los que se destacan los automóviles y sus partes, acero, aluminio, productos químicos, plásticos y maquinarias) han llegado a ser la tercera parte del total de las exportaciones, como puede verse en el gráfico a continuación:

Exportaciones argentinas de mercancías, año 2005
(Total: 40.106 millones de dólares)

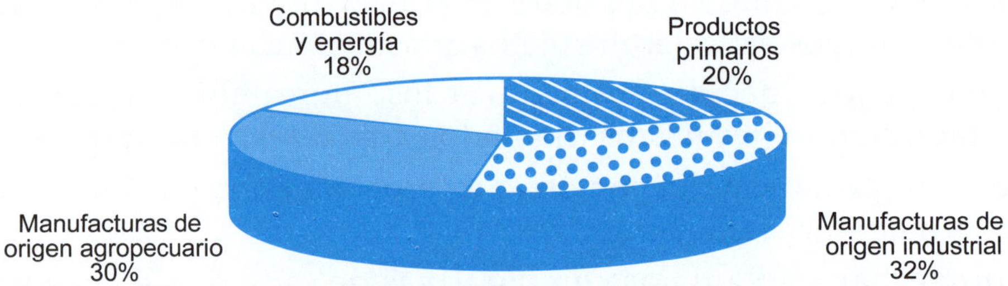

Por su parte, el país adquiere en el exterior principalmente productos industrializados destinados a abastecer a la producción nacional de insumos y bienes de capital. Solo en menor medida se importan bienes de consumo final, en su mayoría elaborados industrialmente, como automóviles, paraguas, juguetes, relojes, etc.

Importaciones argentinas de mercancías, año 2005
(Total: 28.689 millones de dólares)

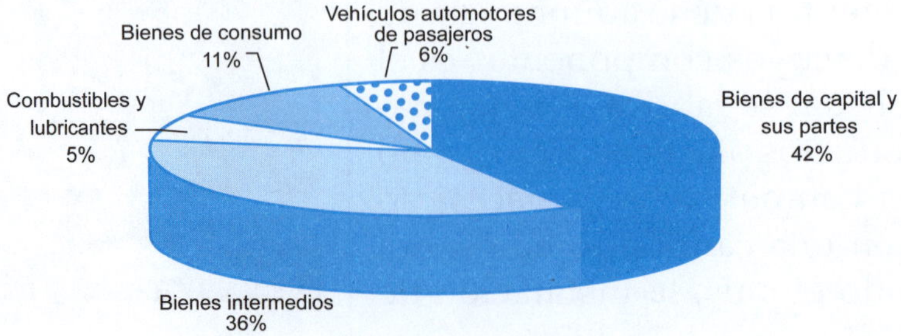

10.2: El balance de pagos

Como hemos comentado en el Capítulo VII, el comercio exterior es solo una de las formas en que el país realiza transacciones económicas con el exterior. El registro del conjunto de las transacciones se lleva en el **Balance de Pagos**. Sus principales rubros son:

Cuenta corriente: saldo de importaciones y exportaciones de bienes y servicios, pagos por intereses, **dividendos** y regalías, y transferencias a y desde el exterior.

Cuenta de capital y financiera: representa la diferencia entre los ingresos y los egresos de capital. Incluye el saldo (resultado de incrementos y disminuciones) de préstamos y otras financiaciones, inversiones directas (como la instalación de fábricas en el país) e inversiones financieras (por ejemplo, depósitos de argentinos en bancos suizos).

Variación de **Reservas Internacionales:** cada vez que el Banco Central compra o recibe a préstamo un dólar, está aumentando sus reservas. Cada vez que vende un dólar, o lo usa para pagar préstamos, está disminuyéndolas. Estas reservas constituyen la capacidad de pago en el exterior que tiene el país, a través del Banco Central. Están compuestas por oro, dólares, y otras monedas internacionalmente aceptadas.

Errores y omisiones: todo dólar que ingresa (aumentando las reservas internacionales) debería estar explicado por un movimiento en la Cuenta Corriente o por un movimiento en la Cuenta Capital y Financiera. Pero en la realidad, hay errores y omisiones en el registro de las transacciones, que hacen que los ingresos no sean iguales a los egresos.

Para el año 2005, las cifras del Balance de Pagos publicadas por el INDEC, expresadas en millones de dólares, fueron las siguientes:

Conceptos clave:

Aranceles: impuestos sobre las importaciones.

Ventajas comparativas: capacidad de producir un bien a menor precio en un país en relación a otros países.

Manufacturas de origen agropecuario: productos agropecuarios con bajo grado de elaboración.

Manufacturas de origen industrial: productos que han sido transformados por la actividad industrial, que utilizan como insumos otros productos industriales.

Actividades

Lee la siguiente frase, y relaciónala con la expresión "economías de escala":

"Gran parte de los automóviles que se venden en Argentina son importados desde Brasil. Gran parte de los automóviles que se fabrican en Argentina son exportados a Brasil. ¿Tiene sentido vender lo mismo que compramos? En realidad, no se trata de lo mismo: se compran y se venden distintos modelos de autos. Las mismas empresas (Ford, Volkswagen, etc.) tienen fábricas acá y en Brasil, y en cada una producen modelos destinados a los dos países. Así logran producir en mayor cantidad que si no hubiera este comercio de autos, y eso les permite aprovechar mejor sus instalaciones y tener menos costo por unidad producida".

Cuenta corriente:			**5.790**
Saldo comercial (exportaciones menos importaciones)[1]		11.427	
Exportaciones de mercancías y servicios	*46.343*		
Importaciones de mercancíasy servicios	*4.916*		
Saldo de Intereses de deudas (cobrados menos pagados)		-3.355	
Intereses cobrados (a favor de argentinos)	*3.239*		
Intereses pagados (a favor de extranjeros)	*6.594*		
Saldo de dividendos y otras rentas (cobrados menos pagados)		-2.852	
Utilidades y dividendos cobrados	*829*		
Utilidades y otras rentas pagadas	*3.681*		
Transferencias recibidas		570	
Cuenta Capital y Financiera (saldo de inversiones y préstamos)			**3.024**
Préstamos menos cancelaciones	- 1.706		
Inversión extranjera directa en Argentina	4.730		

Variación de reservas internacionales	**8.857**

Errores y omisiones	**44**

1 A diferencia de los datos con los que se confeccionaron los gráficos de la sección anterior, aquí se incluye el comercio de servicios, como turismo, viajes, fletes y regalías.

¿Qué significan estos datos? Que en 2005, con la suma de:

- El **superávit** comercial (11.427 millones de dólares);
- Transferencias recibidas (principalmente, giros de argentinos en el exterior a sus familias en el país): 570 millones de dólares;
- Inversiones directas de extranjeros en el país (4.730 millones de dólares);
- Errores y omisiones netos de saldo positivo (44 millones de dólares);

Se financiaron:

- Pagos netos de intereses de deuda (3.355 millones de dólares) y dividendos de empresas extranjeras (2.852 millones de dólares);
- Cancelaciones netas de deudas por 1.706 millones de dólares;
- Incremento de reservas internacionales por 8.857 millones de dólares.

El saldo de "Intereses de deudas" y "Dividendos y otras rentas", tiende a ser negativo, debido a la magnitud de la deuda externa (aproximadamente 130 mil millones de dólares a mediados de 2006) y las inversiones extranjeras directas (cuyo valor acumulado se estimó en más de 50 mil millones de dólares). Se estima que hay en el exterior dinero de propiedad de argentinos por un valor similar al de la deuda externa; pero se trata en muchos casos de inversiones no registradas, o cuya tasa de interés es muy inferior a la que devenga la deuda externa.

El resto de los principales rubros del balance de pagos ha tenido significativos cambios, como puede verse en el gráfico a continuación:

Balance de Pagos 1992-2005, por períodos

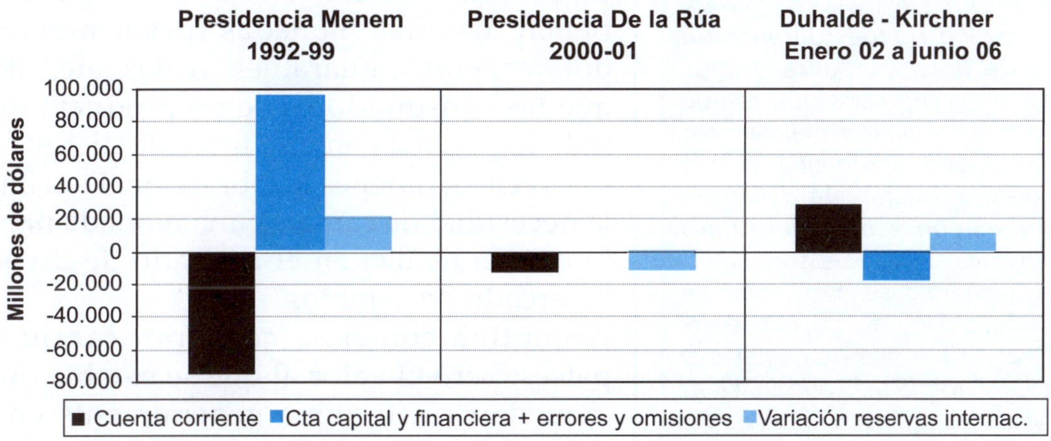

- En 1992-99, bajo la presidencia de Carlos Menem, hubo un ingreso de capitales por 95 mil millones de dólares, que financió un déficit de la cuenta corriente del orden de 75 mil millones de dólares (al tradicional saldo negativo de intereses y dividendos, se sumó déficit comercial) y un incremento de reservas del orden de 20 mil millones de dólares.
- Durante la presidencia de Fernando De la Rúa las importaciones disminuyeron, por lo tanto se equilibró la balanza comercial, pero continuó el déficit en cuenta corriente, por efecto del aumento en el pago de intereses. El gobierno aumentó su deuda, pero apenas pudo compensar la salida de capitales privados. Entonces, el déficit en cuenta corriente se tradujo en disminución de reservas, por algo más de 12 mil millones de dólares en solo dos años: 2000 y 2001.
- En el año 2002 el superávit comercial aumentó tanto que transformó en positivo el saldo en cuenta corriente, situación que se mantuvo durante los años siguientes. Tanto el gobierno como el sector privado cancelaron deudas, lo que hizo que el saldo de la cuenta capital fuera negativo, pero sin llegar a compensar el superávit de la cuenta corriente, con lo cual las reservas –luego de una disminución inicial- volvieron a aumentar.

Conceptos clave:

Balance de pagos: registro sistemático de las transacciones (compras, ventas, inversiones, etc.) de los residentes (personas físicas, gobierno, empresas u otras instituciones) de un país con los del exterior.

Cuenta corriente del Balance de Pagos: saldo de compras, ventas, pagos a factores del exterior y transferencias internacionales.

Cuenta capital y financiera: saldo de ingresos y egresos de capital (inversiones y préstamos).

Reservas internacionales: activos financieros externos (principalmente, oro, dólares y otras monedas extranjeras) del Banco Central.

Dividendos: ganancias transferidas por una empresa a sus propietarios.

Inversión extranjera directa: inversión realizada por extranjeros, destinada a ampliar la capacidad productiva en el país.

Superávit: exceso de ingresos sobre egresos. El superávit comercial es la diferencia (positiva) entre exportaciones e importaciones.

Actividades

Lee el siguiente texto:

"Una empresa puede, durante un período de tiempo, realizar pagos mayores a los ingresos que recibe por sus ventas. Este déficit financiero puede financiarse con deuda; el solo hecho de que exista este déficit no nos dice mucho acerca del futuro de la empresa. Si se está endeudando para aumentar su capacidad de producción, puede ocurrir que en el futuro esto le permita aumentar sus ganancias en forma más que suficiente como para pagar sus deudas. En cambio, si utiliza la deuda para realizar gastos improductivos, el futuro puede empeorar, y los préstamos que hoy le permiten "seguir a flote", mañana pueden ser un "salvavidas de plomo". Lo mismo pasa con un país: si se está endeudando, conviene preguntarse si con esta deuda está mejorando su futuro o lo está hipotecando."

¿Puede relacionar la frase "salvavidas de plomo" con el aumento de la deuda externa de Argentina durante la década de 1990? (consulte el Capítulo XVI de este libro).

Conceptos clave:

Tipo de cambio: valor al que se cambia una moneda por otra (por ejemplo, precio del dólar, medido en pesos).

Intervención cambiaria del gobierno: compra o venta de dólares por parte del gobierno, destinada a modificar o mantener el tipo de cambio.

Actividades

¿Qué causas podrían hacer que subiera el valor del dólar? ¿Qué causas podrían hacerlo bajar?

10.3: El mercado de divisas

El comercio internacional entre países que tienen distintas monedas (pesos argentinos, dólares, euros, guaraníes, reales, etc.) lleva a que los consumidores de un producto importado lo paguen con una moneda distinta de la que reciben quienes lo fabricaron. Esto implica la necesidad de cambiar una moneda por otra, lo que se realiza en el mercado de divisas, o "mercado de cambios".

Argentina comercia con gran cantidad de países, pero el valor al que se cambia nuestra moneda se determina generalmente en relación con el dólar de Estados Unidos, que es la moneda más usada internacionalmente para determinar precios, realizar pagos y guardar reservas en el mundo. Otra moneda de gran aceptación es el Euro, pero en América Latina es más frecuente el uso del dólar.

A partir del valor del dólar, medido en pesos (el "**tipo de cambio**") se calcula el valor de cualquier otra moneda, cuyo valor frente al dólar también esté determinado. Por ejemplo, si un dólar vale 3 pesos argentinos, y un Euro vale 1,20 dólares, entonces el valor del Euro en términos de pesos es de 3,60 pesos.

El tipo de cambio se fija a partir de la oferta y la demanda de dólares, cuyos principales componentes son reflejados en el Balance de Pagos. Así, son oferentes de dólares:

- Los que exportan bienes o servicios;
- Los que reciben pagos en dólares, por ejemplo, por transferencias de familiares en el exterior o dividendos de empresas en el extranjero;
- Los que tienen dólares guardados y quieren cambiarlos por pesos;
- Los extranjeros que invierten en nuestro país;
- Los que recibieron préstamos del exterior.

Por su parte, son demandantes de dólares:

- Los importadores;

- Los que pagan intereses de la deuda externa o giran dividendos al extranjero;
- Los que quieren comprar dólares como reserva de valor, porque creen que el peso se puede devaluar;
- Los que cancelan préstamos externos.

Pero además, el Banco Central es un importante participante en el mercado: compra o vende divisas, con lo cual aumenta o disminuye sus reservas internacionales. Al realizar estas operaciones, puede actuar:

- En función de sus propias necesidades o las del Gobierno Nacional, o
- Para mantener o modificar el tipo de cambio.

En este último caso, se habla de **intervención cambiaria**.

Podemos utilizar los datos expuestos en la sección anterior para realizar un resumen de los principales factores de oferta y demanda de dólares en el año 2005:

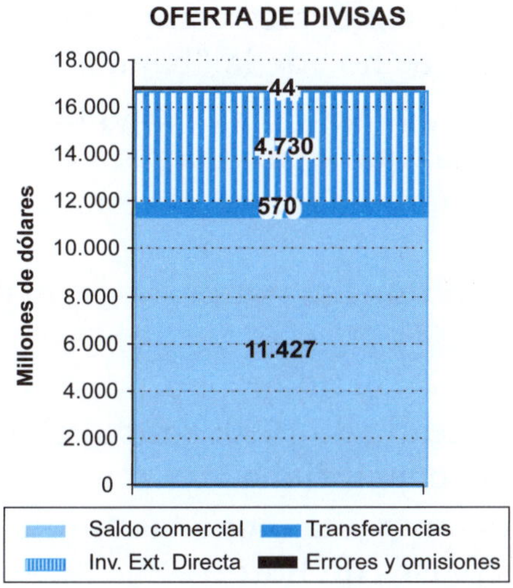

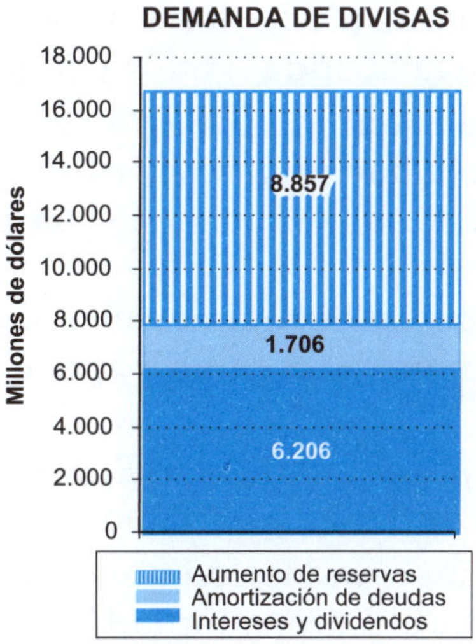

10.4: Los regímenes cambiarios

Según el tipo de intervención del gobierno en el mercado de cambios (si es que decide intervenir y tiene capacidad para hacerlo), los **regímenes cambiarios** pueden ser de:

- Tipo de cambio fijo y único: el Gobierno establece un valor, al cual compra y vende todos los dólares que los agentes económicos le ofrezcan o le demanden.

  Este fue el régimen vigente desde marzo de 1991 hasta diciembre de 2001, cuando el gobierno estableció un tipo de cambio de un peso igual a un dólar.
- Tipo de cambio libre (o **flotación limpia**): el Banco Central compra o vende divisas solamente en función de necesidades operativas (como hacer frente al pago de deudas en dólares). El Banco Central (a diferencia del caso anterior) puede tener el objetivo de mantener un cierto nivel de reservas internacionales, pero no decide el tipo de cambio.

  El tipo de cambio entre el dólar y el Euro se determina en los mercados internacionales, dentro de ciertos límites, por la interacción genuina entre la oferta y la demanda.

Así, en el año 2002, en el transcurso de pocos meses, pasó de 0,85 U$S por Euro, a casi 1,20 U$S, sin que ningún gobierno interviniera para moderar esa suba.

- **Flotación sucia**: si bien el Banco Central no se compromete a defender un determinado tipo de cambio, tiende a intervenir, normalmente tratando de que no haya bruscas variaciones que produzcan trastornos en la economía.

  Este tipo de intervención es la que realiza el Banco Central de nuestro país desde el año 2002. Así, desde 2003 hasta, por lo menos, 2006, el tipo de cambio ha estado generalmente en niveles entre $2,90 y $3,10 por dólar. En este período, cuando el dólar bajaba de $2,90 el Banco Central compraba dólares, y vendía cuando superaba $3,10.

Hay algunas variantes a estos regímenes, que actualmente no son muy usadas; por ejemplo:

- **Flotación entre bandas**: es similar a la flotación sucia, con la diferencia de que el gobierno explicita los niveles a partir de los cuales comprará dólares (en el "piso" de la "banda") o los venderá (en el "techo" de la "banda").
- **Desdoblamiento cambiario**: se establecen dos o más valores para el dólar; generalmente hay un tipo de cambio comercial que se utiliza para exportaciones e importaciones, y un tipo de cambio financiero usado en el resto de las transacciones.

Un caso especial de régimen cambiario es la renuncia, por parte de un país, a tener su propia moneda. A cambio, puede:

- Adoptar la moneda de otro. Si esa moneda es el dólar, el proceso se llama "dolarización": es lo que hizo Ecuador en la década de 1990: adoptó el dólar, ante la falta de confianza que había en la moneda ecuatoriana.
- Realizar un acuerdo con otros países para tener una moneda común. Este último caso es el del Euro, adoptado por varios países de Europa.

¿Por qué interviene el Banco Central? Las principales razones son:

- Para evitar que el aumento del dólar provoque subas de precios de productos que se exportan o se importan. Este ha sido en Argentina, históricamente, el motivo más habitual de intervención.
- Para mantener alto el valor del dólar, en pos de favorecer las exportaciones y desalentar las importaciones. Este es un motivo que se ha alegado para las intervenciones entre 2003 y 2006. El Banco Central de la República Argentina ha comprado en este período muchos miles de millones de dólares, lo que ha contribuido a mantener alto el tipo de cambio. Sin esas compras, la oferta de dólares (básicamente, por el importante superávit de comercio exterior) hubiera superado a su demanda, y su valor hubiera bajado.
- Para evitar oscilaciones bruscas en el valor del dólar y facilitar así la planificación de operaciones que tienen "riesgo cambiario", como por ejemplo una exportación: un cambio inesperado en el valor del dólar luego de que se incurrió en costos en pesos pero antes de que se perciban ingresos en dólares, puede alterar la rentabilidad.

Apéndice: las ventajas comparativas estáticas y dinámicas

Para explicar la conveniencia del comercio internacional, la teoría económica tiende a señalar que los distintos países tienen ventajas comparativas en distintos productos, a partir de la diferente dotación de factores productivos que cada uno tiene. Así:

- Si un país tiene mucha tierra cultivable, debería especializarse en la producción agropecuaria.
- Si otro país tiene gran cantidad de mano de obra, debería especializarse en producir bienes o servicios para cuya producción se use mucha mano de obra, como los productos textiles.
- Y si otro país tiene abundancia de capital y personal altamente calificado, debería especializarse en productos que usen más intensivamente estos recursos, como la investigación tecnológica.

Esto daría como resultado un mundo altamente especializado, sobre la base de ventajas comparativas estáticas: las que se tienen en un determinado momento de la historia.

Esto ha merecido críticas por quienes observan que la mayor parte de los factores productivos no son recursos naturales, sino capital o habilidades desarrolladas por los sistemas económicos. Y que los países que logran un mejor nivel de vida son los que han desarrollado estos recursos. Entonces, la especialización completa en función de ventajas comparativas estáticas tendería a perpetuar las diferencias de nivel de vida entre países, con lo cual los países pobres seguirían siendo pobres siempre.

Como alternativa, se ha propuesto considerar las ventajas comparativas dinámicas: cada país debería especializarse, no en lo que hoy puede producir más barato, sino en lo que le permita un mejor nivel de ingresos en el futuro.

Como el libre funcionamiento de los mercados tiende más a la especialización en función de

Conceptos clave:

Régimen cambiario: mecanismo a través del cual se determina el tipo de cambio.

Flotación limpia: régimen en el que el tipo de cambio se establece a través de la oferta y la demanda; las compras y las ventas del gobierno se determinan solo en función de sus necesidades de dólares o pesos.

Flotación sucia: el Banco Central interviene en el mercado de divisas para evitar fluctuaciones que, según interpreta, podrían ser perturbadoras para la economía.

Flotación entre bandas: el gobierno deja fluctuar libremente al tipo de cambio, pero con un nivel mínimo (al cual compra dólares, para evitar que baje) y un nivel máximo (al cual vende dólares, para evitar que suba).

Dolarización: reemplazo de la moneda de un país (generalmente pequeño) por la moneda de los Estados Unidos (el dólar).

Actividades

¿Por qué al régimen cambiario usado en Argentina desde principios de 2002 se lo denomina “flotación sucia”? ¿Cuál es la diferencia con la “flotación limpia”?

ventajas comparativas estáticas que de ventajas dinámicas, se propone que el Estado intervenga para favorecer el crecimiento de algunas actividades.

En este sentido, se ha defendido la intervención del Estado para proteger a industrias "nacientes" o "infantiles". Se sostiene que es difícil que una industria surja y crezca en un país si tiene que competir de igual a igual con poderosas industrias, ya desarrolladas, de otros. Si está convencido de que el país puede ser eficiente en la producción, el Estado puede proteger de la competencia externa a la industria en sus etapas iniciales, para después hacer que, gradualmente, se enfrente a la competencia externa.

El argumento de la "industria naciente" sirvió en Argentina para justificar la protección a la industria automotriz, que actualmente exporta cerca de la mitad de su producción.

Sin embargo, hay que tener en cuenta que no siempre el Estado está capacitado para seleccionar a las industrias con mayor futuro, ya sea por las limitaciones de planificación o porque los empresarios involucrados tienen desproporcionadas posibilidades de influir en la decisión estatal para que los favorezca a ellos, independientemente de la conveniencia del conjunto del país.

La integración internacional

El objeto principal de estudio del presente libro es la economía argentina. Nos hemos concentrado principalmente en las relaciones económicas entre empresas, familias y el Estado argentinos, que son las que afectan más nuestra vida cotidiana. Pero los sistemas nacionales se están vinculando cada vez más entre sí, y tienden a conformar un solo sistema, global o planetario. En el presente capítulo analizamos este proceso, al que llamamos **integración internacional** o **globalización.**

11.1: El proceso de globalización y sus causas

La globalización se caracteriza por la menor importancia relativa de las fronteras nacionales. En el terreno económico, la integración se da a través de:

- Intercambio comercial: los productores de cada país venden sus productos a los consumidores de un número cada vez mayor de países. Las fronteras nacionales protegen cada vez menos a las industrias nacionales; los mercados mundiales tienden a unificarse.
- Inversiones extranjeras directas: las empresas se instalan donde lo encuentran más conveniente, buscando la relación entre ganancias y riesgo que les resulte más atractiva. Si una empresa tiene que decidir entre radicar una fábrica en Estados Unidos o en México, elegirá el lugar donde obtenga mayores beneficios con un riesgo aceptable; por ejemplo, puede elegir a México porque los salarios son más bajos, y le representan costos menores. Esto permite el uso de tecnologías avanzadas, aún en países de menor desarrollo. Como contrapartida, parte del ingreso generado es apropiado por empresas extranjeras.
- Préstamos y otras inversiones financieras: los capitales fluyen a través de las fronteras, no solo bajo la forma de inversiones directas, sino también realizando préstamos internacionales o comprando títulos que representan obligaciones de gobiernos o empresas. Esto facilita que el ahorro de países con abundancia de capital se dirija a países donde pueden obtener mayores tasas de ganancia, aunque generalmente con mayor riesgo.
- Inmigración: ante las enormes diferencias salariales, muchos trabajadores de países pobres tratan de instalarse en países ricos. Esto enfrenta la resistencia de los trabajadores de esos países, porque deben competir con los inmigrantes por los puestos de trabajo, lo que limita sus chances de obtener aumentos de sueldos.

Conceptos claves:

Globalización: tendencia a la integración de las distintas comunidades del planeta, perdiendo relevancia las fronteras nacionales.

Homogeneización: proceso de reducción de diferencias.

Actividades

Explica el concepto de "globalización". ¿Cómo se manifiesta en lo económico?

Las causas del avance de la globalización pueden vincularse con:

- Aspectos tecnológicos: el avance y abaratamiento de las comunicaciones permite conectar con mayor facilidad a distintas partes del mundo;
- Aspectos políticos: la integración hace estrechar relaciones entre la población de distintos países, lo que disminuye la probabilidad de guerras entre ellos.
- Aspectos económicos: la integración reporta beneficios. Las empresas de distintos países comercian entre sí porque tanto compradores como vendedores lo encuentran conveniente; los inversores extranjeros ingresan su capital a un país porque tienen expectativas de ganancias; quienes emigran de un país a otro tienen la esperanza de mejorar sus condiciones de vida, y quienes los contratan lo hacen porque eso les permite pagar salarios más bajos.

Sin embargo, también hay intereses que se oponen, ya sea a profundizar la integración de su país con el resto del mundo, o a la forma en que se da esta integración. Por ejemplo, quienes fabrican productos que pueden importarse a bajo costo, tratarán de poner trabas a esas importaciones, para evitar que la competencia los perjudique.

Por otra parte, hay aspectos no económicos de la globalización que son resistidos, como la pérdida de autonomía de los estados nacionales, y la **homogeneización** de las culturas a partir del modelo de los países desarrollados, que se facilita por el avance de las comunicaciones.

El avance de la globalización indica en la actualidad que las fuerzas a favor le están "ganando la batalla" a las fuerzas contrarias. Pero esto no es, necesariamente, irreversible. La globalización es un proceso de largo plazo que ha tenido avances y retrocesos, éstos últimos asociados en general a crisis mundiales, como las grandes guerras o la depresión económica de la década de 1930.

11.2: Consecuencias del avance de la globalización

Oportunidades de beneficios económicos

- En las últimas décadas, el comercio internacional creció aceleradamente y estimuló inversiones orientadas a organizar recursos productivos en un país para satisfacer necesidades de otros. Esto ha contribuido a que varias naciones (como Corea del Sur, China, Chile e Irlanda) registraran altas tasas de crecimiento económico.
- Los capitales tienden a moverse a través de las fronteras buscando la mejor relación entre rentabilidad y riesgo. La producción de una computadora para Holanda puede ser la combinación de tecnología de Estados Unidos, capitales de Japón y mano de obra de Tailandia. La producción se hace **transnacional**: se organiza en función de la conveniencia de empresas que actúan en varios países.
- La combinación de factores productivos y la conexión entre productores y consumidores de diversas partes del mundo tiende a lograr un mayor aprovechamiento de los factores. Por ejemplo, un país puede tener yacimientos de minerales, cuya explotación solo se hace viable a partir del ingreso de capitales y tecnología del extranjero.

Riesgos y limitaciones

- La creciente importancia de empresas extranjeras puede provocar una menor solidaridad social. Si esas empresas solo se preocupan de obtener beneficios en el corto plazo y no son adecuadamente controladas, es probable que no se preocupen por los daños (o **externalidades**) que puedan ocasionar a la región donde están instaladas, como la degradación del medio ambiente.
- Los países están más expuestos a sufrir crisis que provengan del exterior, y que escapen a su control. Estas crisis se transmiten, generalmente, a través del comercio exterior (una disminución inesperada de las exportaciones puede causar desempleo) o a través de salidas abruptas de capitales.
  Por ejemplo, dadas las estrechas relaciones económicas entre Uruguay y Argentina, cuando en los años 1999-2002 Argentina pasó por una grave crisis económica, Uruguay sufrió el "contagio", ya que experimentó una severa caída de su producción y una corrida bancaria. Uruguay solo comenzó a salir de la crisis en 2003, cuando la economía argentina ya estaba en proceso de recuperación.
- Los países –en particular los de menor tamaño y mayor grado de integración– tienden a "armonizar" políticas con los países con los que se integran. Esto implica cierta pérdida de libertad para definir las suyas propias.
  Por ejemplo, no pueden poner impuestos muy altos a los capitales, porque si lo hacen, éstos se trasladarán a los países en donde los impuestos sean menores.

Conceptos clave:

Transnacional: se aplica a lo que se extiende a través de las fronteras. Una producción es transnacional si está planificada en función de los objetivos globales de empresas que actúan en distintos países.

"Contagio" de una crisis: transmisión de las consecuencias de una crisis desde el país donde se originó hacia otros.

Armonizar políticas: adaptar las políticas de un país, para hacerlas similares a los de otros, con los cuales se tienen relaciones estrechas.

Actividades

Discutan en grupos las ventajas y desventajas que trae el proceso de integración económica entre nuestro país y el resto del mundo.

Manifestantes contra la Globalización.

- Esta limitación de las políticas públicas afecta las posibilidades de los países de implementar políticas de redistribución de ingresos y protección de los derechos de los trabajadores.[1]

  La libre movilidad de los capitales implica que los países entren en competencia para captarlos, y para ello les ofrecen condiciones ventajosas, como menores impuestos y exigencias (por ejemplo, de protección ambiental).

Además, en un mundo con abundancia de mano de obra, la inmigración desde los países pobres –donde los sueldos son bajos– es una competencia para los trabajadores de los países ricos que hace bajar sus salarios. Del mismo modo, al importar productos que son baratos porque para fabricarlos se pagaron sueldos muy bajos, disminuye la demanda de trabajadores cuyos salarios sean más altos.

Todo esto crea una presión a la concentración del ingreso, en el interior de cada país, en las personas más ricas, los "dueños del capital". Esta tendencia se contrapone con la que prevaleció a lo largo de la mayor parte del siglo XX en gran cantidad de países, donde crecieron el **Estado de Bienestar** y la desigualdad en la distribución del ingreso tendió a disminuir.

11.3: Alternativas frente al proceso de globalización

Frente a la tendencia a la globalización los países reaccionan de distintas maneras. Típicamente, las alternativas son:

Cierre de la economía: se trata de impedir el avance de la globalización, mediante la imposición de barreras al comercio internacional, al movimiento de capitales y las migraciones de trabajadores.

1 Este proceso trae conflictos cuando es resistido por quienes se ven perjudicados. Así, en marzo y abril de 2006 hubo huelgas y movilizaciones en Francia contra la "flexibilización laboral" impulsada por el gobierno, que hubiera permitido a las empresas despedir sin causa ni indemnización a trabajadores jóvenes, con menos de dos años desde su contratación.

Las barreras al comercio exterior generalmente incluyen altos aranceles (impuestos) a las importaciones, y con frecuencia también prohibición de importar o exportar algunos productos, o exigencias exageradas para el ingreso de algunas mercaderías al país, que buscan desalentar su importación. Estas barreras tienen como objeto:

- Favorecer la producción de bienes nacionales mediante la protección frente a la competencia de los bienes importados, como medio de combatir la desocupación.
- Proteger a las industrias nacionales que el gobierno considere necesarias, ya sea por los empleos que ofrecen o por su capacidad de crecimiento.
- Reducir la dependencia del país respecto del extranjero, tanto para que no sea tan afectado por sus crisis, como para asegurarse el abastecimiento de bienes esenciales.
- Modificar los precios internos, por razones de distribución del ingreso. Por ejemplo, la suspensión de exportaciones de carne vacuna en Argentina en 2006 se realizó para que bajaran sus precios en el mercado interno.

Apertura de la economía sin condiciones: al contrario de la postura anterior, se propiciaría la eliminación de barreras al comercio internacional, al movimiento de capitales y al ingreso de mano de obra extranjera. Se basa en el convencimiento de que la integración global es lo mejor para un país, independientemente de lo que haga el resto del mundo.

Muchos han recomendado esta política, pero prácticamente nadie la ha implementado en su totalidad. Hay gobiernos que han liberalizado fuertemente su comercio internacional y sus movimientos de capitales con el resto del mundo pero no han hecho lo mismo con la inmigración de mano de obra.

Integración negociada: implica procesos, negociados entre países, de apertura recíproca y simultánea, para que cada uno admita la libre competencia de los otros.

La lógica de esta posición es que la integración puede ser positiva si es "simétrica": un país permite que los productos de otro entren libremente a cambio de que los suyos propios puedan entrar libremente en ese otro país.

La restricción de importaciones supone un beneficio a los productores nacionales competidores de productos importados y un perjuicio a los consumidores. Además hay un perjuicio también para los productores extranjeros que quieren vender en el país. El levantamiento de restricciones causa perjuicios y beneficios dentro de un país, pero en el exterior produce incuestionablemente beneficios.

Entonces, los gobiernos otorgan esos beneficios a cambio de reciprocidad: recibir también ese beneficio por parte de los otros países.

Actualmente, la mayor parte de los países ejecutan esta política, de "apertura negociada", que tiene tres modalidades principales, no excluyentes:

- Acuerdos bilaterales: los que realizan dos países para favorecer las relaciones entre ellos.
- Acuerdos regionales: (entre un grupo de países, generalmente pertenecientes a la misma región); y
- Acuerdos multilaterales: (involucran a numerosos países, de diversas partes del mundo).

Actividades

Describe las distintas actitudes que puede tomar el gobierno de un país respecto de las relaciones económicas con los otros países. ¿Cuál es la actitud más habitual y por qué?

Conceptos clave:

Organismos internacionales: asociaciones formadas por estados nacionales.

Naciones Unidas: organismo internacional cuyo objeto es la cooperación de los diferentes países en materia de derecho internacional, seguridad y desarrollo económico.

Fondo Monetario Internacional (FMI): organismo cuyo fin declarado es evitar las crisis en el sistema financiero internacional.

Banco Mundial: agencia de las Naciones Unidas dedicada al financiamiento del desarrollo económico.

Organización Mundial del Comercio: institución en cuyo marco se realizan acuerdos multilaterales tendientes al desarrollo del comercio internacional, se controla su cumplimiento y se resuelven diferencias en torno a ellos.

En todos los casos, se trata de otorgar a los otros países del acuerdo preferencias similares a las que ellos nos otorguen. Estos acuerdos suelen llevar mucho tiempo de negociaciones, porque cada una de las partes requiere que sus intereses –a veces contradictorios con los de otros países– sean contemplados.

Los acuerdos multilaterales se dan generalmente en el marco de la Organización Mundial del Comercio. Los acuerdos regionales más importantes a nivel mundial son la Unión Europea y el NAFTA. Por su parte, Argentina participa del Mercosur, el principal acuerdo regional de Sudamérica. Más adelante analizaremos estos acuerdos.

11.4: Los organismos internacionales surgidos de acuerdos multilaterales

Especialmente a partir de la finalización de la segunda guerra mundial (año 1945), los principales países del mundo han buscado acordar políticas y esfuerzos para regular las relaciones internacionales. Como resultado, se han creado varios organismos.

Las Naciones Unidas

Los países vencedores en la Segunda Guerra Mundial crearon las Naciones Unidas con el propósito de armonizar las relaciones entre naciones. Su capacidad para evitar guerras ha sido, en la práctica, muy limitada, pero se ha constituido en un foro de discusión entre países y se han organizado numerosas agencias con fines específicos que en algunos casos han desarrollado un papel importante.

Por ejemplo, la Corte Internacional de Justicia, con sede en la ciudad de La Haya, es un mecanismo de solución de diferencias internacionales; la OMS es la Organización Mundial de la Salud; UNICEF es el Fondo de las Naciones Unidas para la Infancia, PNUD es el Programa de Naciones Unidas para el Desarrollo, FAO es

la Organización de Agricultura y Alimentos, y la CEPAL es la Comisión Económica Para América Latina.
A continuación veremos tres agencias de especial importancia económica: el FMI, el Banco Mundial y la OMC.

El FMI y el Banco Mundial

El Fondo Monetario Internacional (FMI) tiene como misión la estabilización de los flujos financieros internacionales y tratar de evitar crisis que alteren el funcionamiento de la economía global. Para ello se concentra actualmente en recomendar a los gobiernos políticas macroeconómicas que, a su criterio, eviten el surgimiento de crisis que puedan afectar a otros países, y en otorgar préstamos destinados a compensar salidas de capitales que entiende transitorias.
Las políticas del FMI están en discusión, especialmente a partir del proceder que tuvo en años recientes respecto de la Argentina: ayudó con sus préstamos a mantener el régimen de convertibilidad, que era muy frágil (y que terminó muy mal, pese al apoyo del FMI), y no ayudó, en cambio, a superar la crisis en la que terminó ese régimen (a pesar de la cual el país se recuperó).
El Banco Mundial está dedicado al otorgamiento de préstamos para financiar proyectos que mejoren el nivel de vida de la población. Sin embargo, en la práctica, esta institución ha actuado complementando al FMI, al otorgar los préstamos con la condición de que los países sigan las políticas recomendadas por esa institución.

La Organización Mundial del Comercio (OMC)

La OMC es la organización internacional dedicada a establecer reglas para el comercio entre las naciones. Cuenta con alrededor de 150 miembros, es decir, la mayor parte de los países del mundo. En su seno se negocian acuerdos tendientes a facilitar el comercio internacional, los que deben ser posteriormente ratificados por cada país.
Los acuerdos en la OMC (anteriormente llamada GATT) suelen implicar largos períodos de negociaciones en "rondas" que duran años. Por ejemplo, los países exportadores de productos agrícolas (entre los cuales está la Argentina) están intentando –infructuosamente– desde hace muchos años que los países europeos reduzcan los subsidios a los productos agrícolas que hacen bajar su precio internacional.
Pese a estas dificultades, en el marco de la OMC se han acordado importantes disminuciones de aranceles a las importaciones y limitaciones al uso de otras barreras, como prohibiciones o limitaciones al comercio exterior. Estos acuerdos favorecieron la expansión del comercio internacional que se produjo en las últimas décadas.

Actividades

Lee el siguiente texto, extractado de un artículo aparecido en el diario estadounidense "The Wall Street Journal" (autor: Greg Hitt; traducción: La Nación.com, 31/07/06).

Este artículo refleja la nostalgia de los tiempos en los que Estados Unidos y, en menor medida, Europa Occidental, imponían los criterios en la organización a través de la cual se realizaban los acuerdos multinacionales de liberalización comercial (antes GATT, ahora OMC). En contraste, la llamada "Ronda de Doha" de la OMC ha fracasado nuevamente en 2006, por la existencia de distintos intereses entre países ricos y pobres que no han podido conciliarse. Desde la perspectiva de nuestro país ¿qué consecuencias podría tener la aceptación incondicional del liderazgo de Estados Unidos en materia de integración comercial? (Para responder esta pregunta, lee también el artículo publicado en el diario "Hoy", extractado en la sección siguiente).

El peligro para la OMC es volverse irrelevante: El último fracaso de la Ronda de Doha podría convertirla en una nueva Sociedad de Naciones

El fracaso de las negociaciones sobre comercio mundial obliga a las grandes economías del mundo a encontrar nuevas maneras para lograr una reducción de las barreras comerciales. No está claro que la Organización Mundial de Comercio (OMC), el grupo de 149 naciones que ha servido de foro para las conversaciones, sea capaz de cumplir esta tarea.

De hecho, la OMC corre el riesgo de convertirse en una versión moderna de lo que fue la Sociedad de Naciones en los años 20: un bienintencionado experimento de gobierno mundial que se vuelve irrelevante.

Las conversaciones alcanzaron un punto muerto la semana pasada ante las grandes diferencias sobre cuán profundas deben ser las reducciones de aranceles y subsidios agrícolas. La incapacidad para salvar dichas diferencias frenó las conversaciones paralelas sobre servicios y bienes industriales. Enfrentado a un fracaso que se veía venir desde hace casi cinco años, Pascal Lamy, presidente de la OMC, suspendió las negociaciones.

«La OMC está en un punto crítico», dice Grant Aldonas, un ex representante comercial en el primer mandato de George W. Bush. Según Aldonas, el colapso de la Ronda de Doha es el inicio de «una constante erosión del papel de la OMC como el foro principal en asuntos de comercio y de la globalización en general».

Después de la Segunda Guerra Mundial se fundó el Acuerdo General de Aranceles y Comercio (GATT), el organismo predecesor de la OMC, que entonces era gobernado por Estados Unidos y, en menor grado, por las grandes economías de Europa Occidental. Cuando alcanzaban un acuerdo, podían presionar a los demás países para cumplir las reglas.

Después de ocho rondas de negociaciones que comenzaron en 1948, los aranceles y las barreras comerciales cayeron constantemente. Hacia fines del siglo XX, el comercio mundial, medido en términos de valor de los bienes que cruzan las fronteras, era 22 veces más grande que en 1950.

Esas épocas, sin embargo, han terminado, y ahora las barreras comerciales no caen con tanta facilidad. Nuevos países han adquirido importancia económica y exigen participar en el establecimiento de las normas de comercio. Pero el poder es difuso, y alcanzar un consenso entre 149 países es extremadamente difícil.

Al contrario de las Naciones Unidas y el Fondo Monetario Internacional, donde los grandes países tienen poder de veto o ejercen una mayor influencia con su voto, cualquier país miembro de la OMC puede echar por tierra un acuerdo. «Operar sobre la base del consenso con 149 países es algo abrumador», dice la representante comercial de EE.UU., Susan Schwab. «Es una dinámica bastante complicada.»

11.5: Los tratados de comercio e integración regional

Como alternativa a integrarse al resto del mundo únicamente a través de organismos internacionales, muchos países han hecho acuerdos regionales. Esto ha permitido en algunos casos avanzar más hacia la integración, al limitarla a un pequeño grupo de países –generalmente, con características comunes entre sí–, lo que facilita que la voz de cada uno de ellos sea escuchada.

Tipos de integración regional

Las agrupaciones regionales pueden tener distintos propósitos, según sea el grado de integración buscada.

Las **áreas de libre comercio** buscan disminuir las barreras al comercio (como los aranceles a las importaciones) entre los países miembros. Al final de este proceso, las importaciones provenientes de dichos países deberían recibir en cada país el mismo tratamiento que la producción local, al eliminarse las aduanas como obstáculos al comercio entre ellos.

Las **uniones aduaneras** son áreas de libre comercio en las que, además, se establece un *arancel externo común*: todos los miembros cobran los mismos aranceles para las importaciones provenientes de países no miembros. Esto se hace para evitar que esas importaciones ingresen a la región por el país que tenga los menores aranceles, aún cuando el país de destino final sea otro.

El arancel externo común constituye un primer avance hacia la armonización de políticas, lo que lleva a que cada país pierda independencia para la fijación de aranceles.

Los **mercados comunes** son uniones aduaneras en las que los factores productivos (trabajo y capital) pueden circular libremente de un país miembro a otro. Se busca que en el interior del mercado común se otorgue un tratamiento impositivo y legal similar a empresas, inversores y trabajadores. Esto exige la creación de instituciones regionales que sirvan, por ejemplo, para dirimir diferencias y supervisar el cumplimiento de los acuerdos. Así, cada país miembro acepta que su independencia para fijar políticas quede limitada por los acuerdos realizados.

La **Unión Monetaria** es un paso más hacia la integración: implica la adopción de una moneda común.

Al no tener una moneda propia los países pierden independencia para la fijación de políticas económicas. Pero de esta manera se logra un espacio económico mayor, donde los agentes económicos ven facilitados los intercambios que, como ya vimos, son las vías a través de las cuales se mueve una economía de mercado.

De la Comunidad Económica Europea a la Unión Monetaria Europea

El bloque regional que más ha avanzado desde mediados de siglo XX es el conformado por la mayor parte de los países de Europa, a partir de que Alemania Occidental, Francia, Italia, Holanda, Bélgica y Luxemburgo, en 1957, fundaron la Comunidad Económica Europea (CEE). El número de miembros creció y la integración se fue profundizando. En 1992 el nombre cambió a "**Unión Europea**".

Desde la creación de la CEE, muchos de sus impulsores se plantearon llegar a la unión política. Europa había pasado por dos guerras terribles –de 1914 a 1918 y de 1939 a 1945– y se quería evitar una tercera, por lo cual se propiciaba una Europa unida.

La Unión Europea es un mercado común con políticas comerciales, agrícolas, de pesca y de seguridad acordadas para todos los miembros.

Los ciudadanos de los países miembros son ciudadanos de la Unión Europea: tienen libre movilidad dentro del territorio de la Unión como si se tratara de un solo país.

Para administrar las políticas y conflictos existen un Parlamento Europeo, una Corte Europea de Justicia, un Consejo Europeo y una Comisión Europea. Los Estados miembros le han transferido a la Unión un considerable grado de su autonomía para fijar políticas pero conservan plena independencia en materias como defensa y relaciones exteriores.

En 2006 la Unión incluía 25 países, y se prevé su crecimiento para los siguientes años. Incluye casi 460 millones de personas (aproximadamente el 7% de la población mundial), y un PBI anual superior a los 12 billones de dólares (más del 30% del PBI de todo el mundo).

A partir de 1999 se introdujo una moneda común, el *Euro*, que reemplaza a las de los países adherentes. Éstos constituyen la **Unión Monetaria Europea** o **Eurozona**, que incluye, al año 2006, a 12 países, entre los cuales se cuenta a Alemania, Francia, Italia y España; y que concentra casi la cuarta parte del valor de la producción mundial.

El Euro es emitido por el Banco Central Europeo, y se ha constituido ya en la segunda moneda en importancia económica del mundo, luego del dólar estadounidense.

ALALC - ALADI

Si bien los intentos de avanzar hacia una integración entre los países de América Latina son casi tan antiguos como los de Europa, los avances han sido más modestos. En 1960 se creó la Asociación Latinoamericana de Libre Comercio (ALALC), con la participación de México y de los principales países de Sudamérica. Su nombre fue modificado en 1980 por el de ALADI: Asociación Latinoamericana de Integración.

La ALADI sigue existiendo, pero no satisface las expectativas de integración regional. Para profundizar la integración, los países de la región formaron grupos más pequeños.

La Comunidad Andina

En 1969 se formó el **Pacto Andino** que en 1996 se transformó en la Comunidad Andina de Naciones y que incluye a Bolivia, Colombia, Ecuador y Perú. Este pacto buscó avanzar, como lo hizo la Unión Europea, con instituciones comunes (como el Parlamento y la Corte de Justicia Andinas) y el establecimiento de un arancel externo común. Asimismo, se propuso armonizar gradualmente las políticas económicas y sociales de los países miembros y disminuir las desigualdades entre ellos.
Sin embargo, al año 2006 la Comunidad Andina está fragmentada. Perú y Colombia negocian acuerdos bilaterales de libre comercio con Estados Unidos (lo que rompería la política de arancel externo común) y Venezuela, que hasta abril de ese año formaba parte de la Comunidad, se retiró de ella.

El Mercosur

En 1991, Argentina, Brasil, Paraguay y Uruguay acordaron crear el Mercado Común del Sur (Mercosur), cuyos objetivos son:

- La libre circulación de bienes, servicios y factores productivos entre los países, mediante la eliminación de aranceles a las importaciones y de las restricciones no arancelarias a la circulación de mercaderías;
- La adopción de una política comercial común con relación a terceros Estados, incluyendo un arancel externo común;
- La coordinación de políticas macroeconómicas y sectoriales: de comercio exterior, agrícola, industrial, fiscal, monetaria, cambiaria y de capitales, de servicios, aduanera, de transportes y comunicaciones y otras.

El Mercosur es actualmente una unión aduanera: se liberó de aranceles al comercio entre los países miembros –aunque se realizaron excepciones para proteger de la competencia, por un tiempo limitado, a algunos sectores productivos– y se adoptó un arancel externo común. En cambio, no se avanzó mucho en la coordinación de políticas macroeconómicas.
Este acuerdo de integración se mantiene abierto hacia los restantes países sudamericanos. En el año 2006 se anunció la incorporación de Venezuela y la intención de sumar también a Bolivia en el futuro. Se ha planteado, además, la integración con la Comunidad Andina, para formar la Comunidad Sudamericana de Naciones.

MERCOSUR

MAPA DEL MERCOSUR

1. Argentina
2. Brasil
3. Uruguay
4. Paraguay
5. Chile (asociado)
6. Venezuela (asociado)
7. Bolivia (asociado)
8. Perú (asociado)
9. México (observador)

La Asociación de Libre Comercio de América del Norte (NAFTA)

En 1992 Estados Unidos, Canadá y México acordaron la conformación de la Asociación de Libre Comercio de América del Norte, conocida como NAFTA por sus siglas en inglés. El propósito fue la reducción de las barreras al comercio durante un período de 14 años, que comenzó en 1994.

A pesar de que los propósitos son más modestos que los de otros pactos de integración regional, el NAFTA ha atraído considerable atención, teniendo en cuenta que:

- Los países integrantes –fundamentalmente, debido a la importancia económica de Estados Unidos– producen casi la tercera parte del PBI mundial. Este nivel de producción es similar al de la Unión Europea, y alrededor de 15 veces mayor que el del Mercosur.
- Incluye países que están en situación muy desigual: el ingreso por habitante de Estados Unidos es seis veces mayor que el de México.

Conceptos clave:

Área de libre comercio: acuerdo para eliminar las barreras al comercio entre los países miembros.

Unión Aduanera: área de libre comercio con un arancel externo común.

Mercado Común: unión aduanera que permite la libre circulación de factores productivos desde un país a otro.

Unión Monetaria: acuerdo para usar la misma moneda en diferentes países.

Unión Europea: mercado común que comprende, al año 2006, a 25 países europeos.

Unión Monetaria Europea o "Eurozona": unión monetaria en la que se usa como moneda el Euro. Abarca (año 2006) a 12 países europeos.

Comunidad Andina: unión aduanera integrada por Bolivia, Colombia, Ecuador y Perú.

Mercosur: unión aduanera conformada por Argentina, Brasil, Paraguay y Uruguay. Se prevé la incorporación de Venezuela y Bolivia.

NAFTA: área de libre comercio que incluye a Estados Unidos, Canadá y México.

ALCA: Proyecto de área de libre comercio que pretende incluir a casi todos los países de América.

Los resultados de esta asociación entre desiguales son motivo de controversia. El crecimiento económico relativamente estable de Estados Unidos en los últimos años favoreció a las exportaciones mexicanas, orientadas en su gran mayoría a ese país. Dada la importancia de estas exportaciones en la economía mexicana, su expansión fue clave para el crecimiento que tuvo México desde 1994. Pero la integración aumentó la vulnerabilidad ante eventuales problemas económicos de Estados Unidos, que "contagiarían" a México, y motivó protestas de sectores afectados negativamente por el proceso.

- Estados Unidos ha propuesto la ampliación del NAFTA a todo el continente americano (excepto Cuba), para crear la **Asociación de Libre Comercio de las Américas (ALCA)**. Esta iniciativa está bajo fuerte debate. En la reunión de presidentes realizada en Mar del Plata en el año 2005 hubo cuestionamientos de Argentina, Brasil y Venezuela, quienes objetaron los términos propuestos por Estados Unidos para el avance del ALCA.

Diario HOY.net

Actividades

Lee el siguiente artículo:

En los años 2005 y 2006, Estados Unidos ha impulsado la celebración de tratados de libre comercio con varios países latinoamericanos ¿Qué desventajas podrían tener estos tratados, según el autor de este artículo?

Los tratados de libre comercio: ¿mejoran nuestra inserción externa o inhiben el desarrollo?

Apertura comercial, asimetrías y el caso argentino

La globalización dio lugar a dos propuestas bien distintas: los procesos de integración y los acuerdos de libre comercio. Quiénes ganan y quiénes pierden.

En los últimos años, la idea de globalización a ultranza fue cediendo paso a la firma de acuerdos internacionales de distinta naturaleza, entre los que se recortan dos propuestas diferentes. Por un lado, los acuerdos que ponen en marcha procesos de integración y, por otro, los "tratados de libre comercio" (TLC).

Estos dos tipos de propuestas apuntan a concepciones muy diferentes. Los procesos de integración, aunque tienen diferentes formas de llevarse a cabo y distinta efectividad, tratan de apuntalar el desarrollo de cada país y abarcan una paleta muy amplia de cuestiones que, por supuesto, no reemplazan -sino que complementan- los proyectos nacionales con los que se conjugan. Por eso, las experiencias más exitosas son aquellas que aglutinan a países con problemáticas parecidas y un grado de desarrollo económico y social relativamente homogéneo, o los que plantean mecanismos explícitos de convergencia.

Los TLC, en cambio, tienen como objetivo principal la apertura comercial. En general, están impulsados por grandes potencias que buscan aglutinar en torno a sí a países periféricos. En este caso, los objetivos de desarrollo quedan subordinados a la consolidación de una división internacional del trabajo que se sustenta en las ventajas comparativas de cada país. En ningún caso se intenta reducir de manera directa las asimetrías entre los que los suscriben, ni una equitativa distribución de los beneficios.(...)

¿"Libre comercio"?

Cuando se habla de los TLC, habitualmente se enfatiza la liberalización del comercio que propugnan, eliminando los aranceles aduaneros y reduciendo las barreras no arancelarias. Sin embargo, los acuerdos suelen ir mucho más allá, imponiendo otras restricciones. Las más importantes son la garantía de protección de inversiones, leyes de patentes mucho más duras, la liberalización de las compras del gobierno, que los obligan a abastecerse del proveedor más barato en toda la región, o liberalización absoluta del comercio de servicios.

Es decir, no se trata de un inocente acuerdo comercial, sino de un tratado que bloquea a los Estados participantes la posibilidad de usar muchas herramientas que resultan esenciales en una política de desarrollo. La historia recoge muy pocos casos de desarrollo económico y social espontáneo. Las principales herramientas en las políticas de desarrollo, aquellas que buscan proteger o estimular la producción nacional o los encadenamientos internos, así como las orientadas a crear un marco estable, son precisamente las inhibidas por los TLC. No hablemos ya de la protección comercial.

Pensemos en la importancia de las compras gubernamentales para crear la masa crítica de demanda y consolidar actividades productivas. O la incidencia de las instituciones públicas en la investigación y el desarrollo, así como las políticas de fomento a la innovación por medio de políticas de patentes acordes. O en la posibilidad de proyectar la educación y la salud con criterios no emanados del mercado.

La ausencia de regulación de los flujos de capital financiero ha sido una de las causas de los colapsos económicos sufridos por muchos países en los '90; con los TLC, tal ausencia quedaría consagrada por un tratado internacional, de la misma manera en que se inhiben las políticas mencionadas.

Las estructuras económicas y sociales internas quedarían determinadas así exclusivamente por criterios de mercado, que incluyen diferencias de poder relativo -o asimetrías, como nos gusta decir a los economistas- y profundizan la articulación del desarrollo y el subdesarrollo. El acceso a nuevos mercados no compensaría la pérdida de terceros mercados, ni la del propio mercado interno, a lo que se añadiría la inhibición para definir sectores estratégicos prioritarios.

Argentina entre dos fuegos

Nuestro país se encuentra hoy, en su opción de inserción externa, en playas bañadas por las dos aguas. Por un lado, avanza lenta pero firmemente en la redefinición del MERCOSUR. Con todos sus conflictos a cuestas (papeleras, salvaguardias, comercio en disminución), pero también con perspectivas favorables a partir del fortalecimiento de la alianza estratégica con Brasil. Mientras tanto, mantiene espasmódicas negociaciones con los Estados Unidos y con la Unión Europea, intentando consensuar sendos acuerdos de libre comercio.

De la segunda alternativa, lo más destacable es la negociación del MERCOSUR como bloque, incluso cuando Uruguay amaga de tanto en tanto con romper el frente común. Sin el MERCOSUR, el ALCA o un acuerdo del resto del continente con la Unión Europea carece de sentido, porque Argentina, Brasil y Venezuela conforman el área económicamente más grande de la región.

El peso específico y la negociación conjunta fortalece al bloque del Cono sur en las negociaciones. Además, la existencia de frentes simultáneos de conversaciones con EEUU y la UE permite un mayor margen de maniobra. Sin embargo, poco puede esperarse de alcanzar un acuerdo de libre comercio con alguno de los dos partenaires.

Tampoco puede tener demasiadas perspectivas una integración sudamericana exclusivamente comercial. La base de una integración sólida se encuentra en articular proyectos nacionales compatibles que desplieguen el potencial de toda la región. Se trata de una integración productiva y con participación social, proyecto que hoy se encuentra aún demasiado borroso. Ese camino parece el más provechoso, y algunos pasos en esa dirección se han dado en los últimos nueve meses. Seguramente resultan extremadamente insuficientes, pero marcan una expectativa inexistente pocos años atrás.

11.6: El rumbo de la globalización

¿Cómo se organizarán en el futuro las relaciones internacionales? Para simplificar, podríamos hablar de dos modelos: la **globalización capitalista** y el **gobierno mundial**.

La globalización capitalista se caracteriza por la pérdida de importancia de los gobiernos. Su capacidad de aplicar impuestos a los ricos se ve limitada, ya que éstos pueden evitarlos mudando sus capitales a **paraísos fiscales** (países con impuestos muy bajos). Ante la necesidad de atraer capitales, los gobiernos tienen escasas posibilidades de redistribuir ingresos y de regular a las grandes **empresas multinacionales;** ellas determinan qué producir, cómo y dónde hacerlo.

En este esquema, la función de las organizaciones internacionales es la de establecer reglas de juego que protejan, por ejemplo, derechos de propiedad de las empresas multinacionales (como las patentes, que otorgan el monopolio de la fabricación de medicamentos, semillas genéticamente modificadas y otros productos, a las empresas que los hayan desarrollado). Se pueden ocupar, además, de los **bienes públicos internacionales** como la preservación de la atmósfera, la prevención contra epidemias internacionales y los alertas climáticos globales (por ejemplo, monitorear la posible ocurrencia de huracanes o terremotos, y dar alerta a todo el mundo).

De este modo, la globalización capitalista puede considerarse la réplica, a escala global, del capitalismo salvaje al que hicimos referencia en el Capítulo VI.

El esquema del *gobierno mundial*, en cambio, implicaría una organización internacional fuerte, que se encargara de coordinar las acciones tendientes a que:

- Se preserve la paz mundial, la soberanía de los pueblos y la justicia.
- Se cuide en todo el planeta el medio ambiente y la preservación de las especies.
- Los gobiernos de países se pongan de acuerdo para cobrar impuestos similares, de modo que los dueños de capitales no puedan eludirlos trasladándose de un país a otro, lo que permitiría redistribuir ingresos. Para esto, la comunidad internacional debería poder sancionar a los "paraísos fiscales".
- Haya intercambio de información, por ejemplo, para controlar el cumplimiento de los impuestos por parte de empresas multinacionales o de personas que residen en un país pero tienen riquezas en otro.
- Se ponga en marcha una efectiva solidaridad internacional que ayude a las regiones más pobres evitando hambrunas, epidemias y matanzas de gente, y facilitando la mejora de sus condiciones de vida[2].

Es decir, esta organización internacional tendría, a nivel mundial, objetivos similares a los que tienen los Estados nacionales en su territorio.

Todavía parece temprano para establecer cuál de los dos modelos (globalización capitalista o gobierno mundial) se impondrá en el futuro.

Actividades

¿Cuál crees que es el futuro más probable del proceso de globalización? ¿Por qué?

[2] Actualmente existen mecanismos internacionales de ayuda, a través de Naciones Unidas y agencias de ayuda al desarrollo de países desarrollados; pero su importancia económica es muy pequeña.

Conceptos clave:

Globalización capitalista: esquema de integración mundial en el que los dueños de los capitales tienen plena libertad de acción. Ganan poder las empresas multinacionales y lo pierden los gobiernos.

Gobierno mundial: esquema en el que los gobiernos limitan efectivamente el accionar de los propietarios de capital y favorecen el logro de objetivos sociales como el de solidaridad.

Paraísos fiscales: países con impuestos muy bajos o inexistentes.

Empresas multinacionales (o "transnacionales"): las que actúan en varios países a la vez.

Bienes públicos internacionales: bienes o servicios cuyos beneficios se difunden a todo el mundo o, al menos, a un conjunto importante de países, y que no pueden ser apropiados por un país en particular.

Las fluctuaciones económicas y el desempleo

En este capítulo veremos qué son los **ciclos** o **fluctuaciones económicas**, algunas de sus causas y, en particular, una de sus peores consecuencias: la desocupación involuntaria de los trabajadores.

12.1: Las fluctuaciones económicas

En las últimas décadas nuestro país ha oscilado entre períodos de crecimiento y de recesión de modo tal que desde 1974 a 2005 no se han llegado a contar más de cuatro años seguidos de crecimiento del PBI por habitante, ya que ha habido reiterados procesos recesivos (caída de la producción), como puede verse en el siguiente gráfico:

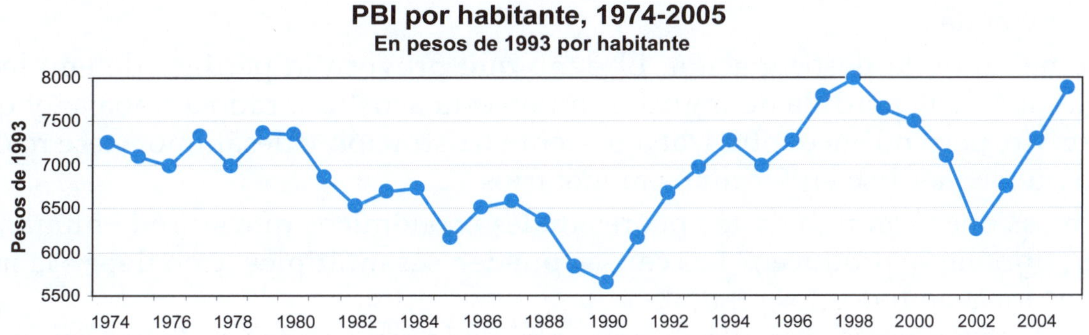

Como resultado, el crecimiento de nuestro país ha sido muy pobre, claramente inferior al promedio de América latina y del mundo. Puede verse en el gráfico que hay una secuencia que se repite: hay períodos de crecimiento seguidos de otros de recesión, luego hay una recuperación, hasta que comienza la nueva recesión. Por ejemplo, luego de una recesión en 1995, el PBI creció hasta 1998, cuando empezó una recesión que se extendió hasta el año 2002, punto de partida de la recuperación. Esta secuencia se ha repetido periódicamente, y esto hace que se hable de "ciclo" económico, con cuatro etapas: **expansión**, **cima**, **recesión** y **fondo**:

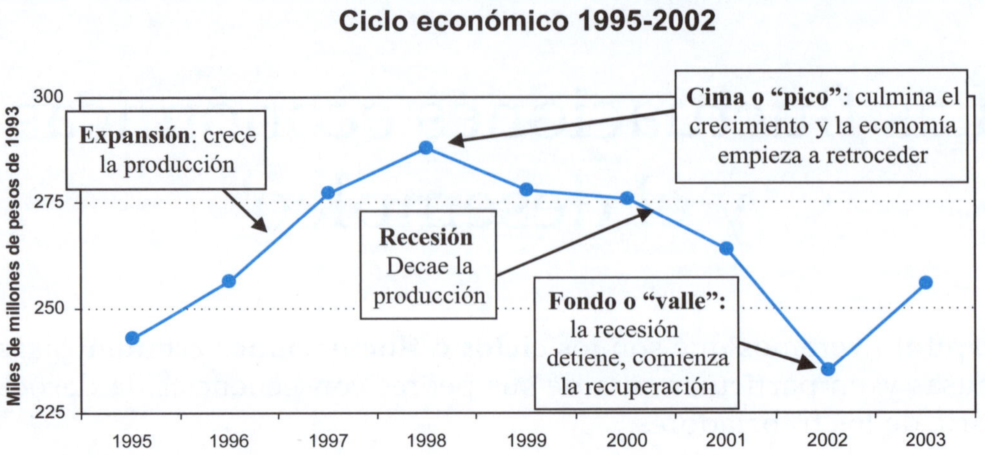

Las recesiones que son parte de los ciclos tienen costos muy graves para el país, que incluyen:

- Pérdida de ingresos por no usar recursos productivos disponibles. Si durante los años 1999 a 2002 se hubiera mantenido el nivel de producción por habitante que se logró en 1998, se habrían generado ingresos adicionales por más de cien mil millones de pesos, suficientes en ese momento para construir más de 4 millones de viviendas.
- Aumento de la desocupación. El daño que provoca la pérdida de empleos va más allá de la pérdida de ingresos: quien está acostumbrado a trabajar, y quiere hacerlo, pero no encuentra trabajo, siente frustración y desánimo, y ese malestar no puede medirse en términos monetarios.

Las recesiones son uno de los peores males económicos que sufre la humanidad. Pero ¿por qué se producen? Las causas pueden ser múltiples, y no tienen la misma importancia en todos los casos.

Los ciclos económicos han estado presentes en la generalidad de los países; pero en las últimas décadas, las fluctuaciones económicas en los países más desarrollados no han tenido una gran intensidad. Por ejemplo, en Estados Unidos, desde 1985 hasta 2005 la tasa de crecimiento del PBI apenas osciló entre -0,2% (1990) y +4,5% (1997). Para encontrar un año de caída del PBI superior al 2%, hay que remontarse a 1946, cuando el país estaba emergiendo de la Segunda Guerra Mundial.

Esto contrasta con los registros de Argentina, donde desde 1985 hasta 2005 hubo 9 años de caída del PBI y 10 años de crecimiento mayor al 5%. En términos gráficos, hemos vivido una economía a los saltos.

Gran parte de estos bruscos cambios que ha sufrido la economía pueden vincularse con "estrangulamientos" en el proceso de crecimiento, por falta de las divisas necesarias para importar, caso que analizaremos en la siguiente sección.

Actividades

Consulta a por lo menos tres personas distintas, acerca de cuáles fueron, desde su punto de vista, las consecuencias más graves de la última recesión que atravesó el país. Escribe las conclusiones.

12.2: El estrangulamiento por escasez de divisas

Históricamente, en la Argentina, una de las causas más habituales de recesión se vincula con la recurrencia de déficits externos: periódicamente, el país ha sufrido crisis de balance de pagos: la escasez de divisas "estrangula" el crecimiento económico. Esto suele ocurrir después de un período de crecimiento de las importaciones, que hace que la demanda de divisas supere a la oferta.
La escasez de divisas significa que los que quieren comprar dólares no encuentran quién los quiera vender. A veces el gobierno intenta evitar la crisis, y para ello vende dólares de sus reservas o toma préstamos en el exterior pero, en general, la escasez de divisas provoca una devaluación (aumento del valor del dólar).
La devaluación provoca aumentos de precios, que hacen disminuir la capacidad de compra de los salarios y las jubilaciones. Las ventas disminuyen, y eso lleva a que desciendan tanto las importaciones como la producción.
Al disminuir las importaciones el país necesita menos dólares para adquirirlas, lo que ayuda a solucionar la escasez de divisas, pero a costa de la recesión. Cuando la crisis de balance de pagos se supera, la producción vuelve a crecer. Esto hace aumentar los ingresos, el consumo y también las importaciones. Si las exportaciones no crecen lo suficiente, con el tiempo, las importaciones superarán nuevamente a las exportaciones, lo que puede derivar en una nueva crisis de balance de pagos.
El siguiente diagrama presenta esta secuencia (llamada *stop & go*: "arrancar y parar", en inglés) en forma simplificada:

Conceptos clave:

Fluctuaciones económicas: variaciones en los agregados económicos, que pasan desde un estado (crecimiento, estancamiento, recesión, etc.) a otro.

Ciclo económico: fluctuaciones periódicas de la producción del conjunto de la economía, en movimientos que tienden a repetirse.

Expansión económica: crecimiento continuado de la producción del país.

Cima o "pico" del ciclo: momento de máxima producción, antes de que empiece un proceso de recesión.

Fondo o "valle" del ciclo: momento en que culmina el proceso recesivo, a partir del cual empieza la recuperación.

Estancamiento: situación en que la producción ni aumenta ni disminuye.

El mecanismo de *stop & go*

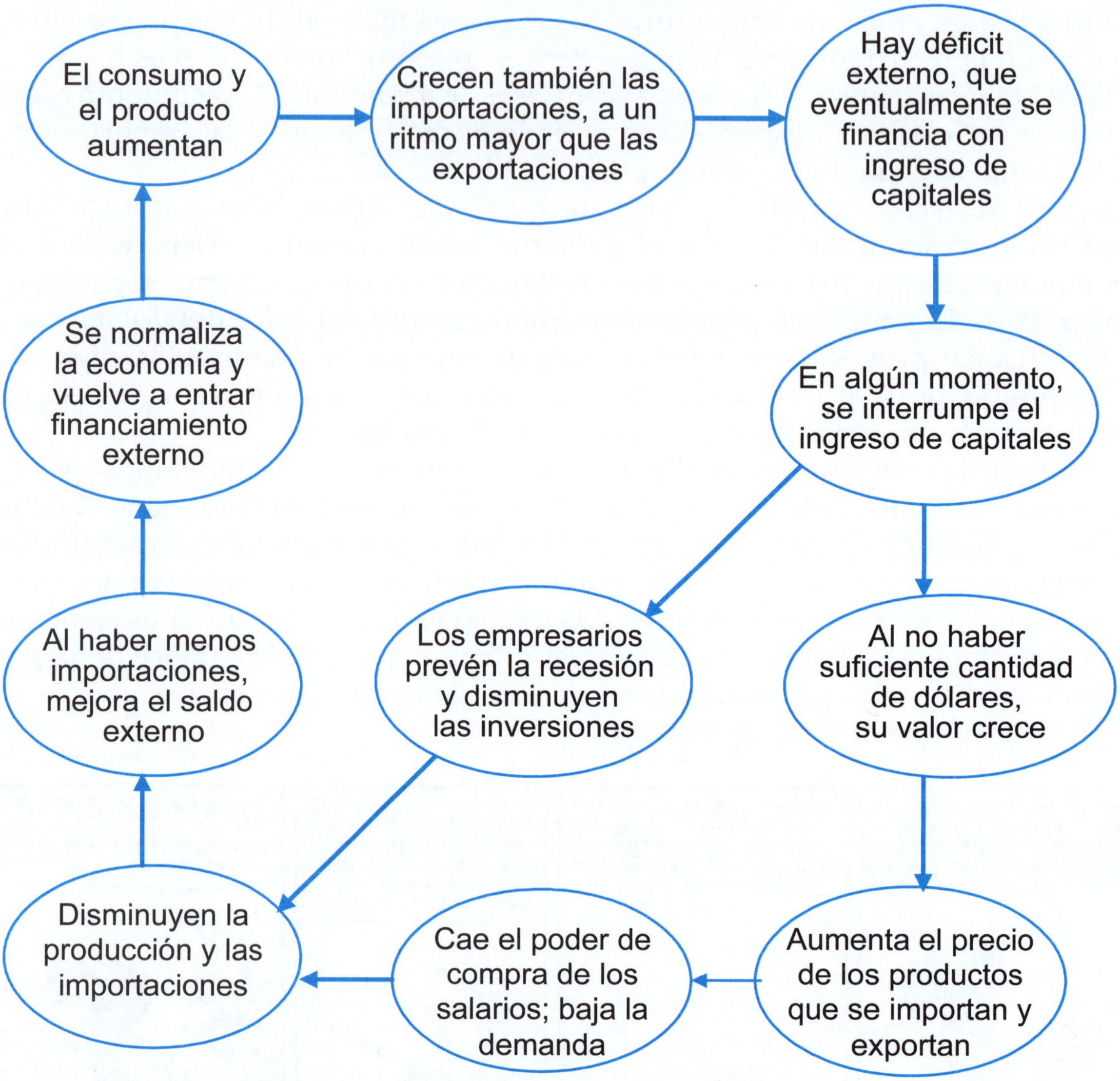

Veamos el funcionamiento en un caso concreto:

1. En 1990 había superávit externo. En los años siguientes hubo crecimiento económico y una política de importaciones "baratas", que buscaba frenar la inflación. Como resultado, las importaciones se quintuplicaron en cuatro años.

   Aunque las exportaciones crecieron, no eran suficientes para pagar las importaciones, los intereses de la deuda externa y las ganancias que las empresas extranjeras giraban al exterior. Al principio, el déficit se cubrió con ingreso de capitales externos. En 1995 hubo una interrupción transitoria del ingreso de estos capitales pero la situación se superó con la ayuda de préstamos del FMI.

2. Entre 1998 y 1999 nuevamente se interrumpió el ingreso de capitales, que fueron reemplazados en gran medida por préstamos tomados por el gobierno en el exterior.

3. Los empresarios, previendo la crisis, comenzaron a reducir sus inversiones. Esto disminuyó la necesidad de importaciones, pero no lo suficiente para equilibrar al sector externo, dado el peso de los intereses de la deuda externa.
4. Finalmente, a fines de 2001 y principios de 2002, la escasez de dólares se hizo insostenible y eso llevó al gobierno a devaluar la moneda nacional (además de interrumpir el pago de la mayor parte de la deuda externa).
5. Por la devaluación, aumentó el precio (en pesos) de los productos que se exportaban e importaban. El consumo y la inversión se redujeron fuertemente, y eso provocó caídas pronunciadas de las importaciones y la producción interna.
6. Ante la brusca reducción de las importaciones, el país volvió a tener superávit externo. Al poco tiempo, la economía volvió a crecer.

Ya superada la crisis, las importaciones aumentaron fuertemente: se triplicaron en solo tres años. Pero, dado que el superávit en el 2002 era muy grande, y que las exportaciones, si bien a menor ritmo, crecieron también, aún en los años 2005-2006 siguió habiendo un importante superávit externo.

El ciclo (expansión – aumento de importaciones – déficit externo – crisis de balance de pagos – recesión – disminución de importaciones) se repitió, con particularidades en cada caso, varias veces durante las últimas décadas. Así, hubo fuerte escasez de divisas, devaluación y recesión en 1975-76; en 1981-82; en 1989; y en 2001-2002.

Con frecuencia, las políticas de los gobiernos han contribuido a los déficits externos:

- En ocasiones se estimuló el ingreso de importaciones para que compitan con los bienes nacionales, con el fin de frenar el aumento de sus precios;
- No hubo continuidad de políticas dirigidas al aumento de las exportaciones, que aseguraran la obtención de las divisas necesarias para el crecimiento.

La simultaneidad de un fuerte crecimiento económico con importante superávit en cuenta corriente durante cuatro años seguidos, como ocurrió en el período 2003-2006 es un fenómeno que no se registra en la historia económica argentina, al menos desde 1910.

El crecimiento de las importaciones, impulsado por la demanda interna, ha sido históricamente la principal fuente de crisis de balance de pagos, pero no es el único motivo por el cual la economía puede sufrir un estrangulamiento de divisas. También puede ocurrir:

- Por reducción brusca de la producción exportable. Por ejemplo, en 1952 se produjo una sequía que afectó fuertemente la producción agrícola.
- Por reducción en los precios de los productos que Argentina exporta y/o por barreras a su ingreso en países compradores. Durante la crisis mundial de 1930 las exportaciones argentinas se redujeron a la tercera parte, lo que originó una grave recesión. Algo similar, aunque con menor intensidad, ocurrió en 1949.
- Por salida de capitales o interrupción de su ingreso. Normalmente esto ocurre porque los inversores financieros (del país o del extranjero) consideran riesgoso mantener sus fondos en pesos, y entonces prefieren invertir en dólares

Conceptos clave:

Estrangulamientos: situaciones en las cuales la economía se queda sin los elementos que necesita para continuar creciendo: por ejemplo, las divisas necesarias para adquirir insumos importados imprescindibles en el proceso de producción.

Infraestructura: conjunto de instalaciones necesarias para el funcionamiento de un servicio.

Actividades

Describe un típico proceso de crisis de balance de pagos: ¿Qué causas y qué consecuencias puede tener?

en el extranjero. Esto ocurrió en casi toda la década de 1980, en 1995 y en 1999-2002. Pero, en general, las salidas de capitales se relacionan con otras debilidades de la economía, como el déficit de la cuenta corriente del Balance de Pagos.

La falta de divisas externas no es lo único que puede provocar estrangulamientos en un proceso de crecimiento. Por ejemplo, podría ocurrir que el aumento de la producción y el consumo hicieran aumentar el uso de electricidad al punto que las instalaciones de generación y transmisión de electricidad no den abasto y entonces se frene el crecimiento. No hay antecedentes de que este tipo de estrangulamiento (por insuficiencia de la **infraestructura** económica) haya provocado por sí mismo una recesión en nuestro país; pero muchos expertos señalan que el hecho de que la demanda de electricidad en nuestro país haya aumentado considerablemente más que la capacidad de generarla y transportarla, podría constituirse en un freno al crecimiento.

Otro tipo de estrangulamiento puede estar ocasionado por la escasez o el encarecimiento del dinero. Si no hay financiamiento, o aumenta sensiblemente su costo (su tasa de interés), tenderán a disminuirse el consumo y la inversión, es decir, la demanda interna. Por ejemplo, un empresario que pensaba comprar una máquina nueva pidiendo un préstamo, ahora se podría encontrar con que el banco ya no le ofrece el crédito, o le exige una tasa de interés muy alta que lo desalienta a tomarlo.

Como el gobierno tiene la capacidad de emitir dinero, podría evitar que escasee; sin embargo, a veces no lo hace, aún sabiendo que esa escasez puede provocar recesión. Esto se explica por el hecho de que el gobierno, como veremos en el Capítulo 15, tiene muchos objetivos, y a veces algunas medidas ayudan a conseguir un objetivo pero al mismo tiempo van en contra de otro. Si el gobierno emite dinero, el aumento

de la demanda interna podría lograr que creciera la producción pero también haría aumentar las importaciones –lo que puede producir déficit externo– y posiblemente también los precios. Si el gobierno está más preocupado por el déficit externo o por el aumento de precios que por la recesión, entonces es probable que trate de evitar la emisión de dinero y provoque así su escasez.
Por ejemplo, a principios de 1982 el gobierno frenó bruscamente la emisión de dinero. Esto logró frenar algo el aumento de los precios, pero contribuyó a que la economía se sumergiera en una profunda recesión.

12.3: El desempleo

El desempleo se define como la situación de las personas que buscan trabajo y no lo encuentran. Esto puede ocurrir por varios motivos, es decir, hay distintos tipos de desempleo.
Aún en una economía en pleno funcionamiento hay personas que cambian de trabajo. Continuamente hay empresas a las que les va peor, que despiden empleados –o no les pagan suficiente como para retenerlos–, y otras a las que les va mejor, que toman empleados.
Mientras buscan un empleo apropiado, los trabajadores pueden estar desempleados. A esta situación se la llama **desempleo friccional**.
Otro tipo de desempleo es el **estructural**, y ocurre cuando quienes buscan empleos no tienen las capacidades que solicitan los empleadores. Por ejemplo, en los colegios secundarios de la Provincia de Buenos Aires, se enseñaba francés, hasta que en la reforma de los años 1996-99 se sustituyó este idioma por el portugués. Los profesores de francés quedaron sin empleo y debieron entonces buscar una nueva especialización.
Tanto el desempleo friccional como el estructural pueden tener lugar aún cuando la cantidad total de empleos ofrecidos sea igual o superior a la cantidad total de desocupados.
Pero también existe el **desempleo por insuficiencia de demanda**, que es el que se da cuando la cantidad de trabajadores (oferta de trabajo) excede a la cantidad de empleos disponibles (demanda de trabajo). Este desempleo puede prolongarse por mucho tiempo y afectar a millones de personas.
En Argentina y en otros países, el desempleo masivo es una de las mayores preocupaciones de la sociedad. Algunas de sus consecuencias son:

- La falta de empleo provoca una disminución en los ingresos de los hogares, que puede llevarlos a la miseria extrema.
  En la mayoría de los países europeos existe un sistema de **seguro de desempleo**, que alivia esta consecuencia. En Argentina el seguro de desempleo tiene muy

bajo alcance, y si bien se lo ha complementado con subsidios (como el Plan Jefas y Jefes de Hogar Desocupados), el monto recibido es, en general, muy inferior al de un sueldo.

- La falta prolongada de empleo puede constituirse en una desventaja en futuros empleos que requieran un entrenamiento o capacitación constante.
- La búsqueda sin éxito de empleo suele ser causa de malestar e insatisfacción.
- La falta de ocupación puede conducir a un aumento de la delincuencia, como alternativa para obtener ingresos.

El INDEC mide, a través de encuestas, la situación del mercado de trabajo en Argentina. Para ello, clasifica a los trabajadores como:

- Ocupados plenos: si trabajan 35 horas semanales o más.
- Subempleados: si trabajan menos de 35 horas semanales, y desean trabajar más;
- Desempleados: si buscan trabajo pero no lo encuentran.

El conjunto de estos trabajadores (estén ocupados o no) constituye la **Población Económicamente Activa (PEA)**, representativa de la oferta de trabajo.

La **tasa de desocupación** o tasa de desempleo es la proporción de trabajadores desempleados respecto del total de la PEA. La **tasa de subempleo**, por su parte, es la proporción de subempleados, también en relación al total de la población activa.

El siguiente gráfico muestra las tasas de desempleo y de subempleo promedio anual en los principales centros urbanos del país, en base a las encuestas que realiza el INDEC:

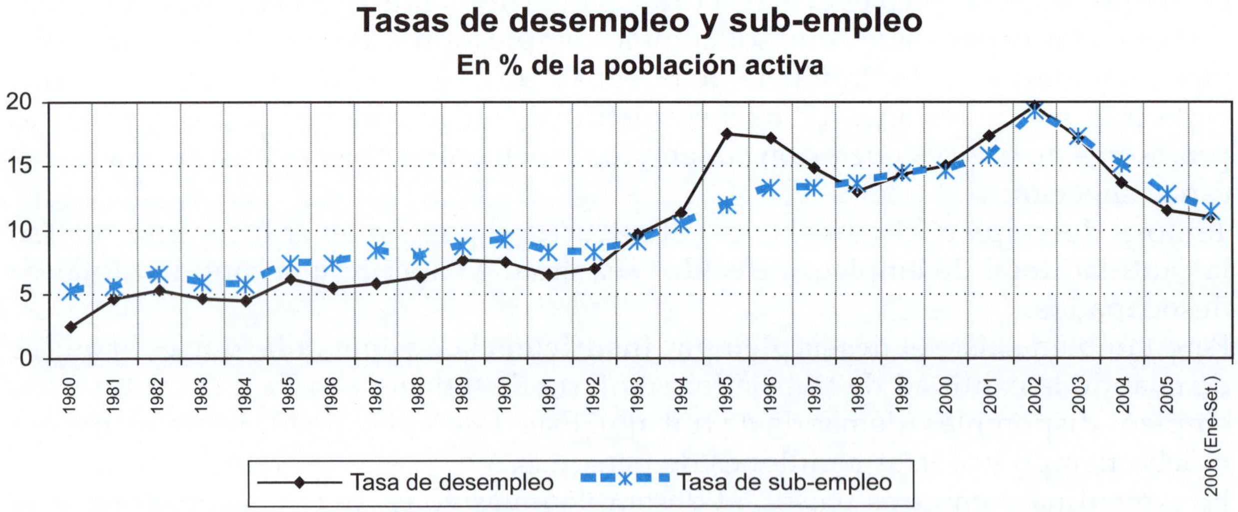

Actividades

Caracteriza distintos tipos de desempleo. ¿Cuál es el más preocupante, considerando tanto las consecuencias sociales como la dificultad para eliminarlo? ¿Por qué?

12.4: La oferta y la demanda de trabajo

El desempleo y el subempleo masivos ocurren porque hay más trabajadores (oferta de trabajo) que puestos de trabajo disponibles (demanda de trabajo). Para analizar esta situación hay que entender por qué varían la oferta y la demanda de trabajo.

La oferta de trabajo

La cantidad de trabajadores ha crecido en las últimas décadas, por dos razones:

I) El crecimiento de la población;

II) La mayor proporción de personas que están empleadas o quieren emplearse (lo que determina un aumento de la **tasa de actividad**). En gran medida, esto se debe a que cada vez es mayor la proporción de mujeres que trabaja fuera de su casa.

La PEA pasó de menos de 10,7 millones de personas en 1980, a 17,6 millones en 2005, un crecimiento del 63% en 25 años. En ese lapso, la población total del país creció menos del 40%. El siguiente gráfico muestra esa evolución junto con la del número de personas empleadas[1].

Conceptos clave:

Desempleo: situación de quienes desean trabajar pero no encuentran empleo.

Desempleo friccional: el que ocurre desde que un trabajador empieza a buscar empleo hasta que lo encuentra.

Desempleo estructural: el originado porque no coinciden las capacidades de los trabajadores desempleados con las requeridas por los empleos disponibles.

Desempleo por insuficiencia de demanda agregada: el que se da cuando en la economía hay más trabajadores que puestos disponibles.

Seguro de desempleo: sistema que provee un pago periódico a los trabajadores desocupados, financiado con aportes de los trabajadores ocupados, o con subsidios del gobierno.

Población económicamente activa (PEA): población que está trabajando o buscando empleo (es la *fuerza laboral*).

Tasa de desocupación: proporción de la PEA que está buscando empleo, sin conseguirlo, en el momento en que se hace la encuesta.

Tasa de subempleo: proporción de la PEA que trabajó menos de 35 horas en la última semana, pero que desearía trabajar más.

Población económicamente activa y empleo

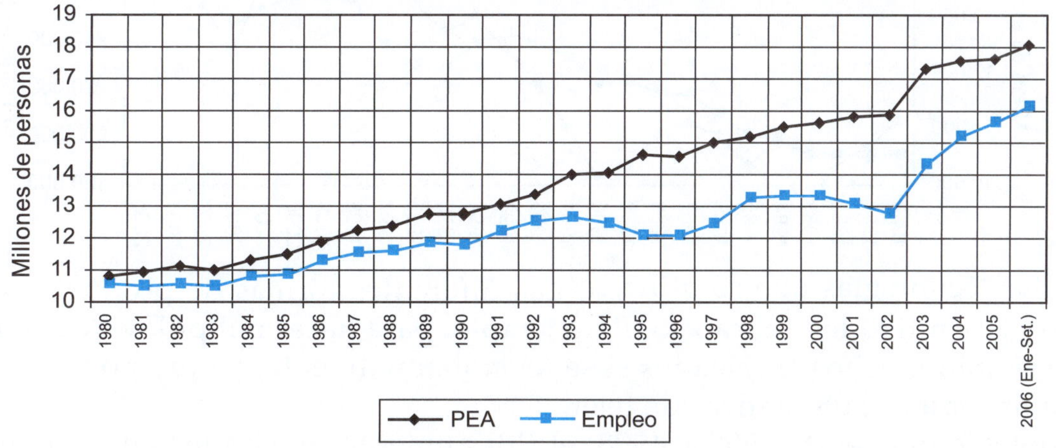

1 Estos números fueron calculados proyectando al conjunto del país los datos de proporción de empleo y desempleo estimados por el INDEC para las ciudades que encuesta, en donde vive la mayor parte de la población del país.

Generalmente se supone que la cantidad de gente que quiere emplearse será mayor cuanto más altos sean los salarios que puedan cobrar en esos empleos. Sin embargo, entre 1984 y 1989 disminuyó fuertemente la capacidad de compra de los salarios, y a pesar de eso la oferta de trabajo (la PEA) siguió creciendo. La gente mantenía sus empleos o buscaba empleo a pesar de la reducción de los salarios.
Las estadísticas disponibles para Argentina sugieren que más importante que el nivel de salarios puede ser la expectativa de encontrar empleo. El mayor incremento en la PEA tuvo lugar en 2003, cuando más creció la cantidad de empleos. En cambio, la PEA creció relativamente poco entre 1995 y 2002, que fue un período prolongado de alta desocupación. Esta situación pudo haber desalentado la búsqueda de empleo por miedo a que sea una búsqueda inútil.

La demanda de trabajo

¿De qué depende la cantidad de empleos disponibles?

1. Del nivel de producción. Cuanto más se produzca, más trabajo emplearán las empresas.
2. De las horas que trabaje cada empleado. Cuando la producción baja, una empresa normalmente reducirá horas extras o dará licencia al personal; despedirlo es un recurso de última instancia, dados los costos que acarrea (indemnización, conflicto, reentrenamiento del personal si luego hay que volver a tomarlo). Así, el empleo total es más estable que el nivel de producción, ya que en las recesiones no baja, o lo hace menos que el nivel de producción, como puede verse en el siguiente gráfico:

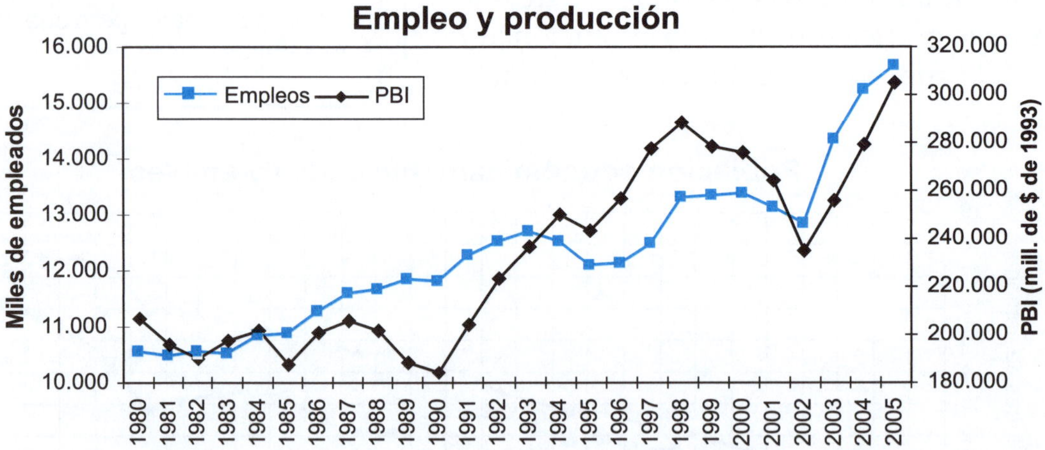

3. De las tecnologías que se utilicen. Las diferentes formas de producir utilizan distintas cantidades de trabajo. Por ejemplo, para hacer mil pulóveres al mes se necesitarán muchos empleados si se tejen manualmente, y muy pocos si se utilizan máquinas automáticas de tejer.
   Es notable que, entre 1990 y 1998, el PBI aumentó mucho más que el empleo. Esto se debió, en gran parte, a la importación de maquinarias que incorporaban tecnologías ahorradoras de mano de obra.

4. De las políticas de los gobiernos. En la década de 1980 creció mucho el empleo público sin que eso significara mayor producción. En la década de 1990 muchas empresas públicas fueron privatizadas y despidieron a una gran cantidad de trabajadores que no necesitaban.

Por otra parte, el gobierno ha implementado planes sociales, como el llamado *Jefas y Jefes de Hogar desocupados*, a través de los cuales se realizan pagos periódicos a trabajadores sin empleo, a menudo exigiéndole la realización de algunas tareas. En esos casos, las estadísticas los consideran empleados (aunque su trabajo es precario y generalmente poco productivo).

Conceptos clave:

Tasa de actividad: cociente entre la Población Económicamente Activa (PEA) y el total de población.

Tecnologías ahorradoras de mano de obra: formas de producción que utilizan relativamente menos trabajo. Por ejemplo, las que tienen procesos automatizados, incluso con utilización de robots, que usan máquinas más caras, pero menos empleados.

Tecnologías intensivas en mano de obra: las que usan relativamente mayor cantidad de horas de trabajo. Por ejemplo, la fabricación artesanal.

Actividades

a) ¿Qué hechos pueden hacer aumentar el desempleo?
b) ¿De qué forma puede el gobierno combatir el desempleo?

En conclusión:

- La mejor política para crear empleos es la que logra un crecimiento de la producción.
- Además, son importantes las políticas destinadas a favorecer la capacitación laboral (ya sea por medio de la enseñanza oficial o con entrenamiento en empresas), para adecuar las capacidades de los trabajadores a los requerimientos.
- Cuando hay alta desocupación es conveniente que se incentive la adopción de **tecnologías intensivas en mano de obra**. Por ejemplo, esto se puede lograr disminuyendo los impuestos que encarecen la contratación de empleados.
- La existencia de legislación que obliga a pagar indemnización por despidos tiene un efecto de estabilización sobre el nivel de empleo. Es decir, en una expansión económica puede llevar a que no se contraten tantos empleados, pero en una recesión logra disminuir la cantidad de despidos.
- El Estado puede disminuir la desocupación aún sin aumentar la producción, tomando empleados (como hizo en la década de los 80), o aumentarla al reducir la cantidad de empleados públicos (como ocurrió en la década de los 90). Pero, en general, se coincide en que a largo plazo es negativo para el crecimiento de la economía que el Estado tenga contratados trabajadores improductivos, por lo que ese tipo de contrataciones debería verse como un paliativo de corto plazo.

Crecimiento, desarrollo y medio ambiente

El tema que abordamos en este capítulo es una de las preocupaciones fundamentales de la macroeconomía: cómo se llega a una mejor calidad de vida. Además de analizar las distintas propuestas ponemos énfasis en la necesidad de tener una visión amplia, que contemple todos los aspectos de esta cuestión.

13.1: Conceptos de crecimiento y desarrollo económico

La palabra *crecimiento* alude al aumento de la magnitud de algo. Es un concepto cuantitativo, capaz de medirse.

Cuando se habla de **crecimiento de la economía**, generalmente se hace referencia al aumento de la producción de bienes y servicios o, alternativamente, al aumento de la capacidad de producción de bienes y servicios. Es decir: lo que la economía produce, o lo que está en condiciones de producir.

El concepto que usamos en el presente texto es el primero, el de la producción efectiva. Como vimos en el Capítulo VIII, la capacidad productiva establece un límite a la producción; pero ésta tiene otro límite, establecido por la demanda. Cuando la demanda efectiva es insuficiente, la capacidad productiva estará parcialmente desempleada.

Dado que el crecimiento económico así definido, significa que la economía produce más y genera más ingresos, se suele asociar el concepto a un mayor bienestar. Sin embargo, es necesario tener en cuenta que:

- El crecimiento económico no significa que cada familia disponga de mayores recursos. Si la población crece más que los ingresos totales, en promedio, cada habitante contará con menos ingresos.
- Si se produce más, pero los mayores ingresos son apropiados por los más ricos, haciéndose más desigual la distribución, los beneficios del crecimiento no llegarán a gran parte de la gente.

  Por ejemplo, si disminuyen los salarios, la producción del país puede abaratarse y competir mejor frente a los productos extranjeros. Si esto, junto con mejores tecnologías, permite un aumento en la producción –sin contratar nuevos trabajadores–, los empresarios y capitalistas estarán mejor pero los asalariados probablemente estén peor.
- Si la producción crece, pero gran parte de los beneficios son girados al exterior, el crecimiento no implicará que los habitantes del país estén mejor. Por ejemplo,

si en un país se descubre petróleo, y lo explota una empresa extranjera que se lleva todas las ganancias, el valor de la producción va a aumentar mucho más que el bienestar de la población.

- Si el crecimiento está basado en políticas que no pueden mantenerse en el tiempo, será "pan para hoy y hambre para mañana". Por ejemplo, si para estimular la demanda global el gobierno se endeuda más allá de su capacidad de pago, cuando le dejen de prestar, el crecimiento se interrumpirá.
- El aumento de la producción puede darse a costa de un deterioro en aspectos que generalmente no se miden pero que son importantes para el bienestar presente o futuro. Por ejemplo:
  - Puede ocurrir un progresivo agotamiento de las riquezas naturales: erosión de los suelos, eliminación de bosques, agotamiento de los yacimientos minerales, depredación de la riqueza pesquera, etc. En esas condiciones, se está "consumiendo" riqueza, lo que puede afectar la capacidad de crecimiento futuro.
  - El deterioro del **medio ambiente** puede provocar, además, consecuencias negativas para la salud de la población. Por ejemplo, por la mayor actividad de industrias contaminantes.
  - La mayor producción puede verse acompañada por cambios negativos en las condiciones de vida. En muchos casos el aumento de la productividad agraria, por automatización de la producción, ha obligado a trabajadores rurales a trasladarse en busca de trabajo a las ciudades, y los obliga a habitar en villas de emergencia y/o a realizar trabajos insalubres.

El **desarrollo económico**, a diferencia del crecimiento, hace referencia a cambios cualitativos en la estructura de la economía, generalmente asociados al uso de tecnologías más avanzadas y de mejoras en el nivel de vida de la población. Así, forma parte del desarrollo humano y social que, además del nivel de ingresos, tiene otras dimensiones referentes a la calidad de vida, como la educación, la salud, la libertad de expresión y de elegir, etc.

Una economía desarrollada se caracteriza por altos niveles educativos de la población, capacidad de innovación o de adaptación de conocimientos tecnológicos, importante capacidad de ahorro y, en general, ingresos distribuidos en forma más pareja que en los países de menor desarrollo.

Al contrario, los **países subdesarrollados** (los de menor grado de desarrollo) se caracterizan por bajos niveles educativos, dependencia tecnológica del exterior, escasa capacidad de ahorro, y muy desigual distribución del ingreso, con gran proporción de la población que no alcanza a satisfacer necesidades básicas.

Argentina está considerada un país de desarrollo intermedio, pero con relativamente buenos niveles de educación y salud. Se estima que más del 97% de la población adulta sabe leer y escribir y que la expectativa de vida al nacer (promedio de años de vida) es aproximadamente de 74 años.

En comparación, la mayoría de los países europeos tiene tasas de alfabetización similares, y una expectativa de vida al nacer solo un poco superior, de entre 77 y 81 años. Pero su ingreso por habitante es, en promedio, más del doble que el de Argentina, lo que les permite un mejor nivel de consumo y de capacidad de ahorro.

En el otro extremo, la gran mayoría de los países africanos –según datos correspondientes al año 2003– tienen una expectativa de vida al nacer de entre 37 y 56 años; una alta proporción (entre el 30 y el 40%) de la población adulta analfabeta, y un ingreso por habitante que en muchos casos no llega a ser el 20% del de Argentina.

El gráfico siguiente compara el ingreso por habitante[1] de algunos países. Se pueden observar enormes diferencias, generalmente asociadas a un muy distinto grado de acceso de la población a salud, educación, vivienda digna, etc.

PBI por habitante (poder de compra de bienes y servicios)
Países seleccionados, año 2003

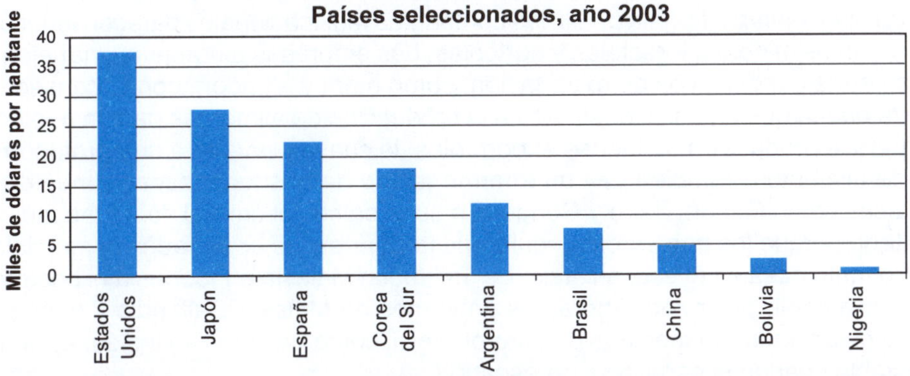

Conceptos clave:

Desarrollo económico: progreso de la población hacia mejores niveles de satisfacción de las necesidades económicas.

Países subdesarrollados: los que tienen un menor grado de desarrollo relativo. Se caracterizan por la pobreza de la mayor parte de su población, bajo desarrollo tecnológico y educativo y precarias condiciones sanitarias.

1 Como cada país calcula su PBI en su propia moneda, hay dos formas de comparar el ingreso por habitante de los distintos países. Una forma es convertir el PBI a dólares, usando el tipo de cambio vigente el año de la medición. Así, el PBI mide la capacidad de adquirir dólares; depende en gran parte del tipo de cambio. Según este método, el PBI de Argentina en el año 2005 (el de mayor producción, medida a precios constantes) fue muy inferior al de 1998, debido a la devaluación de la moneda. El método que usa el Programa de Naciones Unidas para el Desarrollo para calcular el Índice de Desarrollo Humano es el de "Paridad de Poder de Compra": mide la capacidad de adquirir bienes y servicios en cada país, y por eso reflejaría más adecuadamente el bienestar económico de los habitantes.

Actividades

Lean y discutan en grupo el siguiente reportaje, realizado por el periodista Julio Sevares, de Clarín, y publicado el 11 de junio de 2006.

¿Qué advertencias realiza Suranjit Kumar Saha respecto a la sustentabilidad del crecimiento sin desarrollo?

CONVERSACION A FONDO: SURANJIT KUMAR SAHA, ECONOMISTA – Británico de origen indio.

"América latina es ejemplo de crecimiento sin desarrollo"

Si el desarrollo de un país contempla solo el crecimiento económico (sin tener en cuenta aspectos políticos y sociales), puede desembocar en concentración del ingreso y destrucción del medio ambiente.

Se habla con insistencia de la necesidad de que los países alcancen un desarrollo sustentable. ¿En qué consiste exactamente?

—Ha habido un gran debate sobre el desarrollo sustentable en Europa y también en Norteamérica. Proviene de la preocupación de que el desarrollo económico no puede sostenerse durante mucho tiempo a menos que tenga también en cuenta las dimensiones social, política y ambiental del desarrollo. Si el desarrollo significa solamente crecimiento económico, puede desembocar en dos situaciones difíciles. Una es que puede concentrarse en un sector de la sociedad dejando al resto en la pobreza y la exclusión, lo cual puede crear conflictos políticos. Otra es que, si depende totalmente de la explotación de recursos naturales, puede llevar a una enorme destrucción del medio ambiente.(...) Un ejemplo negativo podría ser el manejo del Amazonas en Brasil y otros países latinoamericanos. (...) África es otro buen ejemplo negativo. Allí, las compañías multinacionales parecen tener un control total sobre los recursos mineros, forestales y agrícolas. Las empresas extranjeras manejan grandes extensiones de tierras para cultivos de exportación, como maní y algodón, con la consecuencia de que mucha tierra buena que antes se destinaba a la producción de alimentos para la población local fue absorbida para la producción de bienes exportables, lo cual ha llevado a una profunda crisis en la producción de alimentos. También hay un enorme talado de bosques, especialmente al sur del Sahara y en países como Gabón, Zaire y Congo. En esos países el control sobre las multinacionales es muy limitado porque los gobiernos no quieren interferir en las actividades comerciales de las compañías. Otro tanto pasa en el este asiático. En Tailandia, Malasia e Indonesia el bosque tropical lluvioso fue prácticamente destruido. Ahora, los gobiernos de Malasia, Tailandia y otros países de Asia del sudeste están tomando medidas de control. Pero, como decimos en inglés, es como cerrar la puerta del establo cuando el caballo ya se escapó.(...)

¿Cuál debería ser la sustentabilidad política del desarrollo?

—En este punto América latina es un buen caso. En países como Brasil, Argentina, Bolivia, la sustentabilidad política del desarrollo está cuestionada por las grandes diferencias entre los ricos y los pobres. En Europa, el índice Gini, que mide la desigualdad de ingresos, varía entre 0,25 y 0,3. En India y China, aumenta del 0,35 al 0,38. América latina es el único lugar del mundo donde el coeficiente alcanza casi 0,6. En Argentina es 0,57, en Chile varía entre 0,57 y 0,58 y en Brasil llega al 0,6. En América latina la desigualdad del ingreso es más elevada que en África.

¿Qué problemas plantea semejante inequidad?

—Usted sabe que ahora en Brasil, en Río de Janeiro, las favelas están ocupadas por el narcotráfico y la gente trabaja para los narcotraficantes porque no tiene otra alternativa. Cuando una generación joven es empujada a una cultura de subclase, queda totalmente alienada. No participa en la vida política establecida, pierde sus expectativas de vida. En tales condiciones se expanden problemas como la drogadicción, la violencia, la prostitución. Por desgracia, durante mucho tiempo, los gobiernos de Brasil lo tomaron como un problema policial, cuando es principalmente una cuestión social. Insisto, la pobreza es un problema, pero el mayor problema es la pérdida de esperanza. Si la última franja de la sociedad pierde toda esperanza de tener una vida decente, no tiene nada que perder y eso crea el terreno perfecto para los traficantes de droga, los criminales organizados, para todo tipo de violencia. A eso me refiero cuando hablo de que el crecimiento tiene que ser sustentable no solo económica sino también políticamente.

¿Cuál es la situación del medio ambiente a nivel global?

—La revolución industrial creó el problema de la capa de ozono porque se han estado usando durante 100 años y de una forma extravagante todos los recursos energéticos de distinto tipo. La comunidad internacional comenzó a tratar este problema y una de sus últimas consecuencias fue la firma del Protocolo de Kyoto, por parte de Europa y Japón. Rusia ha manifestado su voluntad de aceptarlo. Estados Unidos, la principal fuente de contaminación, primero se negó a firmarlo, luego lo hizo y después retiró la firma. Esto es grave porque, si Estados Unidos no acepta poner límites a sus emisiones de gases contaminantes, el Tratado de Kyoto no tiene sentido. El gobierno estadounidense ha estado dando enormes subsidios no solo a sus productores agrícolas, sino también a sus productores de acero y de automóviles y no está fijando ninguna restricción al uso de energía. Tampoco restringe el uso de fertilizantes, que también tienen efectos ambientales. Paralelamente, Estados Unidos ha estado presionando a China, India y países en desarrollo, para que disminuyan sus emisiones. No es justo, pero como es una superpotencia nadie puede obligarlo a hacer nada.

Es cierto, pero China e India también contaminan.

—Sí, pero es porque están desarrollándose. No pueden ser tratadas con el mismo criterio que países que ya se desarrollaron, que son ricos. El crecimiento es importante, entre otras cosas, por su influencia en la relación entre países. El proceso de globalización significa que los países más fuertes serán cada vez más capaces de ejercer presión sobre los países más débiles. En este mundo, cada país tendrá que encontrar su espacio de maniobra para obtener la mayor ventaja posible. Para eso es necesario desarrollarse y no hacerlo en base a los recursos naturales porque ésa no es una vía sustentable. La cuestión es cómo pueden incorporar tecnología moderna los países rezagados. Aquí creo que es muy importante la cooperación. En América latina tienen el caso de Argentina y Brasil, que tienen recursos como para desarrollar su propia tecnología. La cooperación podría incluir otros países de desarrollo similar. Por ejemplo, dentro de poco voy a la India con un colega brasileño para armar un proyecto de investigación sobre la posibilidad de colaboración entre Brasil e India en el área de software y de la tecnología de la información en general. Y, como le mencionaba a un colega argentino, ¿por qué no tratamos de organizar un proyecto de investigación que incluya también a su país?

13.2: Los caminos hacia el desarrollo económico

Todas las economías desarrolladas tienen un nivel de ingreso por habitante relativamente alto. Para los países subdesarrollados el crecimiento económico es una condición necesaria para el desarrollo. Sin embargo, no es una condición suficiente. Hay casos de países –en general, con gran producción de petróleo y poca población– que tienen un PBI por habitante alto pero no son desarrollados: no tienen casi industrias ni capacidad técnica para adaptar o crear conocimientos tecnológicos y el ingreso se distribuye en forma muy desigual.

Hay países que en las últimas décadas han logrado desarrollarse. Uno de los casos más notables es el de Corea del Sur, que en 1960 era claramente un país subdesarrollado. Hoy su ingreso por habitante –medido por su capacidad de compra– es solo un 33% inferior al de Italia; casi toda la población está alfabetizada, y su esperanza de vida al nacer es de 77 años, similar a la de los países europeos.

Pero la gran mayoría de los países que eran subdesarrollados hace tres, cuatro o cinco décadas lo siguen siendo y, en gran cantidad de casos, las diferencias que tienen con los países desarrollados han aumentado.

¿Cómo puede un país mejorar su ingreso por habitante? El principal factor de progreso de las naciones ha sido el aumento sostenido de la productividad del trabajo. Y esta productividad depende de:

- La utilización de otros factores productivos, fundamentalmente de capital. Un obrero que use una grúa en el puerto podrá hacer más que toda una cuadrilla de estibadores que trasladen los bultos a mano.
- La **calificación laboral** de los trabajadores. Una sociedad con gran cantidad de profesionales universitarios podrá producir bienes y servicios de mayor valor que otra cuya población, en su mayoría, no haya concluido ni siquiera los estudios elementales. Para enfatizar la importancia de la educación, se dice que es *inversión en capital humano*. Esta inversión puede llegar a ser más productiva para un país que la realizada en capital físico.
- La tecnología que se utilice. Con los mismos recursos productivos, la producción puede crecer por el hecho de utilizar tecnologías más avanzadas. Por ejemplo, la adopción en los últimos años del método de siembra directa (que no elimina previamente los restos del cultivo anterior) en el campo argentino logró aumentar notablemente la producción agrícola.

Además, el ingreso por habitante depende de la proporción de gente que trabaje. Así, el aumento de la ocupación es otro factor que hace aumentar ese ingreso.

Los países desarrollados poseen gran cantidad de capital productivo, tanto físico como humano. Esto les permite obtener altos ingresos por habitante, una mayor capacidad de ahorro y, por lo tanto, mayor posibilidad de acumulación adicional de capital. Al mismo tiempo, son los creadores de nuevas tecnologías.

Por otra parte, en general los países desarrollados tienen estabilidad macroeconómica (no suelen atravesar por recesiones profundas, como las que han vivido muchos países de menor desarrollo) y jurídica (las llamadas "reglas de juego" se mantienen en el tiempo, las normas y los contratos se respetan). Esto hace que las inversiones en esos países sean menos riesgosas que en aquellos que no tengan esa estabilidad.

¿Qué deberían hacer los países subdesarrollados –y los de desarrollo intermedio, como Argentina– para progresar hacia el desarrollo total? Dentro de la gran cantidad de opiniones al respecto, se podrían destacar dos visiones, en gran medida opuestas.

La propuesta del Consenso de Washington

La visión liberal postula que el motor de la economía deben ser las fuerzas del mercado, en función de lo cual se producirá acero, caramelos o cualquier otra cosa. El papel del Estado, en este esquema, debería limitarse a cumplir bien las que serían sus misiones específicas: proveer bienes públicos, mantener la situación

macroeconómica lo más estable posible (por ejemplo, evitar recesiones y bruscos aumentos de precios) y no provocar cambios imprevistos en las normas que afecten la rentabilidad de los negocios.
Sin sorpresas que puedan alterar sus planes, sin intervenciones estatales en la economía que modifiquen las señales que da el mercado a través de los precios, las fuerzas del mercado se liberarían impulsando el crecimiento económico. Aunque al principio esa situación pueda beneficiar solo a unos pocos, tarde o temprano terminaría derramando sus beneficios sobre toda la población.
De acuerdo con esta visión, deben eliminarse las barreras con el exterior para que la economía se integre con el resto del mundo lo más rápido posible; en particular, las inversiones extranjeras son bienvenidas porque traen adelantos tecnológicos. El Estado no debe tener empresas públicas en sectores en los que podría haber empresas privadas, ni favorecer a unos sectores en perjuicio de otros.
Esta visión fue impulsada por los organismos internacionales de crédito con sede en la capital de los Estados Unidos (Fondo Monetario Internacional, Banco Mundial y Banco Interamericano de Desarrollo), en lo que se llamó el **Consenso de Washington.** En Argentina fue impulsada especialmente por Domingo Cavallo, Ministro de Economía entre 1991 y 1996 y durante 2001.
Aún cuando en los primeros años de la década de los 90 hubo crecimiento económico –pero con millones de personas al margen de sus beneficios, desocupados o subempleados–, las bases de la economía no eran estables. El experimento concluyó en una crisis económica gravísima, en gran medida por dos aspectos que no formaban parte de las recomendaciones del Consenso de Washington: déficit fiscal con endeudamiento creciente, y mantenimiento –mediante la intervención del gobierno– de un tipo de cambio fijo, que provocaba déficit de balance de pagos.

La intervención estatal

Una visión más favorable a la intervención del Estado sostiene que el mercado está dominado por las grandes empresas multinacionales, que no necesariamente tiende a un crecimiento sostenido; y que, aún lográndolo, la distribución del ingreso seguiría siendo injusta y la economía sería muy dependiente del exterior, por lo que sería vulnerable ante las crisis internacionales.
Frente a eso, proponen que el Estado oriente una transformación productiva del país, tendiente al desarrollo de la industria y de la **investigación tecnológica**. El Estado identificaría las transformaciones necesarias y, en función de ellas, modificaría las "señales" del mercado, a través de regulaciones, impuestos y subsidios. Además, como herramienta adicional, el Estado puede usar las empresas públicas para actuar directamente en sectores que considere de gran importancia económica.
El caso extremo de intervención estatal es el de naciones comunistas, como la antigua Unión Soviética, donde las decisiones principales de producción e inversión las tomaba el Estado, a través de empresas públicas. Esto le permitió tener un nivel de inversión muy alto y un crecimiento muy importante durante varias décadas. Pero la Unión Soviética demostró tener una economía muy rígida y poca capacidad

de adaptación a los cambios tecnológicos, y se terminó disolviendo, en medio de una severa crisis económica, a principios de la década de 1990.

En la Argentina y en otros países de América Latina ha sido habitual la intervención estatal en la economía que buscaba favorecer a ciertos sectores (como la industria manufacturera) pero dejaba un amplio margen de acción al sector privado.

Desde 1946 a 1974 aproximadamente, el Estado Argentino aplicó barreras a las importaciones para favorecer el desarrollo de industrias que produjeran los bienes que se estaban importando del exterior. En los últimos años de ese período se buscó alentar, además, las exportaciones de productos industrializados. Pero estas exportaciones no llegaron a ser tan importantes como para que su crecimiento pudiera "arrastrar" al resto de la economía.

Estas políticas lograron un desarrollo industrial diversificado, pero en general poco preparado para competir en un mundo globalizado. Argentina tuvo un aumento del ingreso por habitante significativo, pero inferior al de otros países que, como Brasil, adoptaron modelos de crecimiento económico similares.

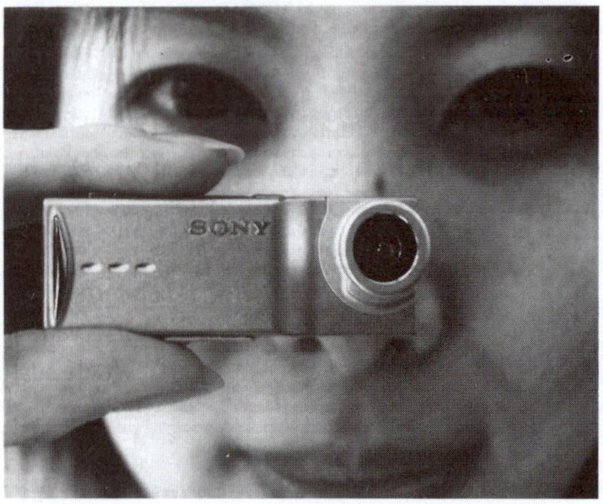

Las naciones del sudeste asiático, como Corea del Sur y Taiwán, crecieron a partir de la exportación de productos industriales. Para esto, el Estado tendió a mantener un tipo de cambio alto y estable (para que los salarios fueran baratos, medidos en dólares) y orientó sus políticas a estimular las exportaciones con alto valor agregado. Estas políticas incluyeron, en algunos casos, acuerdos entre el Estado y las principales empresas, con el objeto de garantizar el aumento de las exportaciones.

La intervención estatal ha sido muy criticada en la Argentina, sobre la base de que:

- No siempre el Estado tiene la mejor capacidad para saber qué es lo que más le conviene al país. Al favorecer a un sector (como el industrial) en general perjudica a otros (como el agropecuario o el minero), y eso podría ser perjudicial en el largo plazo, al no desarrollarse la economía en los sectores donde tiene mayor capacidad de competir.
- En la medida en que los funcionarios estatales tienen la capacidad de favorecer a algunos sectores y de perjudicar a otros, esa capacidad podría usarse en beneficio personal y no de toda la sociedad. Algunos empresarios podrían sobornar a los funcionarios para que los favorezcan a ellos.

Un contexto favorable al desarrollo

Cada país, en cada momento histórico, puede necesitar realizar distintas acciones para progresar económicamente; no hay una "receta" única. Pero podrían plantearse algunas condiciones que, en función de la experiencia, podrían favorecer el desarrollo de un país como el nuestro. Por ejemplo:

- Un Estado inteligente y eficiente, capaz de diseñar políticas y de hacerlas cumplir.
  - ✓ El Estado debe tener:
    - la capacidad política y jurídica para llevar adelante las políticas aprobadas;
    - la mayor transparencia posible (las decisiones y acciones, sus fundamentos y sus resultados, deben estar a la vista de la población), y
    - la capacidad técnica, para lo cual debe contar con sólidos profesionales que tengan estímulos para realizar un buen trabajo y capacitarse.
  - ✓ Por otro lado, debe haber una discusión amplia sobre las políticas a llevar adelante, especialmente sobre aquellas que tengan mayor impacto en la distribución del ingreso.
- Una macroeconomía estable, sin aumentos bruscos de precios ni cuellos de botella productivos que provoquen recesión. Para eso es necesario contar con:
  - ✓ Capacidad de generar las divisas que el país necesite. Dado que el crecimiento de la producción tiende a ser acompañado por aumento de las importaciones, debe haber una política de exportaciones que tienda a su aumento y diversificación (lo ideal es que haya muchas empresas exportadoras, que vendan al exterior una gran variedad de productos).
  - ✓ Una situación fiscal sólida. Dado el alto endeudamiento que tienen actualmente tanto el Estado Nacional como la mayor parte de las provincias, se requeriría que se mantuviera, como tendencia, el superávit fiscal logrado en 2003-2006; sin perjuicio de que, en caso de recesión, se pueda incurrir en déficits que puedan ser financiados.
  - ✓ Herramientas de **política anticíclica** (de estabilización de la demanda global), como son las políticas monetaria y fiscal. Deben permitirle al Estado aumentar la demanda cuando haya peligro de recesión, y disminuirla cuando el principal problema sea el aumento de precios.
- Una situación social equilibrada, caracterizada por:
  - ✓ La creación de puestos de trabajo de calidad creciente (con salarios y seguridad social satisfactorios), que minimicen el número de excluidos (desocupados y trabajadores mal pagos) en el proceso de crecimiento.
  - ✓ Una política de redistribución de ingresos eficiente y solidaria.
- Un esfuerzo para mejorar la educación y la investigación en ciencia y técnica, orientado a la igualdad de oportunidades, la capacitación de la fuerza de trabajo y al desarrollo de los conocimientos que resultarán estratégicos en el futuro.
- Un contexto favorable a las inversiones productivas, que ofrezca garantías de trato justo y de estabilidad en las "reglas de juego" (las normas que afectan la rentabilidad de las inversiones).

Este listado de condiciones que favorezcan el desarrollo económico no pretende ser completo, teniendo en cuenta la complejidad del proceso del desarrollo. Para tener éxito, se requiere no solo "acertar" con los grandes lineamientos de política económica, sino también implementarlos bien, lo cual valoriza el trabajo que se lleve a cabo día a día.

Conceptos clave:

Calificación laboral: grado de preparación de los trabajadores para el desarrollo de tareas. Depende del nivel de estudios y capacitación, es decir, del capital humano.

Investigación tecnológica: estudios tendientes a mejorar la capacidad de producción, mediante la innovación o adaptación de tecnologías ya existentes.

Políticas anticíclicas: las que buscan atenuar el ciclo económico tratando de que la economía se mantenga en un sendero estable de crecimiento, evitando las recesiones y las presiones excesiva al aumento de precios.

Actividades

¿Cuál es el papel que le reservan al Estado en el desarrollo económico las propuestas liberales y las intervencionistas? Discutan la conveniencia de implementar cada una de ellas.

Pobres y desocupados ("El baúl de Manuel"; Manuel Fernández López, *Página/12*, 9 de octubre de 2005)

No hablaremos de religión sino estrictamente de economía. Más concretamente, de la "propensión a consumir". Que el ingreso de la gente se divide en gastos de consumo y en ahorro, es hecho constatado desde tiempo inmemorial. Pero es una observación más reciente que la proporción entre uno y otro varía con gran amplitud, según los niveles de ingresos. Quien tiene ingresos muy altos, solo necesita para sus necesidades de consumo una fracción ínfima de ellos. A medida que se consideran ingresos menores, la fracción necesaria para consumo es más alta, hasta un nivel de ingresos en que la totalidad del mismo se gasta y el ahorro es nulo. Pero ¿ahí termina todo? De ninguna manera, el nivel de ingresos puede ser más bajo, y de hecho es nulo para quien está desempleado y no tiene activos de los que sacar alguna renta. Para este último tramo, el consumo excede al ingreso. La parte excedente puede ser –o no– de alguna manera financiada por otros. Si se recorre el camino inverso, la serie de proporciones consumo-ingreso describe una relación creciente: a mayor ingreso el consumo sube, pero no tanto como el crecimiento del ingreso. A tal relación Keynes la llamó en 1935 ley psicológica fundamental. Dicha "ley" desnuda dos grandes falencias de nuestro orden económico. Por un lado, entregar más ingresos a los más ricos tiene un efecto mínimo sobre la actividad económica, al no aumentar casi su consumo. Por otro lado, el desempleo y la pobreza expulsan del sistema de mercados a capas importantes de la población, por carecer de medios pecuniarios para comprar sus bienes necesarios, incluidas las necesidades alimenticias, sanitarias y educacionales de sus hijos. Este hecho escinde la sociedad y destruye el sueño de fundar una gran nación. Y ello no es mera especulación sino la realidad que nos aguarda a la vuelta de la esquina. Alguien dirá: "es muy fácil arreglarlo: se toma una parte del ingreso no consumido de los sectores pudientes, con lo que no se menoscaba la actividad, y se entrega como prestación universal a quienes perdieron la capacidad de compra". La realidad es otra: el impuesto a las ganancias data de 1932, y hoy apenas se paga, y grandes bocas de ventas declaran no tener ganancias. Quienes pagan otros impuestos, por su parte, reclaman que les vuelvan a ellos –no a los insolventes– en forma de obras. No cabe esperar que sin solidaridad las partes escindidas se suelden.

13.3 Crecimiento y medio ambiente

Conviene poner especial énfasis en un aspecto al que se suele dar menor importancia de lo que se debería: el cuidado del medio ambiente.

La humanidad, al utilizar recursos para satisfacer necesidades, transforma el mundo en que vivimos. Esta transformación puede tener consecuencias negativas, como:

- La **contaminación** del aire, el agua y la tierra, con consecuencias nocivas para la salud de la población (que, en algunos casos, puede llegar a provocar la muerte de las personas afectadas). Por ejemplo, el **smog** (niebla tóxica) que emiten algunas fábricas ubicadas en grandes ciudades.
- El agotamiento de las posibilidades productivas. Por ejemplo, si no se cuida adecuadamente el suelo agrícola, puede agotarse la capa de tierra fértil, lo cual disminuirá la capacidad productiva.
- La extinción de especies animales y vegetales. Por ejemplo, la caza indiscriminada de ballenas las puso en peligro de extinción.

El cuidado del medio ambiente presenta fallas de mercado, que podemos llamar:

- Externalidades: con frecuencia, el que produce la degradación del medio ambiente no es el único perjudicado. Esta situación puede llevar al que lo hace a no tener en cuenta el perjuicio causado a los otros. El medio ambiente es un bien social (es decir, del conjunto de los habitantes), y eso exige protegerlo socialmente.
- Fallas informativas: en ocasiones el que causa el daño no es consciente de ello, ni siquiera de los perjuicios que él mismo puede sufrir.

Estas fallas justifican la intervención del Estado y de las organizaciones preocupadas por el bien social.

En las últimas décadas ha habido una creciente conciencia de los problemas ambientales y de la necesidad de ocuparse de ellos como sociedad. En este sentido, las Naciones Unidas auspiciaron la firma del Protocolo de Kyoto, que propone reducir la emisión de gases contaminantes como medio para atenuar los cambios climáticos que se están produciendo en el planeta por la acción del hombre.

El Protocolo de Kyoto entró en vigor en el 2005, al contar con el apoyo de los países industrializados responsables del 55% de las emisiones de anhídrido carbónico. Lamentablemente, el país que más contamina (Estados Unidos) se negó al compromiso del Protocolo para evitar los costos de la transformación industrial necesaria para reducir la emisión de gases.

Conceptos clave:

Contaminación: introducción en un medio (aire, agua, tierra, etc.) de sustancias extrañas que pueden provocar daños a la vida, la salud, la seguridad o el bienestar.

Smog: forma de contaminación del aire, al mezclarse humo con niebla; por ejemplo, debido a la combustión de carbón.

Protocolo de Kyoto: acuerdo auspiciado por las Naciones Unidas para reducir las emisiones de gases contaminantes. Fue diseñado en diciembre de 1997 y entró en vigencia en febrero de 2005.

Anhídrido carbónico (o dióxido de carbono): gas que ayuda a regular la temperatura de nuestro planeta: sin él, sería muy frío; pero un exceso provocaría un calentamiento excesivo.

Actividades

El siguiente texto fue extractado de la página Web de la "Fundación para el Desarrollo Sustentable", en septiembre de 2006:

De acuerdo con este texto ¿qué áreas de Argentina están con mayor riesgo de volverse desiertos, limitando su capacidad de dar sustento a las actividades económicas?

El cambio climático podría convertir en desierto parte de Argentina

El 75 por ciento de la superficie argentina muestra signos de degradación o desertificación, problema que podría acelerarse en los próximos años a causa del cambio climático y de la alteración de los ecosistemas, y que ya provocó que el 12 por ciento del territorio patagónico sea considerado «irrecuperable».

Según un informe del Instituto Nacional de Tecnología Agropecuaria (INTA), que califica a la desertificación como un «flagelo de dimensión global», la Argentina «posee el 75 por ciento de su territorio ubicado en áreas áridas o semiáridas, donde se asienta el 30 por ciento de su población».

En este panorama, el territorio patagónico aparece como el más afectado, siendo que el 85 por ciento de su superficie total tiene «algún grado de desertificación», en tanto el 12 por ciento presenta «condiciones irreversibles».

También coincide con este diagnóstico la Deutsche Gesellschaft für Technische Zusammenarbeit (**GTZ**), empresa del Gobierno Federal alemán cuyo objetivo es la cooperación para lograr el desarrollo sostenible, conocida como «Cooperación Técnica Argentino-Alemana».

De acuerdo con la GTZ, la evolución de la desertificación es «particularmente grave» en la Patagonia, el Chaco y el Noroeste del país, porque las «zonas secas» son las más pobres del territorio nacional.

Sin embargo, también se ven afectadas por este problema otras provincias como Mendoza, donde se considera a la desertificación «uno de los problemas ambientales más graves» que debe afrontar la administración local, dado que el 72 por ciento de su territorio presenta «un alto o muy alto riesgo».

«A la fragilidad natural que tiene el territorio por ser árido se le suman los impactos por la actividad del hombre y el mal manejo de los recursos. La conjunción de esas dos cosas provoca la desertificación. El cien por ciento de Mendoza está en riesgo», señaló a la prensa la directora del Laboratorio de Desertificación y Ordenamiento Territorial, Elena Abraham.

En esa línea, la GTZ destacó que las principales causas de la desertificación se relacionan con la tala masiva de los bosques naturales, el sobre pastoreo o la quema de la vegetación de las estepas y el empleo de técnicas inadecuadas de labranza y riego.

Además, en el INTA admitieron: «Somos concientes de que la desertificación y la sequía afectan el desarrollo sostenible por la relación que guardan con importantes problemas sociales, tales como la pobreza, la seguridad alimentaria y los problemas derivados de la migración».

La inflación

En este capítulo analizaremos una de las principales preocupaciones relacionadas con cuestiones económicas: la inflación. En primer lugar veremos de qué se trata, para después comentar sus consecuencias, las distintas visiones acerca de sus causas (que implican también propuestas para hacer frente al problema) y una síntesis de la historia reciente de la inflación en la Argentina.

14.1: El concepto de inflación y su medición

Llamamos "inflación" al aumento generalizado y sostenido de los precios de los bienes y servicios, medidos en unidades de dinero.

Generalmente en la economía hay algunos bienes que suben de precio y otros que bajan, debido a modificaciones en las ofertas y demandas. Esto hace que cambien sus **precios relativos**, o sea, la relación de valor entre un bien y otro. Esos cambios constituyen señales que da el mercado para orientar la producción o el consumo hacia uno u otro bien, hasta que nuevamente haya equilibrio entre producción y consumo de todos los bienes.

Los precios se miden generalmente en dinero. Si sube el precio de un bien en particular, quiere decir que ese bien se hace más valioso frente a los demás. Pero si hay inflación, es decir, si todos los bienes y servicios aumentan de precio, lo que ocurre es que el dinero se está desvalorizando. Dada la importancia y frecuencia con que esto ocurre, nos interesa saber qué significa la inflación, qué causas tiene y qué consecuencias provoca.

Cuando hay inflación, probablemente todos los precios aumenten, pero no lo harán en la misma proporción o al mismo tiempo ya que, simultáneamente con la inflación, habrá cambios en los precios relativos de los bienes. Si, por ejemplo, en un momento dado la manzana valía $ 2 el kg., y la papa $ 0,50 el kg., en ese momento un kg. de manzanas costaba lo mismo que 4 kg. de papa. Si ahora la manzana vale $ 3 el kg., y la papa $ 1 el kg., habrá aumentado el precio de ambos productos, pero además habrá variado su precio relativo: ahora 1 kg. de manzana equivale a 3 kg. de papa.

Si todos los precios aumentaran al mismo tiempo, y en la misma proporción, bastaría con la evolución de un precio cualquiera para medir la inflación. Pero como esto nunca ocurre, es necesario medirla a través del comportamiento de conjuntos amplios de precios de bienes y/o servicios.

La medición de la inflación más conocida es la que se hace a través del **Índice de Precios al Consumidor** en el Gran Buenos Aires (IPC), que mide la evolución de los precios de un conjunto de bienes y servicios que adquieren las familias del Gran Buenos Aires. Como ese conjunto de gastos varía, periódicamente, se actualiza el índice. El que se utiliza en el año 2006 se basa en gastos realizados en 1999.
Para elaborarlo se seleccionó un conjunto de familias con características comunes a gran parte de las familias del Gran Buenos Aires, y se consultó qué gastos hacían: qué bienes y servicios compraban y en qué cantidad. Por ejemplo, cuántos kilos de carne compraban, cuántos metros cúbicos de gas consumían, etc. Luego se hizo un promedio de los resultados, lo que determinó una **canasta familiar típica**.
Los distintos bienes y servicios consumidos son agrupados, según el tipo de necesidad que satisfacen, en nueve rubros. El siguiente gráfico muestra la importancia que cada rubro tenía en el año 1999, según el resultado de la encuesta del INDEC:

Composición del IPC
Gran Buenos Aires, 1999

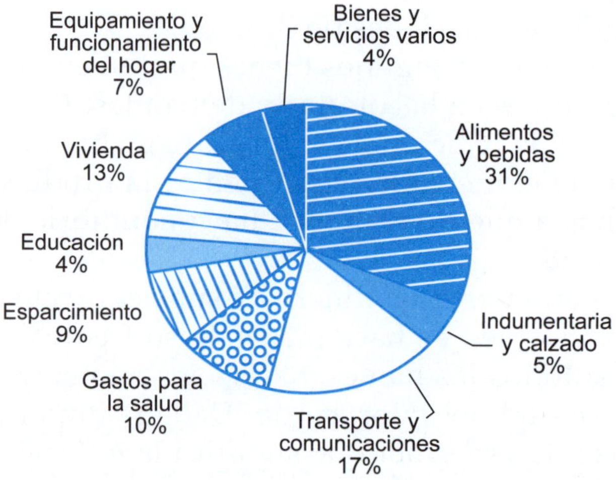

Una vez concluida esta encuesta que estableció las cantidades consumidas, lo que hicieron las encuestas siguientes fue relevar, mes por mes, el precio de los bienes que conforman dicha canasta. De este modo se calcula cómo va cambiando el costo de comprar esa misma cantidad de bienes y servicios. Lo que el IPC refleja es cómo evoluciona ese costo. Por ejemplo: si un mes comprar los bienes y servicios que conforman la canasta cuesta $1.000, y al mes siguiente cuesta $1.010, el IPC mostrará un aumento entre esos meses del 1% ([1010 – 1000] / 1000).
Si una familia consume un conjunto de bienes distintos, la inflación que sufre puede ser distinta de la que muestra el IPC[1].

1 Esto es inevitable en el caso de estadísticas que consideran promedios: no pueden tomar en cuenta la situación de cada uno. Recordemos que "Estadística es una ciencia según la cual, te comes pollo y medio por mes; mas si tú al pollo no lo ves, es porque hay otro que se come tres".

El conjunto de bienes que cada familia adquiere varía en función de varios factores:

- Su ingreso. Por ejemplo, las familias de menores ingresos tienden a gastar más en alimentos y bebidas y menos en esparcimiento y educación.
- La región donde viven. Así, la mayor parte de la gente que vive y trabaja en ciudades pequeñas gasta menos en transporte que gran parte de la población del Gran Buenos Aires, que viaja diariamente para ir a trabajar o a estudiar.
- Los gustos y otras circunstancias particulares.

Por ejemplo, en agosto de 2002 el aumento del valor del conjunto de los bienes y servicios que componen el IPC fue del 2,3%; pero dentro de ese conjunto, los alimentos y bebidas aumentaron el 4,7%. Para las familias más pobres, cuyo gasto principal es en alimentos, el aumento del costo de vida de ese mes fue aproximadamente el doble de lo que indicaba el IPC.

A pesar de ello, el IPC es el índice más comúnmente usado para medir la inflación en Argentina. Otros índices publicados por el INDEC son el de Costo de la Construcción y el de Precios Mayoristas. Este último mide los precios de los bienes industriales y agropecuarios "a puerta de fábrica o en aduana" (es decir, los cobrados por productores o importadores).

Comportamiento reciente de la inflación

El siguiente gráfico muestra el crecimiento del IPC, desde enero a diciembre de cada año, desde 1955 hasta 2006:

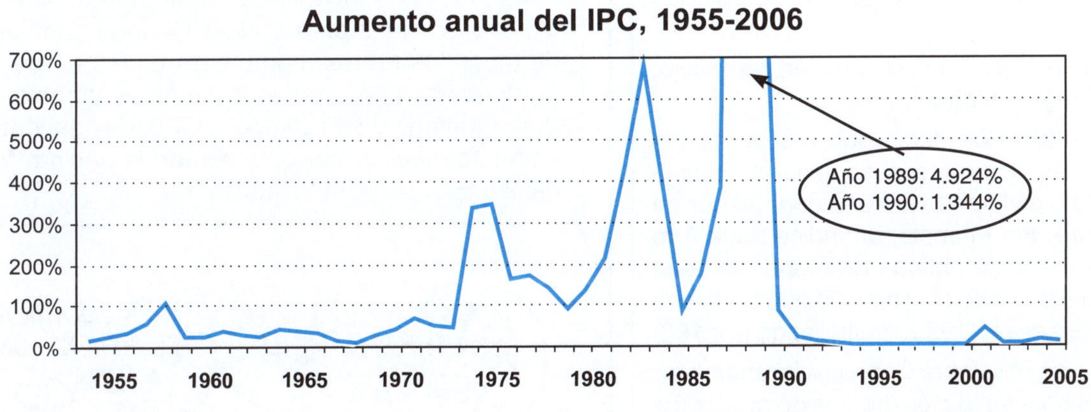

Es notable la variabilidad en los aumentos de precios. Hubo un período de siete años (desde diciembre de 1994 hasta diciembre de 2001) en que no hubo inflación. En el otro extremo, entre marzo de 1989 y marzo de 1990 el incremento promedio de precios superó el 20.000%: en un año, los precios se multiplicaron por más de 200.

Veamos ahora datos más recientes. El siguiente gráfico muestra las variaciones del IPC de cada mes con el mismo mes del año anterior, desde enero de 2001 hasta noviembre de 2006:

Variación anual (últimos 12 meses) del IPC , 2001-2006

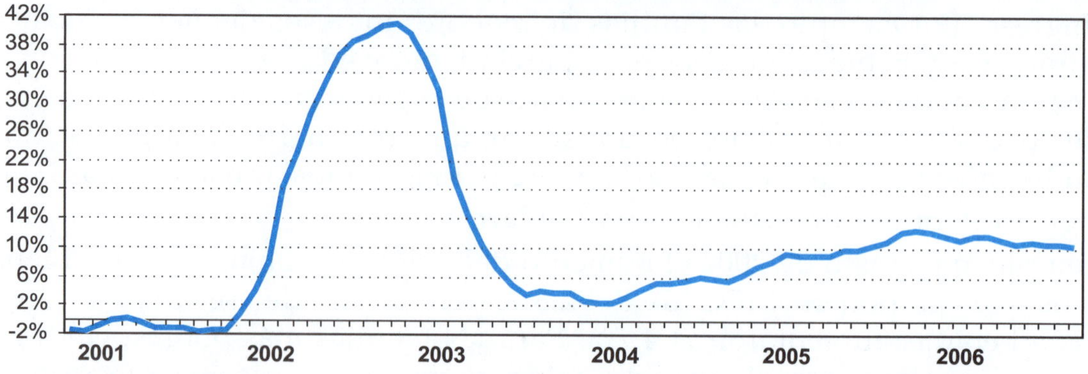

- Entre junio y diciembre de 2001, en medio de una severa recesión, el IPC bajó durante siete meses consecutivos, es decir, hubo una leve deflación **(proceso inverso a la inflación).**
- En los primeros meses de 2002, a partir de la devaluación del peso frente al dólar, hubo un brusco aumento de los precios. Sin embargo, desde mediados de 2002 la inflación descendió, y llegó solo al 2% anual a principios de 2004.
- Desde ese momento la inflación se aceleró suavemente, llegó al 12% anual a fines de 2005 y tuvo un leve descenso durante el año 2006.

Conceptos clave:

Inflación: aumento generalizado y sostenido de los precios del conjunto de bienes y servicios.

Precio relativo: valor de un bien o servicio, medido en unidades de otro.

Índice: serie de datos que refleja las variaciones de otra serie; se obtiene multiplicando o dividiendo la serie original por un número. Por ejemplo, un índice base Año 1999 = 100 se obtiene dividiendo la serie original por el valor promedio que tenía esa serie en el año 1999, multiplicado por 100.

Índice de Precios al Consumidor: indicador de la variación de los precios de productos adquiridos por un consumidor típico.

Canasta familiar: conjunto de bienes y servicios adquiridos por una familia durante un período dado de tiempo (generalmente un mes).

Deflación: proceso en el cual los precios tienden a bajar (aumenta el valor relativo del dinero).

Actividades

Averigua de cuánto fue la variación en el Índice de Precios al Consumidor en el Gran Buenos Aires el último mes, tanto para el Nivel General (promedio de todos los rubros) como para cada una de las agrupaciones principales ("Alimentos y bebidas", "Indumentaria y calzado", etc.). Puedes encontrar esta información, por ejemplo, en la página Web del INDEC: www.indec.gov.ar.

14.2: Efectos de la inflación

La inflación tiene severos efectos adversos sobre la eficiencia y la equidad en la economía. En un país con alta inflación:

- Los precios pierden fuerza para orientar la asignación de recursos. Al cambiar continuamente, no se puede saber si un producto está caro o barato, porque no se sabe qué precio tienen los productos competitivos en ese momento. Normalmente, un aumento de precios lleva a los consumidores a comprar menor cantidad de los bienes cuyo precio aumentó, y a los productores a aumentar su oferta. Pero lo que importa es el precio de un bien en relación con los demás. Como en el contexto de alta inflación no se tiene un buen conocimiento de los precios de los demás bienes, los compradores y vendedores no necesariamente van a tomar la decisión que más les conviene.
- Como consecuencia, los mercados se hacen más imperfectos. Como a los compradores se les hace más difícil comparar precios, los vendedores tendrán más posibilidad de subirlos. Esto reducirá la capacidad de compra de los consumidores: se venderán menos productos, y esto puede hacer disminuir la producción.
- La inflación deja "ganadores" y "perdedores", en un proceso desordenado y generalmente injusto. Por ejemplo, quien tiene dinero en efectivo, o quienes reciben sueldos o jubilaciones, fijadas en pesos, verán que su capacidad de comprar bienes se reduce. Los que, en cambio, pueden ajustar en cualquier momento los precios de los productos que venden, pueden incluso salir ganando con la inflación.
- Los precios futuros resultan más difíciles de prever cuando hay inflación que en época de estabilidad de precios. Debido a eso, aumenta el riesgo de las inversiones (que dependen de la situación de precios que habrá en el futuro) y esto las desalienta, lo que va en detrimento del crecimiento de la economía.
- Además, debido a la inflación los agentes económicos utilizan menos el dinero. Debido a eso, se dificultan los intercambios y la posibilidad de que las personas que tienen ahorros los presten a quienes tengan proyectos que requieren capital. Esto conspira contra la inversión y la utilización eficiente de los recursos.

14.3: Causas de la inflación

No hay acuerdo acerca de las causas de la inflación. Esto se debe, por un lado, a que no todos los procesos inflacionarios se originan del mismo modo; y, por otro, a que hay distintas formas de mirar un mismo proceso. Es lo que puede pasar si un caballo se desboca al picarlo una avispa, teniendo las riendas flojas: habrá quien le eche la culpa a la avispa y quien diga que el problema eran las riendas flojas.
Las explicaciones más usuales pueden clasificarse como:

- Visión monetarista: la oferta de dinero supera a su demanda.
- Visión keynesiana: exceso de demanda agregada de bienes y servicios.
- Inflación de costos (o "inflación de oferta").
- Inflación estructural.

La visión monetarista

Este enfoque explica la inflación por el aumento de la cantidad de dinero en la economía. Al tener más plata en los bolsillos, la gente aumenta sus compras; al aumentar la demanda de los productos, sube su precio.
En forma muy simplificada, se sostiene que:

- El dinero se gasta en comprar bienes y servicios: cuanto más dinero haya, mayor es el valor de esas compras.
- El valor de las compras resulta de multiplicar las cantidades de bienes y servicios adquiridas por sus precios. Si lo único que se compra son naranjas, el gasto de la población es de $1000 por mes, y la cantidad de naranjas vendidas es de 1000 kg. al mes, entonces el precio es de $1 el kg.
- Cuando aumenta la cantidad de dinero, aumenta el valor comprado, y eso implica que aumenten las cantidades, los precios, o ambos. Si la cantidad de dinero se duplica, el gasto de la población sube a $2000 al mes.
- Si, además, se supone que ya se está produciendo lo máximo que se puede, las cantidades de bienes y servicios vendidas no pueden aumentar. En estas condiciones, el aumento de la cantidad de dinero provoca un aumento de precios. En el ejemplo, se seguirían adquiriendo 1000 kg. de naranjas, pero ahora el precio será de $2 el kg.

Para evitar la inflación, la receta monetarista es no emitir dinero, o hacerlo en cantidad reducida y establecida de antemano. Si hubiera cambios que afectaran la oferta o la demanda, las fuerzas de mercado harían que la producción y el consumo se adaptaran a la nueva situación, sin necesidad de la intervención del Estado, la que solo podría ser perjudicial. Los monetaristas sostienen que la economía tiende naturalmente al equilibrio con pleno empleo de sus recursos.

El enfoque keynesiano

Esta visión coincide en describir la inflación como una situación en la cual la demanda global crece y supera a la oferta global (**inflación de demanda**). La diferencia con el enfoque monetarista es que se pone el acento en las variables reales (consumo privado y del gobierno, inversión, exportaciones), más que en las variables monetarias.

"¿Regalos gratis para todos los niños del mundo?" ¿Acaso eres *Keynesiano*?

Los keynesianos, a diferencia de los monetaristas, no creen que la economía tienda por sí sola al pleno empleo. Observan que puede haber desempleo durante extensos períodos, y afirman que en esos casos el gobierno debería ocuparse de aumentar el empleo, lo que haría crecer la demanda global.
Los keynesianos sostienen que las políticas de aumento de la demanda no necesariamente van a provocar inflación si hay desempleo de recursos. Veamos esto en un gráfico:

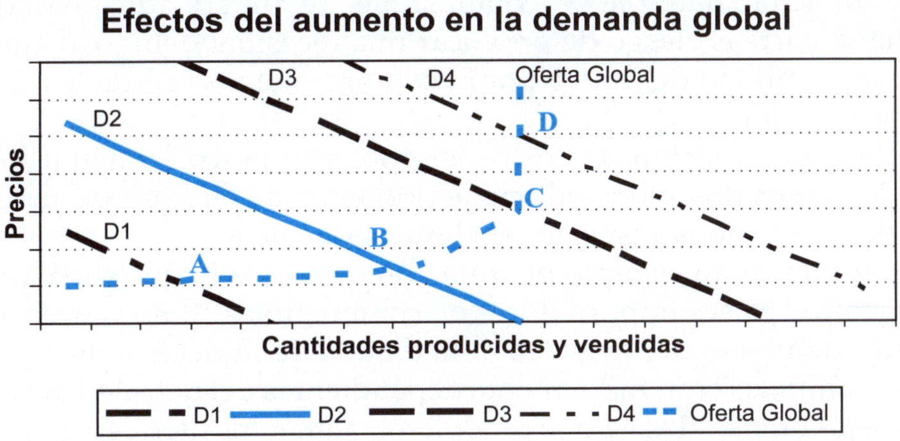

- Si la economía está en el punto A, en el cual hay desocupación generalizada de recursos, el crecimiento de la demanda puede llevar a un punto como el B, y lograr aumentar la producción sin tener mayor efecto en los precios.
- En el punto B, hay todavía desocupación extendida, pero algunos sectores ya estarán trabajando a pleno. Si la demanda continúa en aumento, tendrá efectos tanto en el nivel de producción como en los precios, como se ve si se comparan los puntos B con C.
- En el punto C, la economía está funcionando con plena ocupación: un aumento mayor de la demanda provocará solo aumentos en los precios.

Ante un proceso de inflación por exceso de demanda global, los keynesianos recomendarán reducir esa demanda. Esto se puede lograr mediante una reducción del gasto público, o un aumento de los impuestos, con lo que disminuirá el consumo privado. Los keynesianos proponen que el gobierno haga continuamente "sintonía fina", aumentando o disminuyendo la demanda global según haya desempleo o inflación.

La inflación de costos

En diversas situaciones se ha responsabilizado de la inflación al aumento de determinados precios claves de la economía; por ejemplo, el nivel de salarios, el tipo de cambio, las tarifas de los servicios públicos, el precio de los combustibles, etc.
El aumento de estos precios se produciría por diversas razones, como un fortalecimiento del poder oligopólico de los productores (en el caso de los combustibles, por ejemplo), la capacidad de presión de los sindicatos (en el caso de los salarios), acciones especulativas de grandes participantes del mercado (en el caso del tipo de cambio), etc. Además, desatan una cadena de aumentos en el resto. Por ejemplo, un aumento en los salarios tiende a provocar aumentos en los precios de los artículos, ya que implica una suba de los costos de fabricación.
Ante una inflación de costos, el gobierno debe decidir si aumenta o no la cantidad de dinero, lo que puede hacer emitiendo más billetes. Si lo hace, de alguna manera,

convalidará la inflación, dándole el "combustible" (el dinero adicional) que necesita. Si no lo hace, corre el riesgo de provocar una recesión: debido al aumento de precios, la misma cantidad de dinero podrá comprar menos productos. Y eso hará disminuir la producción.

Ante la existencia de inflación de costos, el gobierno podría intentar hacer más competitivos los mercados para reducir los poderes de fijación de precios, o la dependencia de la economía respecto de algunos de ellos.

Generalmente se cita como ejemplo de inflación de costos la que sufrieron los Estados Unidos y otros países importadores de combustibles como consecuencia del brusco aumento de precio del petróleo a mediados de la década de 1970. En ese momento, sus economías eran fuertemente dependientes del petróleo. En 2004-2006 éstas estaban mejor preparadas y no se produjeron aumentos fuertes y generalizados de otros precios cuando aumentó significativamente el del petróleo.

La inflación estructural

La visión de los estructuralistas, al igual que en el caso de la inflación de costos, nace de la observación de mercados imperfectos; pero pone el acento en los desajustes sociales y económicos.

Ante la escasez de un insumo básico (o "estrangulamiento"), en el proceso de crecimiento tiende a haber aumentos de algunos precios, que se propagan al resto de la economía. La escasez provoca cambios en los precios relativos, de modo que se hacen más valiosos los bienes que son más escasos; pero como muchos precios tienden a no bajar (tienen **inflexibilidad a la baja**), los cambios en precios relativos se dan a través de un proceso inflacionario en el cual algunos precios aumentan más que otros.

Por ejemplo, frente a una escasez de divisas aumenta el valor del dólar y, en consecuencia, el precio en pesos de los bienes importados y exportados. Estos productos son usados como insumos para la fabricación de muchos bienes, lo que tiende a encarecer el costo de vida y así, a disminuir la capacidad de compra de los salarios. Ante esto, los asalariados –salvo en una situación de fuerte recesión y desocupación, como a principios de 2002– presionarán para obtener aumentos. Así tiene lugar una puja distributiva (lucha por la distribución del ingreso) en la que cada sector busca aumentar sus precios, lo que provoca inflación.

Esta puja puede originar también "tironeos" en torno al Estado, ya que algunos querrán aumentar el gasto público que los beneficia, y otros querrán pagar menos impuestos. Esto termina favoreciendo la existencia de déficits que, en última instancia, se financian a través de emisión de dinero, lo que también alimenta la inflación.

Ante una inflación de este tipo, los economistas estructuralistas recomiendan que el gobierno trate de transformar los sectores en donde tienden a producirse estrangulamientos productivos, y se constituya en un árbitro efectivo de las pujas por la distribución del ingreso.

Inflación "inercial" o de expectativas

Una vez desatado un proceso inflacionario, los precios tienden a aumentar en función de la inflación que se cree que va a haber en el futuro (expectativas de inflación). Se crean mecanismos de **indexación** (que consisten en aumentar los precios en función de un índice que mide la inflación pasada; por ejemplo, el IPC) que tienden a proyectar hacia adelante la inflación pasada.

Esta no es una causa de inicio de la inflación; pero debe tenerse en cuenta a los efectos de combatirla, del mismo modo que las hojas secas no son el origen de los incendios forestales, pero sí son una vía de propagación.

Para "cortar" los mecanismos que hacen que la inflación continúe, los gobiernos generalmente recurren a:

- Intentar que la gente crea en las medidas antiinflacionarias que está tomando. Por ejemplo, en 1985 el gobierno prometió públicamente reducir el déficit fiscal, porque sabía que la gente identificaba a este déficit como la causa principal de inflación.
- Prohibir las indexaciones y controlar precios. Así, desde fines de 2005, el gobierno argentino implementó una serie de acuerdos de precios con el objetivo declarado de frenar las expectativas de inflación.

Conceptos clave:

Inflación de demanda: es la originada en un crecimiento de la demanda global, por encima de la oferta global.

Inflación de costos (o de oferta): la que se origina en el aumento de algunos precios que tienen fuerte incidencia en los costos de gran cantidad de bienes y servicios. Estos aumentos se producen por problemas de oferta (mercados monopólicos, desastres naturales, guerras, etc.).

Inflación estructural: la que se produce como consecuencia de desajustes económicos y sociales de la economía, como estrangulamientos en el crecimiento y puja distributiva.

Inflexibilidad a la baja de los precios: implica que hay precios que, por alguna razón –por ejemplo, una restricción legal– no bajan, aunque su oferta supere a su demanda.

Inflación de expectativas: la que se produce como consecuencia de que cada agente económico espera que los demás aumenten los precios, y aumenta su propio precio en función de esa expectativa.

Indexación: ajuste de valores en función del comportamiento de un índice de precios. Si, por ejemplo, el IPC aumenta 2%, todos los valores que se indexen según el IPC también aumentarán 2%.

Actividades

Puede afirmarse que los economistas que ponen énfasis en la "Inflación de Demanda" tienen un enfoque macroeconómico, mientras que los que ponen énfasis en la "Inflación de oferta" tienen una visión relativamente más microeconómica. ¿Por qué?

14.4: Causas de la inflación en Argentina

Desde 1945 hasta 1974, y salvo durante cortos períodos, los precios aumentaron entre el 10 y el 60% anual. Pero desde 1975 hasta 1990 la inflación superó casi todos los años el 100% anual, llegando en 1989 y 1990 a que los precios se duplicaran en pocos días, en lo que se conoció como **hiperinflación**.

Esta aceleración de la inflación se produjo en un contexto de fuerte déficit público financiado con emisión monetaria. Esto permite explicar la inflación con un enfoque monetarista: se debía a la emisión descontrolada de dinero. Pero ¿por qué los gobiernos no eliminaban el déficit? Muchos se lo propusieron, ninguno lo lograba.

La debilidad de los gobiernos (incluido el militar, que estaba dividido en facciones) no lograba controlar ni las propias cuentas del Estado frente a la presión del aumento del gasto y la disminución de la recaudación de impuestos. Así, puede interpretarse que, ante los desajustes sociales y políticos, la puja distributiva no permitía la estabilidad de la economía. Es decir, una explicación de tipo estructuralista.

Luego de fuertes fluctuaciones en los niveles de inflación, se implementó en 1991 un plan **antiinflacionario**, conocido como **Convertibilidad** (por el hecho de que el gobierno le garantizaba a los que tuvieran dinero nacional poder "convertirlo" en dólares). Este plan actuó sobre las expectativas, al fijar el valor del dólar y anunciar que no se emitiría más dinero para financiar el déficit del gobierno[2]. Y la combinación de dólar fijo y barato y la apertura de la economía incentivó la competencia con el exterior. Todo esto logró frenar el aumento de los precios internos.

El ingreso masivo de productos importados, además de contener los precios, provocó un fuerte déficit de balance de pagos; entretanto el déficit público se financiaba con endeudamiento creciente. Cuando quedó claro que esa situación no podía sostenerse disminuyó la inversión, se fueron capitales al exterior y finalmente, en medio de una fuerte crisis económica, se interrumpió la Convertibilidad a fines de 2001 y se devaluó la moneda nacional a principios de 2002.

En los primeros meses de 2002, a partir del fuerte aumento del dólar, regresó la inflación: los precios llegaron a aumentar un 10% en un mes. Pero, a pesar de la crisis, el gobierno pudo mantener bajo control la cantidad de dinero y, en medio de una tremenda recesión, el dólar empezó a bajar y los precios frenaron su crecimiento.

La inflación se desató al aumentar el dólar, por lo que podría describirse como una inflación de costos. Sin embargo fue la debilidad de la demanda la que logró frenarla.

Desde el año 2004 hubo un aumento de inflación, que superó el 12% anual en 2005. Este nivel no es alto comparado con los que tuvimos desde 1945 a 1991, pero es mayor que la inflación que tienen actualmente la mayor parte de los países del mundo, y se puede explicar a partir del fuerte aumento de la demanda agregada. La cantidad de dinero en manos del sector privado[2] creció, desde fines de 2003 hasta fines de 2005, un 58%. La gente tuvo más dinero y esto impulsó el crecimiento de la producción (un 19% en ese período) y de los precios (también 19%).

2 Sin embargo, siguió habiendo emisión monetaria, para comprar los dólares que ingresaban, y déficit público, que se financiaba con endeudamiento.
3 Medida a través de M2: billetes y monedas más cuentas corrientes y cajas de ahorro bancarias.

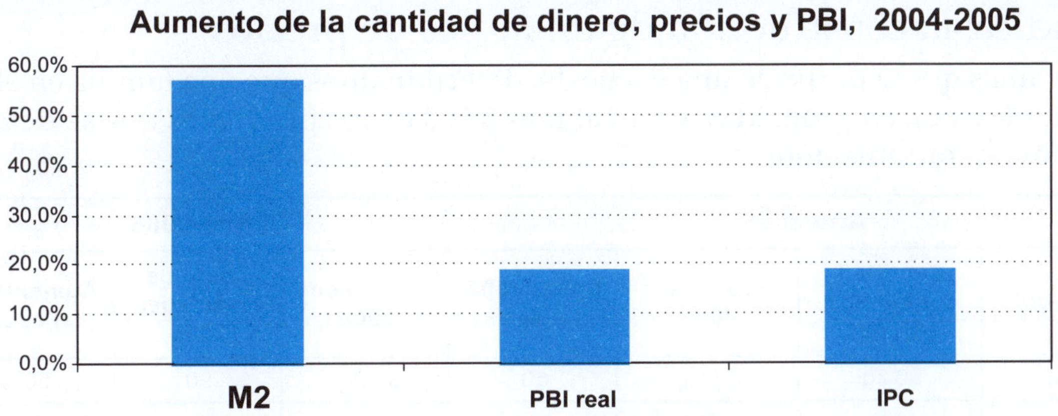

Sin perjuicio de esa explicación, el solo hecho de que haya inflación tiende a generar inercia inflacionaria: muchos aumentan sus precios porque el resto de los precios aumentan o porque tienen la expectativa de que van a aumentar y no se quieren quedar atrás. Así, la inflación se realimenta.

Ante eso, el gobierno nacional intenta modificar las expectativas. En algunos casos solicita a los empresarios que no aumenten los precios por un tiempo; en otros, establece un *control de precios*, prohibiendo que aumenten. Pero además, el Banco Central anunció una política de moderación en los aumentos de la cantidad de dinero, lo que reduciría el aumento de la demanda y las presiones sobre los precios.

Conceptos clave:

Hiperinflación: situación en la cual la inflación es tan alta que el dinero se deja de usar como reserva de valor y hasta como unidad de cuenta.

Plan antiinflacionario: conjunto de medidas que se implementan con el objetivo de disminuir o eliminar la inflación.

Convertibilidad: régimen que establece un tipo de cambio fijo, al cual el gobierno se compromete a "convertir" la moneda nacional en oro o divisas. En la Convertibilidad establecida en Argentina en 1991, el Banco Central se comprometió a entregar dólares a cambio de la moneda nacional.

Actividades

El siguiente texto fue extractado de un artículo del Diario La Nación, del 4 de enero de 2006.

Luego de lerlo, responde: ¿A qué enfoque acerca de las causas de la inflación puede asociarse la visión de Abram?

Siete claves para entender la inflación

No existe consenso entre los economistas acerca de las causas de la inflación, aunque la mayoría de ellos cita más de una. «Las causas son múltiples y ponerles un peso lleva a un análisis bastante complicado», dijo a Luciano Laspina, director de Macrovisión.

El aumento de la demanda –interna, por el aumento de los salarios, el consumo y el gasto público; externa, por el alza de las exportaciones- sumado a una oferta rezagada es una de las razones más nombradas. «El grado de difusión de la inflación te indica que la fuerte demanda está generando presiones y a la oferta le cuesta seguir el tren», apuntó Javier Alvaredo, de MVA Macroeconomía.

El lento proceso de ajuste en algunos precios, sobre todo en servicios como educación y salud, junto con el aumento del costo de la energía son otras razones que brindan los especialistas.

Aldo Abram, de la consultora Exante, ofreció un único argumento: «El problema está en la unidad de medida de los bienes, que es el peso. Cuando el Banco Central emite pesos que la gente no quiere para sostener el dólar, baja el precio de la moneda, lo que se refleja en aumentos en el resto de los precios de la economía, que se miden en pesos».

Apéndice: la construcción de un índice de precios

Supongamos que, a partir de una encuesta, determinamos que una familia en el año 2005 (el *año base*), en promedio, gastó al mes $ 500 en los productos que se detallan en la tabla a continuación:

Año 2005				Año 2006		
Producto	**Cantidad consumida en 2005**	**Precio en 2005**	**Costo 2005 ($)**	**Precio en 2006**	**Costo de cantidades 2005**	**Aumento en el costo**
Pan	30 kg	2 $/kg	60	3 $/kg	90	50%
Carne	40 kg	8 $/kg	320	7 $/kg	280	-12,5%
Colectivo	80 viajes	1$/viaje	80	1$/viaje	80	0
Electricidad	100 Kwh	0,4$/Kwh	40	0,6$/Kwh	60	50%
Total			500		510	**2%**

Suponemos también que en el año 2006 los precios varían según lo que se establece en la columna correspondiente. Como vemos, aumentó considerablemente el precio de dos productos, el de otro se mantuvo estable y el del restante disminuyó. ¿Cómo se hace para establecer cuánto aumentó el costo de vida de esta familia?

En primer lugar, se determina un *año base,* en el cual se encuestan las cantidades consumidas. En el ejemplo, será el año 2005.

En segundo lugar, se multiplican los precios del año 2006 por las cantidades consumidas en el 2005. Se establece así el costo que hubiera tenido la familia en el 2006 si hubiera seguido consumiendo las mismas cantidades que en el 2005.

El tercer paso es construir, con esos datos, el índice de precios que refleje las variaciones en el costo de vida de esta familia. Un índice es una serie numérica que varía en la misma proporción que la serie original. Por ejemplo, si establecemos un índice con base 2005 = 100, el valor de ese índice para 2006 será de 102, porque es el número que cumple que:

$$\frac{\text{Costo de productos en 2006 (precios de 2006 por cantidades del 2005)}}{\text{Costo de productos en 2005 (precios de 2005 por cantidades del 2005)}} = \frac{\text{Índice 2006}}{\text{Índice 2005}}$$

Así se cumple que: $\frac{\$510}{\$500} = \frac{102}{100}$

4 El aumento porcentual se calcula como la diferencia entre el último valor y el primero, dividida por este primer valor, y multiplicada por cien. Así, 510 – 500 = 10; 10/500 = 0,02; 0,02 x 100 = 2.

Las políticas macroeconómicas

El debate sobre la intervención del Estado en la economía es uno de los más frecuentes en la economía normativa. En un extremo hay quienes proponen que el Estado intervenga lo menos posible, que se limite a proteger los derechos de propiedad (lo que se llamó "capitalismo salvaje") y, en el otro, quienes proponen que todas las empresas sean estatales (comunismo "puro").
La realidad cotidiana en la gran mayoría de las sociedades no está ni en un extremo ni en el otro; las economías "mixtas" tienen a la iniciativa privada como motor principal de la economía, pero el Estado establece reglas, orienta, corrige y complementa al mercado.

15.1: Intervención del Estado en la economía: objetivos e instrumentos

El Estado generalmente se fija al menos los siguientes objetivos:

- **Mejorar la asignación de recursos**: como vimos en el Capítulo 6, el mercado no resuelve de la mejor manera algunas necesidades de la gente debido a la existencia de "fallas de mercado". Por ejemplo, el caso de los bienes públicos, a los que toda la gente puede acceder sin pagar y a los que, por lo tanto, ninguna empresa estaría dispuesta a producir por su cuenta, como es el caso del alumbrado de las calles y veredas.

  Para solucionar las fallas de mercado, el Estado puede usar:

  ✓ Política fiscal (uso de impuestos y gastos públicos): financiar con impuestos la provisión de bienes y servicios; por ejemplo, alumbrado público; o

  ✓ Regulaciones: por ejemplo, obligar a iluminar los frentes de las casas.

- **Distribución del ingreso**: la mayoría de la gente considera que la distribución del ingreso que resulta del libre accionar de las fuerzas de mercado es injusta y, particularmente, que no debería haber gente viviendo en la pobreza extrema. Ante eso, se requiere que el Estado intervenga, lo que puede hacer mediante:

  ✓ Política fiscal: con gastos públicos que beneficien a los pobres, financiados por impuestos que paguen en gran medida los ricos. Por ejemplo, si provee educación pública, y paga sus costos con la recaudación de impuestos a las ganancias.

  ✓ Regulaciones: por ejemplo, establecer un salario mínimo para los trabajadores o precios máximos para productos de consumo masivo.

- **Crecimiento económico y disminución del desempleo**: el aumento de la producción trae normalmente mejores oportunidades de trabajo y bienestar económico. Para incentivarlo, el gobierno puede recurrir a:
  - ✓ Política monetaria: provocar un aumento de la cantidad de dinero y/o bajas en las tasas de interés, para aumentar la demanda agregada.
  - ✓ Política fiscal: puede aumentar el gasto público o disminuir impuestos, para aumentar la demanda agregada.

    También puede favorecer el desarrollo de algunas actividades que considere fundamentales para el crecimiento y la creación de empleos, dándoles subsidios o poniendo impuestos sobre los productos importados con los que compitan para que la gente consuma productos nacionales.
  - ✓ Regulaciones: ese desarrollo también se puede lograr si se establece, por ejemplo, la prohibición de importar productos que compitan con los que se quiere favorecer. Esto fue utilizado, por ejemplo, para desarrollar la industria automotriz en Argentina y otros países.
- **Estabilidad de precios**: debido a los trastornos que provoca la inflación, las políticas económicas generalmente tratan de que no supere un nivel que se considere tolerable[1] (por ejemplo, 3% anual). Para ello, el Estado recurre a:
  - ✓ Política monetaria: la cantidad de dinero y la tasa de interés pueden afectar el ritmo de inflación.
  - ✓ Política fiscal: de la misma manera, los gastos públicos y los impuestos afectan el nivel de demanda agregada, con efecto sobre la inflación.
  - ✓ Regulaciones: el Estado puede controlar precios para impedir que suban.

    Un caso especial es la política cambiaria (intervención en el mercado de divisas), a través de la cual el gobierno fija o influye en el valor del dólar. Este valor afecta los precios, lo que a su vez puede modificar el crecimiento económico, la distribución del ingreso y la inflación.

Como vemos, diversas herramientas de política económica (instrumentos) tienen efecto sobre varios objetivos. El diagrama siguiente intenta resumir las relaciones descriptas:

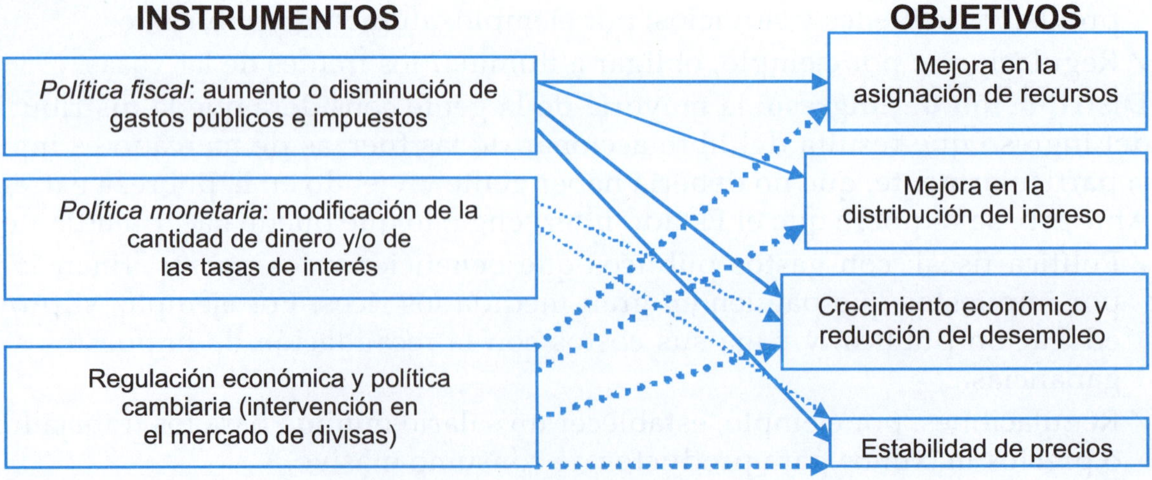

Hay casos en que dos objetivos suelen estar positivamente relacionados (al mejorar uno, también lo hace el otro); por ejemplo, el crecimiento económico, al hacer disminuir el desempleo, suele ayudar a mejorar la distribución del ingreso. Pero muchas veces, una acción de política económica que busca mejorar un objetivo, termina empeorando otro.
Por ejemplo, para aumentar la producción y disminuir el desempleo, el gobierno puede usar políticas que incrementan la demanda agregada (como un aumento del gasto público, una disminución de impuestos, un aumento de la cantidad de dinero o una baja en las tasas de interés), pero esas políticas pueden tener como efecto "colateral" un aumento en la inflación.

15.2: La política fiscal

Una de las principales herramientas con las que cuenta el gobierno es el manejo de gastos públicos e impuestos: la **política fiscal** que, como vimos en la sección anterior, tiene efectos sobre:

- La asignación de recursos El Estado sustrae recursos a la actividad privada –a través de los impuestos– y los utiliza para proveer servicios que, en muchos casos, no hubieran sido provistos por el sector privado. Es decir: por la acción del Estado se modifica la utilización de los recursos.
  La política fiscal intenta normalmente que la asignación de recursos sea más eficiente, al proveer servicios que la sociedad necesita, pero que el mercado no está en condiciones de proveer, o que provee deficientemente.
- La distribución del ingreso Los beneficios de los gastos públicos no se distribuyen en proporción a los impuestos que pagó cada persona. La política fiscal, al cobrar impuestos, disminuye la capacidad de consumir bienes y servicios de algunos habitantes, mientras proporciona beneficios –en forma de servicios públicos y subsidios a otros habitantes.

Conceptos clave:

Política fiscal (o política presupuestaria): conjunto de decisiones que se toman en relación con el nivel y la composición de los ingresos y gastos públicos, para conseguir objetivos de política económica.

Política monetaria: determinación de objetivos en materia de cantidad de dinero y tasas de interés, y medidas tendientes a lograrlos.

Actividades

Menciona tres objetivos de política económica que consideres importantes. ¿Por qué crees que lo son?

Generalmente la política fiscal intenta que no sea tan desigual la capacidad de consumir bienes y servicios; se trata de que los sectores de mayores ingresos paguen impuestos que se utilicen para financiar la provisión de bienes y servicios que beneficien a los pobres.

- El nivel de la demanda agregada Los impuestos disminuyen el ingreso disponible de las familias y, por lo tanto, el consumo privado, que es el principal componente de la demanda global. En tanto, el consumo del gobierno y la inversión pública agregan demanda.

  Si el gobierno percibe que la demanda agregada es insuficiente, puede recurrir a aumentar su gasto o a disminuir los impuestos; esto último dejará más dinero en manos del sector privado, lo que hará aumentar su consumo. Esto se llama **política fiscal expansiva**: cuando el gobierno expande la demanda agregada.

  Si, en cambio, se cree que hay un exceso de demanda agregada, el gobierno puede hacer lo contrario: disminuir el gasto público o aumentar los impuestos. En este caso, ejecutará una **política fiscal contractiva**: sus medidas tenderán a contraer la demanda agregada.

Los gobiernos suelen ser más proclives a ejecutar políticas fiscales expansivas que contractivas: siempre es agradable aumentar el gasto o bajar los impuestos, porque los beneficiarios aplaudirán. Si se disminuye el gasto o se aumentan los impuestos habrá perjudicados, que protestarán.

Sin embargo, la política fiscal expansiva debe manejarse con prudencia, al menos por dos razones:

a) Un aumento de la demanda puede estimular la producción, pero también la inflación. Este último efecto podría verse reforzado si se financia el déficit con emisión monetaria.

b) Si los gastos públicos superan a los ingresos del gobierno, éste incurre en déficit. Éste puede financiarse con reservas acumuladas (si las hubiera), con endeudamiento o emisión monetaria. Pero este financiamiento tiene un límite:
   - Si el endeudamiento llega a ser muy grande, los pagos de intereses y devolución del capital pueden poner en peligro la capacidad del Estado para prestar servicios; al ver eso, los que tienen fondos le van a dejar de prestar, y eso puede precipitar una **crisis fiscal**. Esto ocurrió en Argentina, en el año 2001: al no encontrar más financiamiento para su déficit, el gobierno Nacional y la mayoría de las provincias terminaron incumpliendo los pagos de su deuda.
   - Cuando se pretende financiar un déficit muy grande con emisión monetaria, la inflación tiende a aumentar de tal modo que puede hacerse intolerable para la sociedad. Esto ocurrió en 1989-90, cuando en la Argentina hubo hiperinflación.

15.3: La política monetaria

Otra herramienta económica fundamental que tiene el gobierno es la política monetaria, a través de la cual se busca determinar la cantidad de dinero o la tasa de interés.
Un aumento en la cantidad de dinero tiene efectos en la demanda agregada:

- Directamente, ya que al haber más dinero en manos de los particulares, éstos tenderán a gastarlo, ya sea en consumo o inversión.
- Indirectamente, a través de la tasa de interés. Cuanto más baja es la tasa, más barato resulta endeudarse, y por ello, se estimula la inversión.

Conceptos claves:

Política (fiscal o monetaria) expansiva: la que hace aumentar la demanda agregada.

Política (fiscal o monetaria) contractiva: la que hace disminuir la demanda agregada.

Crisis fiscal: situación de carencia de recursos que obliga al Estado a reducir sus gastos y/o aumentar sus ingresos.

Actividades

Da un ejemplo de una decisión de política fiscal cuyo propósito sea asignar más recursos a la educación (para que más gente reciba educación o para que la educación que se imparta sea de mejor calidad) y, al mismo tiempo, mejorar la situación de sectores de bajos ingresos, a costa de sectores de mayores ingresos. Justifica.

La cantidad de dinero y la tasa de interés

La tasa de interés es el costo de alquilar dinero; es decir, es lo que se paga por usar, por un tiempo determinado, el dinero de otra persona, pagándole a cambio. Cuando el dinero es muy abundante, la tasa de interés tiende a bajar. Al contrario, un aumento de la demanda de dinero (por ejemplo, por crecimiento de la producción o por aumento de precios) normalmente la hace subir.
En el gráfico a continuación se ilustra esta relación. Suponemos una situación inicial en la que la oferta de dinero inicial es de 4 mil millones de pesos. La demanda está representada por la línea "Demanda de dinero inicial": cuanto más alta la tasa de interés, menor es la demanda de dinero. En esta situación inicial, la tasa de interés de mercado es del orden de 17% anual (Punto "A" en el siguiente gráfico):

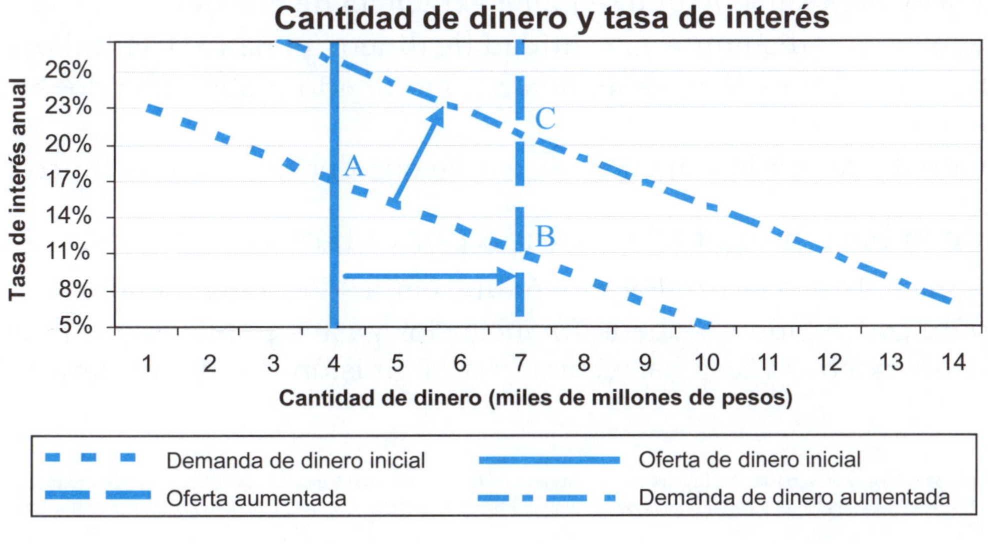

Si el gobierno aumenta la cantidad de dinero, por ejemplo, a 7 mil millones de pesos, podría lograr una disminución de la tasa de interés a poco más de 10% anual (punto B): esta es la tasa para la cual las cantidades de *Demanda de dinero inicial* y *Oferta aumentada* coinciden.

Si, posteriormente, se produce un aumento de la demanda de dinero (por ejemplo, por un aumento de precios), esta demanda pasará a estar representada por la curva *Demanda de dinero aumentada*. Eso hará subir la tasa de interés a más del 20% anual (punto C).

Cuando el gobierno emite dinero, de modo que la oferta de dinero aumenta más que la demanda, estamos en presencia de una política monetaria expansiva. En caso contrario, la política monetaria es contractiva.

Instrumentos de la política monetaria

¿De qué modos el gobierno actúa sobre la oferta de dinero?

Recordemos que, en el Capítulo IX, hemos definido como dinero no solo a los billetes y monedas, sino también a los depósitos que están en los bancos, ya que a partir de éstos se realizan pagos, como si se tuviera efectivo. Y que la cantidad de dinero depende de:

- La emisión de billetes y monedas (Base Monetaria),
- La proporción de billetes y monedas que los particulares depositan en bancos,
- La proporción de los depósitos bancarios que los bancos guardan como reservas. El resto de los billetes y monedas recibidos son vueltos a poner en circulación a través de préstamos.

Es decir: la cantidad de dinero depende de los billetes y monedas emitidos por el gobierno, y de la "multiplicación" que hacen los bancos: al recibir depósitos y prestarlos, se mantiene la capacidad de compra del que depositó, pero aumenta la de quien obtuvo el préstamo.

El Banco Central es el que emite la Base Monetaria, pero además regula a los bancos y les puede exigir que mantengan, como mínimo, una determinada proporción entre reservas y depósitos (lo que se llama **exigencia de encaje**).

Así, para aumentar o disminuir la cantidad de dinero, el Banco Central puede:

- Aumentar o disminuir la base monetaria, emitiendo o absorbiendo[2] billetes y monedas, o
- Aumentar o disminuir la exigencia de encaje que deben tener los bancos.

Destino de la base monetaria emitida por el Banco Central

¿A qué destina el Banco Central el dinero que emite? Principalmente a:

a) Sector público: cuando no puede financiar los gastos públicos con impuestos, el Gobierno muchas veces ha recurrido a la emisión de dinero para cubrir el déficit.

2 Como se considera que la base monetaria son los billetes y monedas en circulación (fuera del Banco Central), la emisión se produce, no cuando se imprimen los billetes, sino cuando el Banco Central los entrega. Y cuando los recibe, se reduce la base monetaria; se considera que los "absorbe".

b) Sector financiero: el Banco Central puede prestar dinero a los bancos comerciales, para ayudarlos a hacer frente a retiros de depósitos o para que puedan aumentar los préstamos a sus clientes.

c) Sector externo: cuando el Banco Central compra dólares (y aumenta así sus reservas internacionales) entrega a cambio pesos, que se suman a la base monetaria.

d) Obligaciones del Banco Central: cuando éste realiza pagos por **títulos de deuda** (obligaciones) que él mismo emitió, también está aumentando la base monetaria.

Los movimientos opuestos hacen disminuir la base monetaria; es decir:

- La devolución del financiamiento por parte del gobierno o de los bancos;
- La venta de dólares (disminución de reservas internacionales);
- La emisión de títulos de deuda del Banco Central.

Entre principios de 2003 y fines de 2005, la Base Monetaria aumentó en casi 21 mil millones de pesos, principalmente por compras de dólares, parcialmente compensadas por devolución de préstamos de los bancos y del gobierno, y por emisiones de obligaciones del Banco Central:

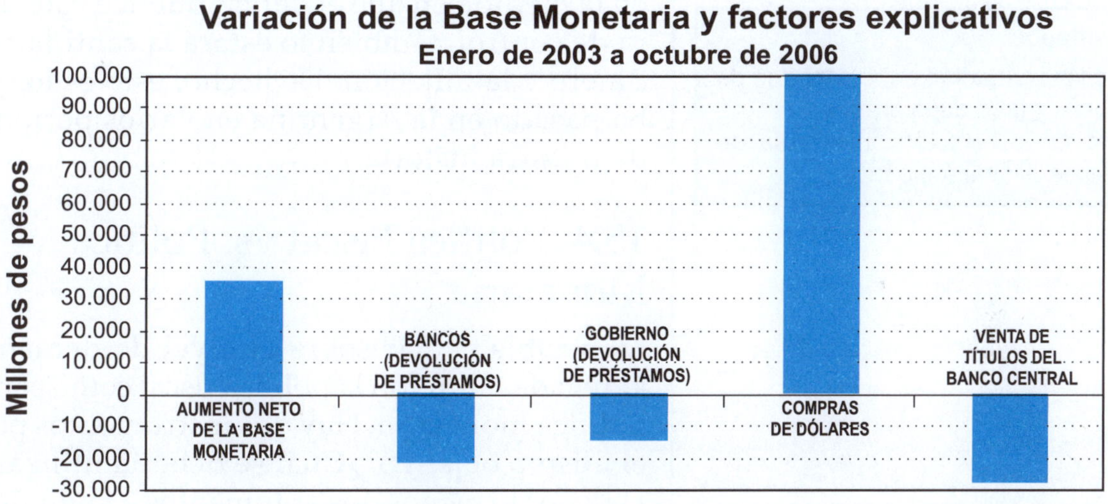

El gráfico indica que en esos tres años:

- El Banco Central le compró al sector privado divisas (dólares y otras monedas) por un valor de 100 mil millones de pesos. Esas divisas aumentaron las reservas internacionales, si bien una parte de ellas se utilizó para pagar obligaciones con organismos internacionales (FMI, Banco Mundial y otros).
- Los bancos comerciales (sector financiero) le devolvieron préstamos al Banco Central por más de 22 mil millones de pesos.
- El Gobierno Nacional restituyó al Banco Central una parte (alrededor de 15 mil millones de pesos) de lo que éste había pagado a los organismos internacionales.
- El Banco Central absorbió dinero del mercado, a través de la colocación de obligaciones, por un monto acumulado de casi 28 mil millones de pesos.

Conceptos clave:

Exigencia de encaje: regulación del Banco Central, que obliga a los bancos comerciales a guardar como reservas un cierto porcentaje de los depósitos que reciben. Por ejemplo, si la exigencia de encaje es del 20%, un banco que haya recibido depósitos por $1.000 millones, debe mantener reservas de $200 millones como mínimo.

Títulos de deuda: valores que representan la obligación de pagar una deuda a su vencimiento. Generalmente son negociables: un acreedor puede vender su derecho a cobrar la deuda. Cuando son emitidos por el gobierno, se los llama "títulos públicos".

Actividades

a. Explica la relación entre cantidad de dinero y tasa de interés.
b. Explica la relación entre tasa de interés e inversiones.

El Banco Central y la política monetaria

La política monetaria es ejecutada por el Banco Central que, en teoría, no está sujeto a órdenes del Poder Ejecutivo Nacional. Sin embargo, en Argentina ha sido una práctica habitual que el Banco Central recibiera instrucciones por parte del Presidente o del Ministro de Economía de la Nación.

En cambio, en gran parte de los sistemas monetarios (como en Estados Unidos y la Unión Europea) el Banco Central tiene independencia en el manejo de la política monetaria.

Esta independencia se ha justificado en la creencia de que la "llave" del control de la inflación está en la política monetaria; y que debe evitarse que el gobierno utilice la emisión de dinero para financiar su déficit. Si eso ocurre, en la medida en que el déficit público esté fuera de control, también lo estará la cantidad de dinero y la inflación. De hecho, esto es lo que ha pasado en la Argentina en varios períodos de nuestra historia.

15.4: Política Fiscal vs. Política Monetaria

Es posible actuar sobre el nivel de demanda agregada tanto con la política fiscal como con la política monetaria. Hay dos instrumentos para el mismo objetivo. ¿Cuál se debería utilizar?

Hay por lo menos dos argumentos a favor de la utilización preferente de la política monetaria:

1. Se puede decidir y ejecutar más rápidamente, lo que mejora la velocidad de respuesta de la política ante cambios en la situación de la economía. Generalmente, la política monetaria es decidida por un reducido grupo de personas (el Directorio del Banco Central) en una reunión que puede durar pocos minutos. Y los efectos son casi inmediatos: el Banco Central puede aumentar sustancialmente la cantidad de dinero (y, por lo tanto, la capacidad de compra de las personas) de un día para otro.

Además, para los agentes económicos es más fácil conocer el rumbo de la política monetaria, porque tienen un "termómetro": la tasa de interés. Su variación tiene un efecto inmediato en las expectativas: cuando los empresarios saben que se está ejecutando una política monetaria expansiva, tienden a invertir y a producir más, con la expectativa de que podrán vender más.

En cambio, las modificaciones en la política fiscal tienen tiempos de decisión más prolongados (en algunos casos se necesita la aprobación de la Legislatura) y su implementación puede demorarse. Por ejemplo, la realización de obras públicas exige generalmente un extenso período de selección de contratistas, contratación y puesta en marcha.

2. La política fiscal es menos flexible. Una vez aumentados los gastos, son difíciles de bajar, especialmente si implican la contratación de personal o aumento de sus sueldos. La utilización de la política monetaria no tiene esos problemas.

Por estos motivos, en la actualidad los países desarrollados tienden a usar más la política monetaria que la fiscal. Así, en Estados Unidos el Presidente de la Reserva Federal (el equivalente al Presidente del Banco Central) es considerado de mayor importancia que el Secretario del Tesoro (equivalente al Ministro de Economía).

Sin embargo, hay veces en que las políticas monetarias no tienen mayor efectividad. Por ejemplo, en Japón, durante buena parte de la década de los 90 y de la primera década del siglo XXI, la tasa de interés ha sido tan baja que resultaba imposible bajarla más, con lo cual la política monetaria perdía efectividad. Y por más que se ponía dinero en manos de los particulares, éstos lo guardaban, en lugar de aumentar su demanda de bienes.

Por otra parte, en países como Argentina, el sistema bancario está mucho menos desarrollado que en países más avanzados, lo que hace que las modificaciones en la tasa de interés no tengan tanta importancia en el funcionamiento de la economía. En cambio, las variaciones de gastos y de impuestos tienen una indudable efectividad sobre el nivel de demanda agregada.

En conclusión, no debería desecharse la utilización de ningún mecanismo. La elección de uno u otro dependerá de las circunstancias concretas de cada momento.

Actividades

Si el gobierno quisiera aumentar la demanda agregada para estimular la producción y así bajar el desempleo ¿Qué crees que será mejor: utilizar política fiscal o política monetaria? (Aclaración: no hay una respuesta única a esta pregunta, lo importante es que la respuesta esté fundamentada).

15.5: Las políticas de regulación económica

Los gobiernos, además de usar las políticas fiscal, monetaria y cambiaria (de la cual se habló en el Capítulo 10, sección 10.4, "Los regímenes cambiarios"), tienen la capacidad de dictar normas, con las cuales obligan a los agentes económicos privados (empresas y familias). Estas normas se pueden usar para una gran variedad de propósitos:

- Para mejorar la eficiencia en la asignación de recursos. Por ejemplo, el gobierno puede prohibir la instalación de industrias contaminantes en un área urbana, evitando así los perjuicios que esas industrias causarían a sus vecinos.
- Para modificar la distribución del ingreso. Por ejemplo, al establecer precios máximos para un conjunto de productos, se puede favorecer a sus consumidores, en perjuicio de sus productores.
- Para disminuir la inflación. El establecimiento de precios máximos también puede tener el efecto de disminuir la inflación, al impedir que los precios suban.
- Para favorecer o desalentar el desarrollo de algunos sectores o actividades económicas. Por ejemplo, la Ley 26.093 estableció que, a partir del año 2010, el gas oil y la nafta deberán mezclarse obligatoriamente con un 5% de combustible de origen vegetal (biodiesel o bioetanol). Esto tiene la finalidad de promover la producción de este tipo de combustible.

Actividades

Da tres ejemplos de medidas de regulación económica que puede adoptar el Estado, señalando en cada caso cuál/cuáles sería/serían el/los objetivos de esa medida.

15.6: Conflicto entre objetivos

Es muy frecuente que, al querer lograr un objetivo, se termine actuando en contra de otro. El caso más típico es el conflicto entre inflación y crecimiento económico. Las políticas fiscales y monetarias expansivas buscan incrementar la demanda agregada, para que la producción aumente en función de dar respuesta a esa mayor demanda, ocupando en mayor proporción los recursos productivos.

Como la demanda crecerá para muchos sectores, habrá algunos que reaccionen en el sentido esperado (es decir, aumenten la producción), otros que aumentarán los precios, y otros que harán ambas cosas. Así, las políticas expansivas producirán aumento de la producción (a menos que no haya recursos desempleados) pero también traerán inflación (a menos que haya desocupación muy generalizada).

Lo contrario puede esperarse de una política contractiva, que se aplique para reducir el nivel de inflación. En general, va a tener una contraindicación: al disminuir la demanda, probablemente se reduzca también la producción.

El conflicto de objetivos obliga a:

- **Priorizar** objetivos, estableciendo cuál es más importante. Esta es una evaluación política: al priorizar un objetivo sobre otros, se beneficiará a algunas personas o sectores y se perjudicará a otros.
- Evaluar cuidadosamente el impacto de las medidas a tomar. Esto implica saber cuál es la situación de la economía al momento de tomarlas, y cómo va a reaccionar el sector privado como consecuencia.

Para ilustrar esto, volvamos a un gráfico presentado en el Capítulo XIV.

Efectos del aumento en la demanda global

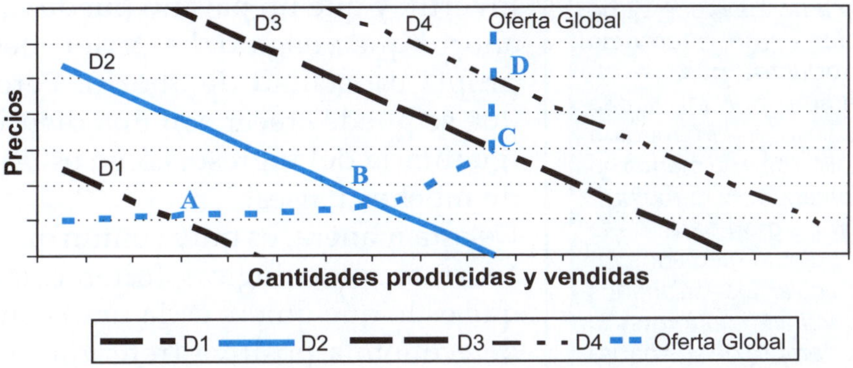

Si la economía está en un punto como A, un aumento de la demanda global la llevará al punto B, aumentando mucho más la producción que los precios. Si, en cambio, está en C, un aumento de la demanda no tendrá impacto en el nivel de producción: la única consecuencia será un aumento de precios. Si está en B, habrá aumentos tanto de precios como de producción.

Un aumento de la demanda es aconsejable si se va a traducir principalmente en un aumento de la producción. Si, en cambio, va a implicar un aumento de precios, con muy poco impacto en la producción, sería desaconsejable. Si se prevé que traerá tanto inflación como mayor ocupación, hay que decidir a qué objetivo se le da preferencia. Pero a veces no es fácil saber en qué situación estamos.

En el año 2003 el aumento de la demanda agregada produjo un aumento del 9% de la producción, casi sin impacto en la inflación, que fue solo 3% anual. En 2004 y 2005 se mantuvo el crecimiento, pero la inflación se aceleró (6% y 12% anual, respectivamente).

Un caso de conflicto de objetivos muy discutido es el que habría entre distribución del ingreso y crecimiento a largo plazo. Una mejor distribución del ingreso implica reducir la proporción de ingresos que reciben los propietarios de grandes empresas, campos y capital financiero, para aumentar los ingresos de asalariados y jubilados. Como éstos consumen, en promedio, una proporción mayor de su ingreso, el consumo total aumentará, y la proporción que se ahorra disminuirá. Pero entonces, se

Actividades

Analiza el siguiente texto:

"Un elemento central de la actual política económica es la intervención en el mercado de cambios, mediante compra de dólares por parte del Banco Central. Un objetivo de estas intervenciones es evitar que disminuya el valor del dólar. Al respecto, la Ministra Miceli aseguró que si no fuera por las compras del Banco Central, el dólar valdría $2,30, en lugar de $3,10. ¿Qué podría esperarse que ocurriera si bajara el dólar?

- *Dado que hay muchos precios que toman al dólar como referencia (como los productos que se importan o que se exportan), habría varios bienes cuyo precio, medido en pesos, disminuiría, o al menos no seguiría aumentando. Esto mejoraría la situación de gran parte de la población de bajos o medianos ingresos. En particular, los asalariados y jubilados no verían deteriorarse la capacidad de compra de sus haberes.*
- *Como contrapartida, se reducirían los márgenes de ganancias (la diferencia entre precios y costos) de las empresas, lo cual podría ocasionar que inviertan menos, especialmente en los sectores que exportan o que compiten con importaciones. Esto puede frenar el crecimiento económico y afectar negativamente al empleo."*

De acuerdo con este texto ¿Qué conflicto de objetivos plantearía la política cambiaria?

argumenta, habrá menos ahorro para financiar a la inversión. El capital no crecerá lo suficiente, y eso pondrá límites al crecimiento.

Esta visión, sin embargo, ha sido discutida por quienes argumentan que la inversión no se realiza –aunque tenga financiamiento– si la demanda no crece; y para que crezca la demanda, es positivo que aumente el consumo.

Ambas visiones tienen su parte de razón; pero lo que está detrás de cada una de ellas es una preferencia distinta respecto de la distribución del ingreso. Es cierto que para crecer hay que invertir, y que un país no puede depender del ahorro que venga del exterior: debe tener su propia capacidad de ahorro. Pero está claro que se puede crecer con una distribución más igualitaria del ingreso, como es la experiencia de muchos países.

De esta manera, es muy común que se mezclen cuestiones ideológicas (diferencias acerca de qué es lo que quiere cada uno) con cuestiones de economía positiva (referidas a cómo es la realidad, y cómo se modificará ante los cambios que se proponen).

Conceptos clave:

Conflicto de objetivos: situación en la cual, para mejorar un objetivo, es necesario empeorar otro.

Priorizar objetivos: ponerlos en orden de importancia, de modo que si un objetivo es prioritario sobre otro, se intentará conseguir el primero, aunque perjudique al segundo.

Evolución reciente de la economía argentina

Existen muchas dimensiones posibles para narrar la historia, aunque sea en forma muy sintética, como se pretende en este capítulo. La dimensión que aquí elegimos es la que focaliza en la política económica llevada a cabo por el Estado Nacional, estrechamente vinculada con la determinación de los sectores económicos que juegan un papel central en el crecimiento.

16.1: El modelo agro-exportador

Nuestro país atravesó en sus primeras décadas de vida independiente por varias guerras (la de Independencia, la guerra contra el Brasil y, sobre todo, las guerras internas) y logró la unificación definitiva hacia 1860, y el apaciguamiento de los conflictos hacia 1880.

A partir de la unificación del país se produjo un gran crecimiento de la producción, especialmente de la pampa húmeda, orientada a exportar alimentos a Europa. Esto impulsó fuertes inversiones destinadas al desarrollo del sector agropecuario, de los ferrocarriles y puertos para transportar la producción, de los frigoríficos, etc. La intervención del Estado se limitó a la prestación de servicios generales a la población, como la justicia, la seguridad interior, la educación pública y la prevención sanitaria.

Este modelo de crecimiento, apoyado en las exportaciones de productos agropecuarios, logró un importante aumento del ingreso nacional hasta la tercera década del siglo XX. Sin embargo, no estuvo exento de crisis, generalmente asociadas con acontecimientos externos, como la Primera Guerra Mundial (1914-1918), sin perjuicio de la gravitación de los problemas internos que, por ejemplo, tuvieron mucha importancia en la crisis de 1890.

La más severa de estas crisis fue la que siguió al derrumbe de los precios de la bolsa de valores de Nueva York, en 1929. Estados Unidos entró en una severa recesión, que se contagió a la mayor parte de los países, a través de las reducciones de sus compras externas, en la que se denominó **crisis de 1930**.

Las exportaciones argentinas se derrumbaron, y la economía se vio muy afectada: en tres años el PBI se redujo un 14%, mientras que el valor –en dólares– de las exportaciones disminuyó a la tercera parte. También comenzó a sufrir fuertes oscilaciones: entre 1917 y 1929 –en 12 años– el valor de la producción había aumentado un 117%; en los 12 años siguientes, el aumento fue del 22%, menos de lo que aumentó la población.

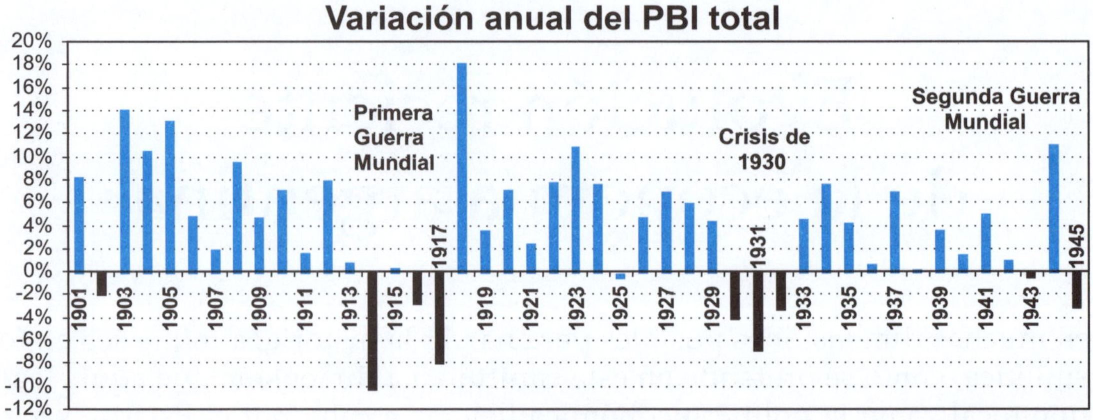

Conceptos clave:

Modelo agro-exportador: esquema en el cual el crecimiento económico está liderado por las exportaciones de productos agropecuarios, a partir de las cuales hay demanda de inversiones e insumos para producir y transportar estos productos, e ingresos de los exportadores que impulsan la demanda interna.

Crisis de 1930 (o "Crisis del 30"): recesión que comenzó en Estados Unidos y se expandió por gran parte del mundo (incluida Argentina) durante los primeros años de la década de 1930. Se caracterizó por un fuerte retroceso del PBI, muy altos niveles de desempleo, y disminución de precios de activos (como acciones de empresas e inmuebles) y materias primas (como trigo y carne).

Actividades

¿Cuál fue el motor del crecimiento económico desde 1860 hasta 1930? ¿Cómo se veía afectado ese crecimiento cuando se "cerraban" los mercados externos, es decir, cuando se achicaba considerablemente la posibilidad de vender los productos argentinos a Europa (por ejemplo, por efecto de crisis o guerras mundiales)?

16.2: La intervención estatal y el modelo de sustitución de deimportaciones

Como consecuencia de la Crisis del 30, el Estado comenzó a dejar de lado –en gran parte del mundo– las premisas de "dejar hacer" al sector privado, y adoptó una actitud más activa en la economía. Así, durante la década de 1930, en nuestro país se crearon varios órganos de regulación económica (el más importante de ellos fue el Banco Central), en gran medida para tratar de preservar al sector agropecuario, sumamente afectado por la depresión económica.

Durante las guerras mundiales y la Crisis del 30, ante la dificultad para importar, empezó a desarrollarse en el país la producción de artículos industrializados para consumo interno. Pero recién a partir de 1946 hubo una política deliberada de incentivar la fabricación en el país de bienes que se importaban del exterior.

En el contexto de esta política, el gobierno impulsó aumentos de salarios que hicieron crecer el consumo, a la vez que restringió las importaciones, para que la producción nacional tuviera preferencia en el mercado interno. El crecimiento en la participación de los asalariados en el ingreso se hizo, en gran medida, a costa del sector exportador por excelencia: el de los productores agropecuarios de la pampa húmeda.

El "motor" de la demanda pasó a ser el consumo. La demanda interna crecía, pero las exportaciones se estancaron y perdieron importancia relativa: mientras que a principios de siglo XX Argentina exportaba la cuarta parte de su producción, desde mediados de siglo alrededor del 90% de la producción se vendió en el mercado interno.

El sector que ganó participación en la distribución del ingreso y poder político con el modelo de sustitución de importaciones fue la industria manufacturera –incluyendo a sus obreros– dedicada a atender la demanda interna. El sector que perdió fue el agropecuario dedicado a producir para exportar. Así, la importancia del sector agropecuario en la producción se redujo a la mitad, mientras que la de la industria manufacturera aumentaba a más del doble.

PBI 1900-1930

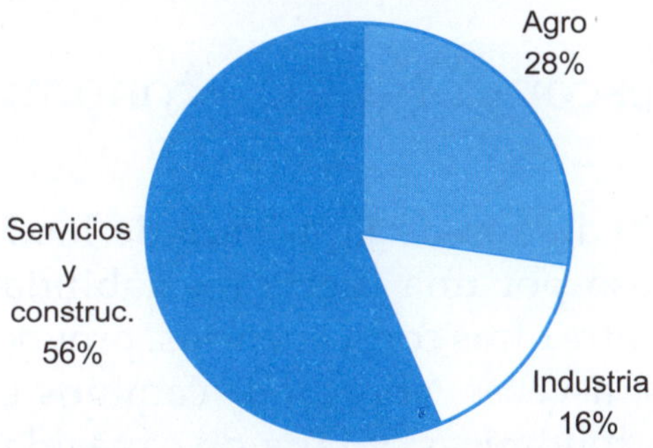

PBI 1965-73

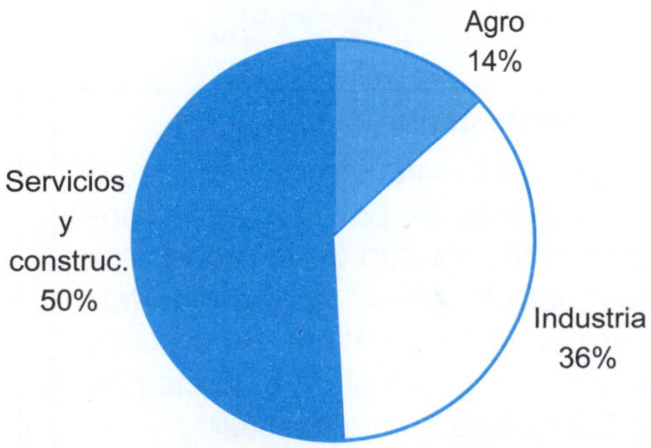

Pero además, el período se caracterizó por la creciente importancia del Estado, el cual:

- Profundizó las regulaciones sobre la economía, a favor de los asalariados (al imponer precios máximos a los bienes que consumían y fijar salarios mínimos) y de los industriales (a los que protegía de la competencia externa, con aranceles a la importación).
- Desarrolló empresas públicas que fueron protagonistas en diversos sectores de la economía, como comunicaciones, siderurgia, petróleo, gas, electricidad, etc.
- Incrementó fuertemente el gasto público orientado a cubrir necesidades de la población de bajos ingresos, como educación, salud y vivienda.

El proceso de sustitución de importaciones no eliminó la dependencia del exterior; se redujo mucho la importación de bienes de consumo final, pero aumentó la de insumos intermedios para la industria.

De este modo, una vez sustituidos los bienes de consumo que se podían fabricar en el país, todo crecimiento de la producción llevaba a la necesidad de aumentar las importaciones de insumos y bienes de capital. Al no crecer las exportaciones, el país no obtenía suficientes dólares para pagar el crecimiento de las importaciones, lo que provocaba crisis recurrentes, que frenaban la marcha de la economía.
A pesar de ellas, en el conjunto de este período hubo crecimiento económico. Pero éste fue menor que el de muchos otros países, por lo cual Argentina retrocedió en términos relativos.

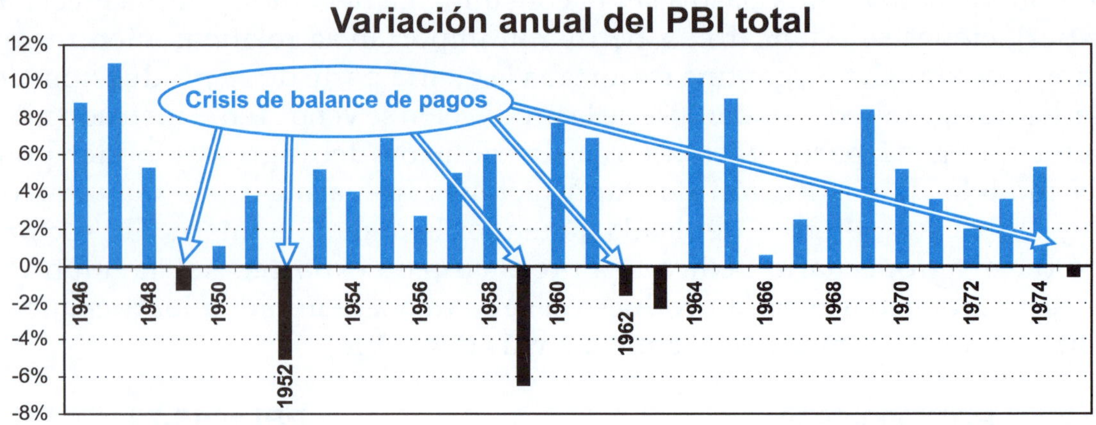

Conceptos clave:

Modelo de sustitución de importaciones: conjunto de políticas que propician un crecimiento de la producción para sustituir a bienes que se importan, principalmente a partir de encarecer o prohibir el ingreso al país de los productos que se quiere sustituir.

Actividades

¿De qué forma el gobierno incentivaba la producción industrial nacional en el modelo de sustitución de importaciones? ¿Qué sector perdía ingresos debido a esa política, y qué sectores ganaban ingresos?

16.3: El descontrol de la economía (1975-90)

A partir de mediados de la década de los 70 el país atravesó por una fuerte inestabilidad política que, entre otras consecuencias, provocó frecuentes –y, a veces, abruptos– cambios en las políticas económicas, y falta de capacidad efectiva de los gobiernos para controlar las principales variables de la economía (producción, precios, etc.).

Al no poder el gobierno manejar la puja por la distribución del ingreso, el déficit público creció y la inflación se aceleró. A fines de los 70 el gobierno –surgido de un golpe militar– implementó una apertura de la economía al exterior que implicó una reversión del proceso de sustitución de importaciones, buscando frenar la inflación a partir de la competencia de productos importados.

La "avalancha" de importaciones tendió a generar un déficit comercial insostenible, y el sector privado, previendo la crisis de balance de pagos, comenzó a enviar capitales al exterior. Para compensar esta salida, el gobierno tomó préstamos que incrementaron la deuda externa del país, que en general no fueron destinados a inversión productiva.

Los resultados en términos de combate a la inflación fueron mediocres, pero los efectos sobre el futuro de la economía fueron terribles. El pago de los servicios de esta deuda se hizo muy grande, debido a:

a) La deuda externa argentina pasó de ser menor a 8 mil millones de dólares a fines de 1975, a ser de casi 46 mil millones a fines de 1983. Parte de este aumento fue debido a los préstamos tomados por el gobierno para sostener un nivel del dólar artificialmente bajo en los años 1979-81;
b) El aumento, a principios de la década de 1980, de las tasas de interés que pagaba esta deuda, en función de las tasas de interés internacionales;
c) A partir de 1981, el dólar aumentó más que los precios. Esto encareció los pagos de la deuda externa, que se debían hacer en dólares. Además del impacto en su propia deuda, el Gobierno Nacional se hizo cargo de buena parte del mayor costo que significó el aumento del dólar sobre la deuda del sector privado, lo que favoreció a deudores y acreedores, en perjuicio del Estado.

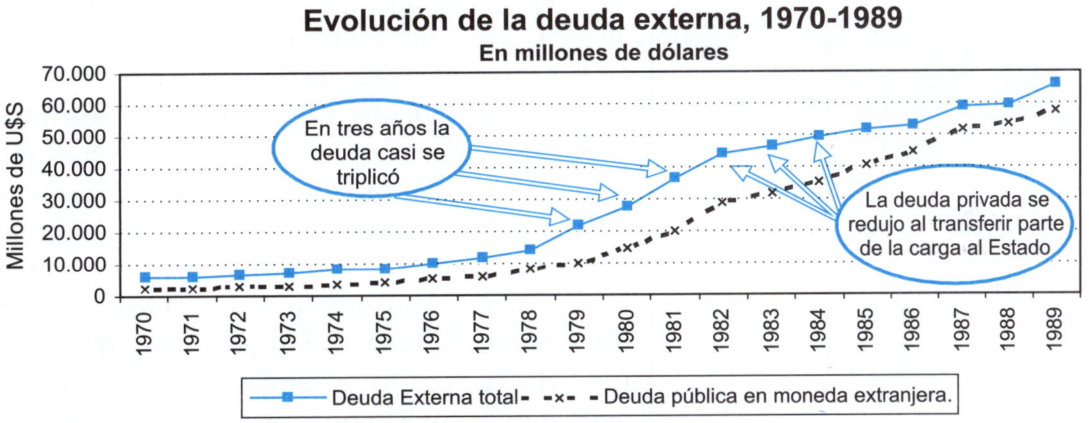

A fines de 1983 asumió un gobierno elegido democráticamente, que tampoco pudo encauzar la puja distributiva, agravada por la deuda externa. En una mesa en la que ya había pelea por la escasa comida, se sentaron nuevos y voraces comensales: los acreedores externos. Pese a los intentos que llevó a cabo el gobierno, el déficit fiscal y la emisión de dinero para financiarlo siguieron en niveles muy altos, y la inflación se aceleró hasta transformarse en hiperinflación en 1989.

En este período hubo egreso de capitales (los argentinos enviaban sus ahorros al exterior), muy baja inversión, y frecuentes recesiones. El PBI total en 1990 fue inferior al de 1975. Dado el crecimiento de la población, el ingreso por habitante en este período tuvo una caída a lo largo de todo el período del 20%, propia solo de países que atravesaron prolongadas guerras o saqueos sistemáticos.

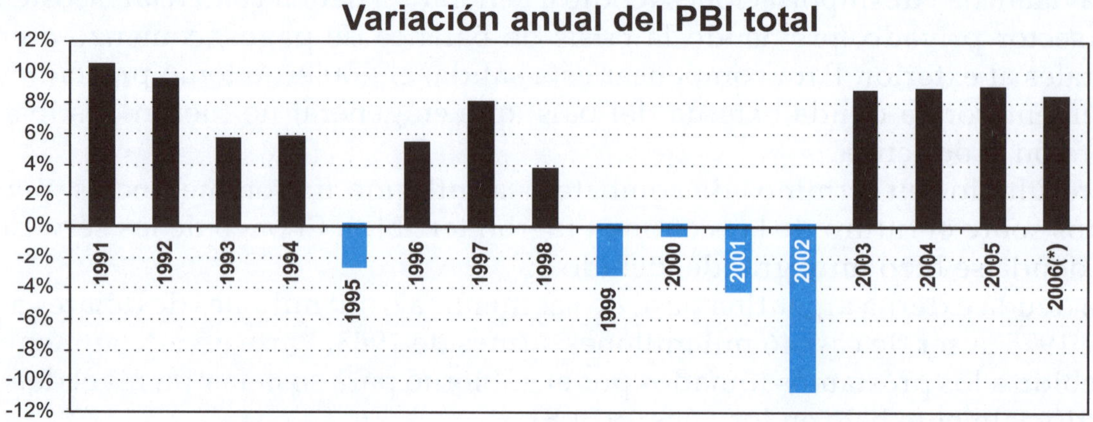

Actividades

¿Qué consecuencias tuvo para el país el crecimiento de la deuda externa que se produjo entre 1979 y 1982? A una parte de ese período (principalmente, desde fines de 1979 hasta principios de 1981) se los llamó la época de "la plata dulce". Averigua por qué, y si tuvo alguna relación con el aumento de la deuda externa mencionado.

Argentina no fue el único país de América Latina que se endeudó excesivamente en la segunda mitad de los 70 y principios de los 80. En esa época, los bancos internacionales tenían una gran cantidad de dólares, que ofrecían a los gobiernos. Al principio, la tasa de interés era baja, y para pagar los intereses de la deuda se ofrecían nuevos créditos.

Pero cuando la tasa de interés subió abruptamente en la década de los 80, los créditos se interrumpieron, y muchos países deudores se encontraron con dificultades para pagar. Las crisis de balance de pagos trajeron estancamiento económico, por lo que este período se denominó "la década perdida" para América Latina. Sin embargo, ningún otro país de la región sufrió el nivel de retroceso económico que experimentó Argentina.

16.4: La Convertibilidad

A principios de la década de 1990, se puso en marcha en Argentina un programa económico cuyo propósito era terminar con la inflación y devolver protagonismo al sector privado. Sus rasgos principales fueron:

- Convertibilidad: el gobierno garantizaba que la gente podía "convertir" sus pesos en dólares, o viceversa, a un tipo de cambio fijo (un peso = un dólar).

✓ El Banco Central podía emitir pesos para comprar dólares, pero no para financiar al Estado.

✓ En todo momento el Banco Central debía tener suficientes reservas como para adquirir la totalidad de los pesos emitidos.

✓ El gobierno facilitó la "dolarización" (utilización del dólar como unidad de cuenta) de depósitos, préstamos y otros contratos en dólares.

- Privatizaciones: el Estado puso en venta casi todas las empresas públicas. El valor total de las privatizaciones superó los 26 mil millones de dólares.
- Apertura de la economía y desregulaciones: disminuyeron los aranceles de importación, se levantaron controles al sector privado y se dio igual tratamiento al capital extranjero que al nacional.

En los primeros años de la década la inflación se frenó, la producción aumentó, la situación fiscal mejoró, las exportaciones crecieron y las importaciones crecieron aún más. La cuenta corriente del balance de pagos tuvo sistemáticamente déficit, pero la diferencia fue cubierta inicialmente por ingreso de capitales. Estos capitales se retrajeron en 1995, como contagio de la crisis mexicana conocida como "Efecto Tequila", pero volvieron a ingresar al año siguiente.

Las privatizaciones y el incremento de las importaciones favorecieron la adopción de tecnologías que requerían menos mano de obra, por lo que el desempleo aumentó hasta 1995, a pesar del aumento en la producción.

El gobierno mantuvo una situación fiscal equilibrada solo los primeros años; a partir de 1993 la deuda pública comenzó nuevamente a crecer, llegando hacia el final del período (año 2001) a niveles insostenibles.

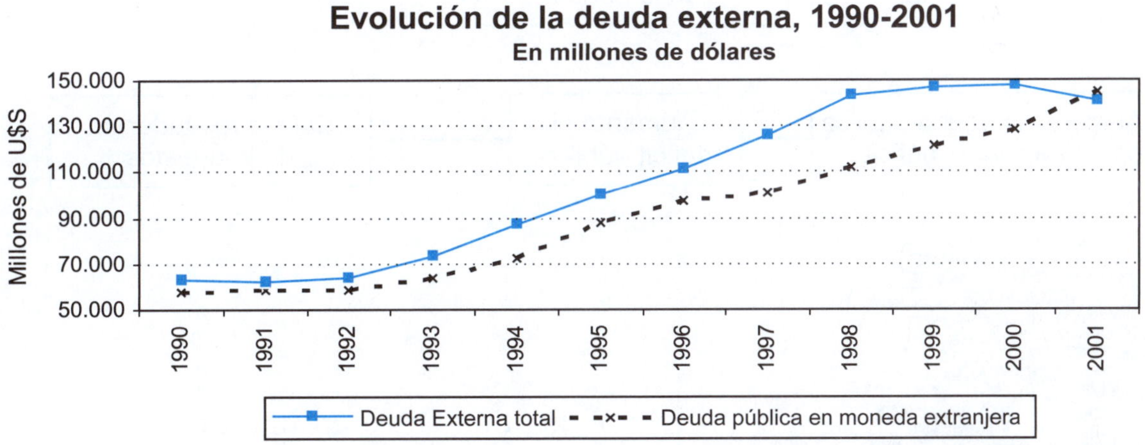

Cuando la capacidad de mantener el régimen de convertibilidad y de hacer frente a los pagos de la deuda empezó a ponerse en duda, los capitales empezaron a salir. Esto puso en marcha un círculo vicioso, **que realimentaba la salida de capitales:**

- Para sacar capitales del país, la gente le compraba dólares al Banco Central que, a cambio, recibía pesos. Las reservas de dólares del Banco Central bajaban, mientras que los pesos que recibía salían de circulación, con lo cual en el país quedaba menos moneda nacional, que era la que se usaba para realizar compras;
- Al haber menos dinero, se compraba menos; al disminuir las ventas, bajaba la producción. Como consecuencia, también bajaba la recaudación de impuestos, ya que la mayor parte de éstos gravan el consumo o los ingresos;
- Así, aumentaba el déficit público y crecía la deuda pública. La deuda implica contraer la obligación de realizar pagos en el futuro, en concepto de intereses y amortizaciones.
- Este aumento de las obligaciones hacía temer que se llegara al punto en el que el gobierno no pudiera seguir cumpliendo sus compromisos: mantener el régimen de Convertibilidad y pagar la deuda. Los capitalistas privados comenzaron a retirar masivamente los depósitos que tenían en los bancos, compraron más dólares y requirieron intereses más altos para prestarle al gobierno, todo lo cual agravaba el problema.

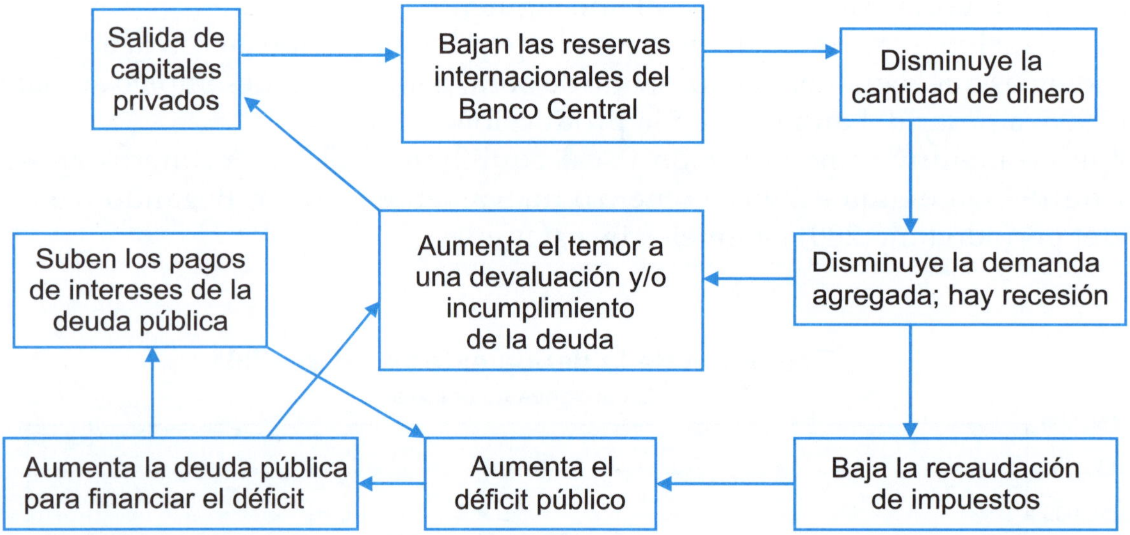

La Argentina entró en una de las recesiones más profundas de su historia: en solo un año (desde principios de 2001 hasta principios de 2002) el PBI disminuyó 16%, el consumo privado 19% y las inversiones 45%. Al finalizar la Convertibilidad, más de la quinta parte de los trabajadores estaba sin empleo.

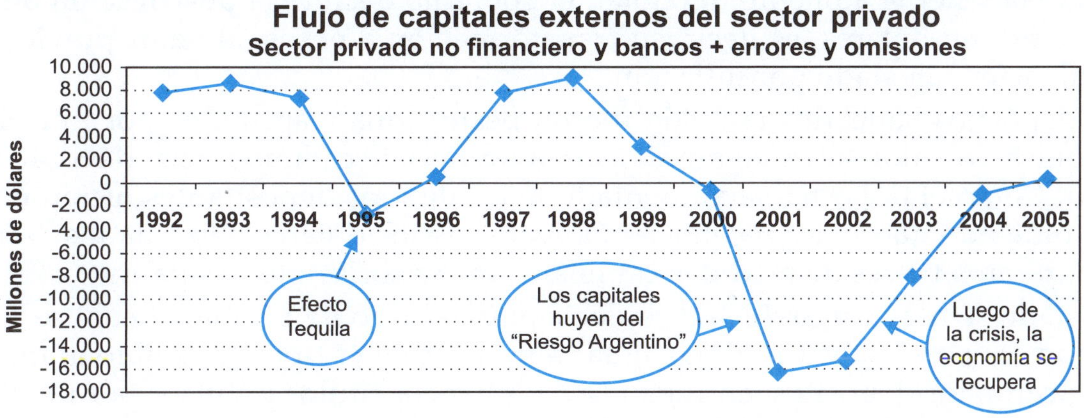

16.5: La economía argentina en los primeros años del siglo XXI

Los incumplimientos: corralito, *default*, devaluación y pesificación

El temor a los incumplimientos se hizo realidad:

- A fines de 2001, el gobierno dejó de cambiar los pesos que le traían los particulares por dólares, con lo cual la Convertibilidad quedó suspendida;
- Ante la **"corrida" bancaria** (retiros masivos de depósitos bancarios), el Gobierno Nacional autorizó a los bancos a limitar los retiros de efectivo a un pequeño monto por semana, lo que se llamó "corralito financiero".
- También a fines de 2001, el Estado Argentino dejó de pagar sus deudas (entró en ***default***). En los meses siguientes, gran parte del sector privado hizo lo mismo.
- A partir de enero de 2002 la moneda nacional empezó a perder valor frente al dólar, en una carrera que llevó el tipo de cambio a $4 por dólar a fines de abril. Luego disminuyó, y se estabilizó en alrededor de $3 por dólar durante los años siguientes.
- En ese momento, la mayor parte de los préstamos y depósitos estaban expresados en dólares, a pesar de que en general los deudores recibían ingresos en pesos. Al no

Conceptos clave:

Efecto Tequila: consecuencias de las salidas de capitales en México, que llevaron a una fuerte devaluación de su moneda en diciembre de 1994. Se lo denominó de esta manera porque una bebida popular en ese país es el tequila.

Círculo vicioso: se refiere a una situación en la que las fuerzas que se desatan tienden a empeorar las cosas. Por ejemplo, cuando la salida de capitales conduce a que haya más salidas de capitales.

Amortización: devolución del dinero prestado.

Actividades

Explica en qué consistía el régimen de la Convertibilidad. Describe la forma en que entró en crisis. ¿Tuvo alguna similitud este proceso con el que se dio en la época de "la plata dulce" (1979-1981)?

poder contener el aumento del dólar, el gobierno decretó la **pesificación** de los préstamos en dólares, es decir, su transformación a pesos, al valor previo a la devaluación, ajustado por inflación.

- Los depósitos bancarios también fueron pesificados y ajustados por inflación, aunque a un valor 40% mayor, es decir, a un tipo de cambio inicial de $1,40 por dólar. Como el dólar había aumentado más, algunos depositantes hicieron juicios pidiendo que se les reconociera el valor de los dólares depositados. Varios lo lograron a través de medidas cautelares (provisorias): los amparos.
- El Estado se hizo cargo de la diferencia entre el tipo de cambio al cual se pesificaron los préstamos (un dólar igual a un peso) y el tipo de cambio al que se pesificaron los depósitos, entregando a los bancos títulos públicos por un valor de 40 centavos de peso por cada dólar de depósitos. Esto aumentó la deuda pública.

El fondo de la crisis y la recuperación económica

La devaluación agravó la recesión. Los precios de los productos importados, y también aquellos que se exportaban, como aceites, harinas y carnes, aumentaron siguiendo la suba del dólar, y como los salarios y jubilaciones inicialmente no crecieron, el consumo se redujo fuertemente. Esto hizo disminuir el nivel de producción interna, pero más aún el de las importaciones, ya que:

- Una parte importante de las importaciones suelen ser bienes de inversión. Ante la recesión, la reducción de estas compras fue especialmente acentuada.
- Otra parte de las importaciones estaba compuesta por bienes de consumo cuya compra podía postergarse (electrodomésticos, adornos, juguetes, etc.). Ante la reducción de sus ingresos, la gente dejó en gran medida de comprar este tipo de bienes.
- Al aumentar el dólar, los productos importados se encarecieron, lo que desalentó su adquisición; en algunos casos, fueron sustituidos por productos nacionales.

La brusca disminución de las importaciones hizo que en el año 2002 se obtuviera el mayor superávit de comercio exterior de la historia argentina.

Por su parte, las exportaciones comenzaron gradualmente a crecer, estimuladas por el hecho de que, por la devaluación, sus costos en dólares habían disminuido.

Gradualmente los aumentos de la producción se fueron transmitiendo al resto de los sectores de la economía. La recaudación impositiva comenzó a crecer, transformando el déficit público en superávit. Las expectativas mejoraron, y la inversión volvió a crecer con fuerza.

Como había muchos recursos ociosos (trabajadores desempleados, máquinas paradas), ante el aumento de la demanda, la producción respondió ágilmente. Entre 2003 y 2006 la producción creció al 8-9% anual, con lo cual este período ha sido el cuatrienio de más rápido crecimiento en los últimos cien años.

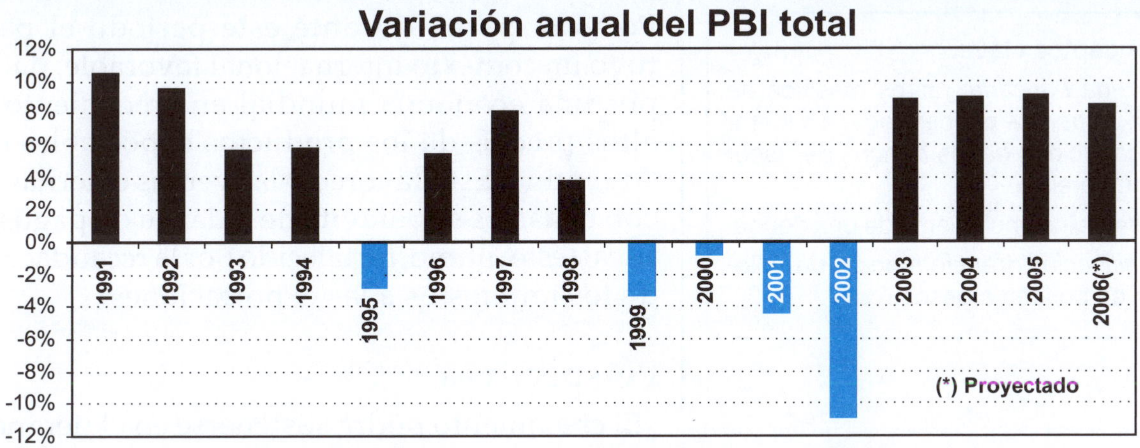

La política económica después de la Convertibilidad

A partir del año 2002, la política económica procuró mantener "superávits gemelos":

✓Superávit fiscal (el gobierno obtiene recursos superiores a sus gastos); y

✓Superávit de cuenta corriente de balance de pagos (las exportaciones superan a la suma de importaciones, intereses y dividendos girados al exterior).

Las herramientas para obtener y mantener estos superávits han sido:

- Prudencia fiscal: los gastos públicos aumentaron a un ritmo inferior al crecimiento en la recaudación de impuestos.
- Impuestos de emergencia: durante los años 2001 y 2002, para hacer frente a enormes déficit fiscales, se aprobaron impuestos a los ingresos y egresos de cuentas corrientes bancarias y a las exportaciones. Estos impuestos se mantuvieron en los años siguientes, a pesar de la superación de la crisis.
- Reducción de pago de intereses de la deuda: desde fines de 2001 hasta el primer semestre de 2005 el Gobierno Nacional no efectuó pagos por deudas con acreedores privados; en esta última fecha, se concretó una reestructuración de las tres cuartas partes de esa deuda, en condiciones muy ventajosas para el Estado[1], bajo amenaza de no pagarla si las condiciones no eran aceptadas[2]. Esto redujo los gastos de intereses de la deuda pública y los pagos de divisas al exterior.
- Dólar "alto": el Banco Central intervino en el mercado cambiario, comprando más de 30 mil millones de dólares en cuatro años, con los que se pagaron deudas al FMI y al Banco Mundial y se aumentaron las reservas internacionales. Estas compras contribuyeron a mantener un tipo de cambio relativamente alto, lo cual favoreció las exportaciones (cuyo valor en dólares creció un 50% entre 2002 y 2005) y, por consiguiente, la recaudación de impuestos sobre ellas.

1 Les fueron entregados a los acreedores bonos a muy largo plazo, dándoles a elegir entre bonos "par" (sin quita de capital), con muy bajas tasas de interés y bonos "con descuento", que tenían una reducción del capital.
2 Los tenedores de la cuarta parte de la deuda a reestructurar –aproximadamente 20 mil millones de dólares– no aceptaron la reestructuración, por lo que sus acreencias permanecen en *default*.

Conceptos clave:

Corrida bancaria: retiros masivos de depósitos, que pueden llegar a superar la capacidad de los bancos de hacer frente a ellos.

Default: incumplimiento de una deuda.

Pesificación: transformación de valores en dólares a pesos.

Actividades

¿Cuáles son los principales lineamientos de la política económica implementada en nuestro país a partir del año 2002?

Considerando lo ocurrido en el período anterior ¿Cuál crees que puede ser la importancia de evitar caer en un persistente déficit fiscal y/o en un persistente déficit de balance de pagos?

Por otra parte, durante este período el país tuvo un contexto internacional favorable, dado por una economía mundial en crecimiento y altos precios de los productos exportables de Argentina. Esto favoreció las ventas externas, y con ellas, los superávits de balance de pagos y fiscal (éste último, fortalecido por la recaudación de los impuestos a las exportaciones).

Perspectivas

¿El crecimiento podrá sostenerse en el tiempo? Durante las últimas décadas, el país tendió a tener déficit fiscal y fragilidad del sector externo: cuando los ingresos crecían, el aumento más que proporcional de las importaciones producía déficit en el balance de pagos que terminaba ahogando el crecimiento. Para la historia argentina, es excepcional que, luego de varios años de fuerte aumento de la producción y el consumo, se mantengan superávits fiscal y de cuenta corriente de balance de pagos como los que hubo en 2006 y seguiría habiendo en 2007.

Muy probablemente el crecimiento no podrá sostenerse al ritmo del 9% anual pero, si se preserva la sólida situación fiscal y de balance de pagos, y la economía mundial sigue creciendo a buen ritmo, es de esperar que el ingreso de los argentinos pueda seguir mejorando en el mediano plazo.

Apéndice: la leyenda de la Argentina agro-exportadora próspera

Desde la consolidación del Estado Nacional (en 1860) hasta la depresión mundial de 1930, Argentina atravesó por una de las etapas de crecimiento económico más importantes de su historia.

En las primeras décadas del siglo nuestro país alcanzó un ingreso por habitante relativamente alto y cumplió un papel relevante como proveedor de granos y carnes a Inglaterra y otros países europeos. Desde 1900 hasta 1930, la producción creció a una tasa del 4,5% anual.[3] En el resto del siglo XX, el ritmo fue menor: la producción creció al 2,6% anual.

De aquí se derivaría que los años felices de Argentina fueron los del modelo agro-exportador; y, tal vez, que debimos haber insistido en ese modelo.

Pero ¿nos interesa que la producción crezca, o que la población viva mejor? Si lo que nos preocupa es que cada familia –y, en particular, aquellas más necesitadas de bienes materiales– tenga mayores ingresos, deberíamos tener en cuenta el desarrollo humano de la sociedad, que considera la capacidad de cada familia de satisfacer necesidades básicas.

Entre las últimas décadas del siglo XIX y las primeras del siglo XX hubo, al mismo tiempo que un importante crecimiento de la producción, un fuerte aumento de la población del país, especialmente por la inmigración europea. Se produjo más, pero el número de bocas a alimentar también era mayor.

Si consideramos al PBI por habitante, el éxito del modelo agro-exportador parece más moderado, como puede verse en el siguiente gráfico, que muestra las tasas de aumento anual del PBI por habitante para diferentes períodos[4]:

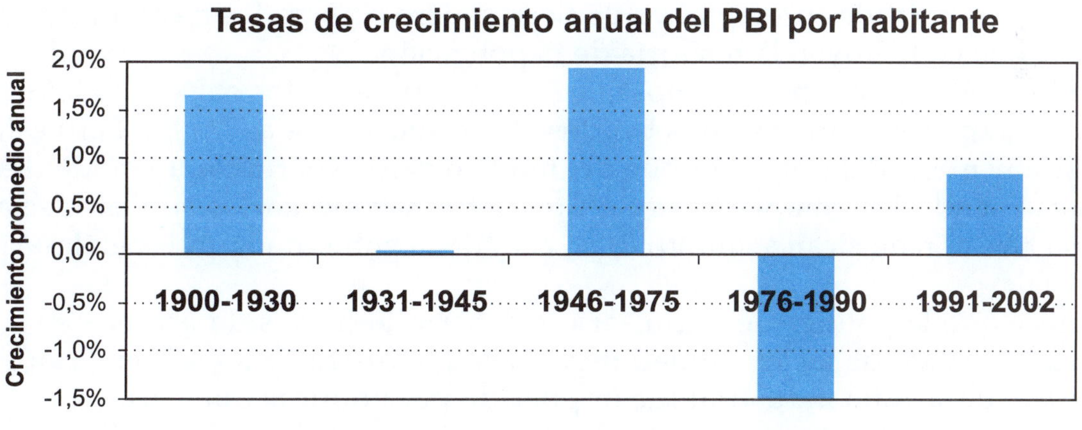

3 Para medir la evolución de la producción, se cuenta con datos elaborados por CEPAL (la Comisión Económica para América Latina de las Naciones Unidas) a partir de 1900 y, a partir de 1935, de organismos del gobierno nacional, como el Banco Central y el INDEC.

4 Para definir estos períodos, tomamos en cuenta no solo que los años en que termina cada uno son considerados de "inflexión" (por cambio de políticas), sino también que fueron años de recesión económica.

En las primeras décadas del siglo XX (1900-1930), cuando estaba vigente el modelo agroexportador, no hubo un crecimiento del ingreso por habitante superior al del período en el que hubo una política deliberada de sustitución de importaciones (1946-1975). Además, esas primeras décadas fueron seguidas por un período (1931-1945) en que el modelo agroexportador entró en problemas por la recesión global y la segunda guerra mundial.
El peor período fue el de 1976-1990, pero en esos años el gobierno no pretendió continuar con el modelo de sustitución de importaciones. En los primeros años se intentó una apertura al exterior con resultados muy negativos, que influyeron (debido principalmente al aumento de la deuda externa) en toda la década de los 80.
El modelo de apertura externa implementado en la década de 1990, si bien comenzó con años de fuerte crecimiento, terminó en una fuerte recesión (1999-2002). Considerando el conjunto del período,[5] el crecimiento fue pobre.
Además del crecimiento de la producción por habitante, es importante considerar cómo se distribuye el ingreso generado. A pesar de que no existen estadísticas confiables que abarquen todos los períodos, se estima que en el período 1946-1975 aumentó fuertemente la participación de los asalariados en el ingreso respecto de décadas anteriores. Y, simultáneamente, hubo una fuerte expansión de los servicios prestados por el Estado, destinados mayoritariamente a sectores de ingresos bajos y medios, como la educación y salud públicas (lo que se suele llamar *Estado del Bienestar*).
Con estos datos, parece que el período (excluyendo al actual, desde 2003, ya que al comprender pocos años, no es comparable con los otros) durante el cual en mayor medida mejoró el nivel de vida de la mayoría de las personas, fue el de sustitución de importaciones. El período del modelo agro exportador seguramente fue la mejor época para los grandes propietarios de tierras, pero no para los trabajadores y sus familias, que constituyen la mayoría de la población.
Desde 1930, Argentina creció menos que la mayor parte de los países con los que se la compara (por ejemplo, Estados Unidos, Australia, Canadá, Brasil). Pero esto no necesariamente se debe al abandono del modelo agro exportador. El modelo entra en crisis cuando los compradores de productos agropecuarios se ven afectados por una recesión de alcance mundial, no cuando el gobierno impulsa el desarrollo industrial.
No parece que la política de impulsar ese desarrollo haya sido errónea en sí. En general, los países de mejor calidad de vida son industrializados. Y en gran parte de ellos, el desarrollo industrial fue impulsado por políticas públicas.
El relativamente bajo crecimiento de Argentina se debe principalmente a la existencia de períodos de recesión profunda y/o prolongada (como 1913-1917, 1930-1932, 1975-1990 y 1999-2002). Los países de desarrollo exitoso no presentan tanta cantidad de "baches".

5 Hemos incluido dentro de este período al año 2002, a pesar de que la Convertibilidad colapsó a fines de 2001, porque la recesión del año 2002 se produjo a causa de la crisis en la que terminó dicho régimen. La prueba está en que, muy pocos meses después del abandono de la Convertibilidad, se detuvo la caída de la producción y la economía comenzó, lentamente, a crecer.

Nuestra inestabilidad podría explicarse, al menos en parte, en la adopción de políticas no sustentables en el tiempo. El mejor ejemplo es la Convertibilidad: en la década de los 90 hubo un crecimiento importante, pero basado en la entrada de capitales externos y una deuda pública creciente. Cuando esa entrada se interrumpió (lo cual era lógico que ocurriera en algún momento), el sistema económico entró en crisis.

Podría pensarse que la adopción de este tipo de políticas se debió a equivocaciones de los ministros de economía que tuvimos; es decir, que el problema fue que tuvimos la mala suerte de que gran parte de los ministros designados fueran ineptos.

Pero parece más plausible pensar que nos ha faltado calidad institucional. Es decir, que el funcionamiento de nuestras instituciones ha permitido políticas que favorecieron a minorías, en perjuicio de la mayoría del país; y conductas irresponsables, que consideraron solo las consecuencias inmediatas y no los efectos a un plazo mayor. Esto ha sido especialmente cierto bajo gobiernos no democráticos o transitorios (desde 1930 a 1983, solo un presidente elegido democráticamente pudo terminar un mandato presidencial); pero también la precariedad institucional afectó a gobiernos democráticos.

La mejora de la calidad institucional en el país exigiría, en primer lugar, un fortalecimiento de la democracia como sistema de gobierno: en la medida en que la ciudadanía tenga la oportunidad de expresar con su voto su opinión acerca de la gestión de los gobiernos, éstos van a considerar más cuidadosamente sus intereses tanto de corto como de largo plazo.

Como parte de este proceso, debería ponerse énfasis en el control de los ciudadanos sobre los gobernantes, a partir de una mejor calidad de información sobre lo que hace el gobierno y sus consecuencias, de una mayor preocupación de cada persona por las cuestiones comunitarias y del fortalecimiento de los mecanismos de participación ciudadana.

Lecturas complementarias

Alberdi ("El baúl de Manuel"; Manuel Fernández López, *Página/12*, 15 de enero de 2006)

Alberdi en las *Bases* (1852) delineó una Constitución asentada sobre el libre ingreso de trabajo y capital extranjeros, y eligió suponer un país desierto: "¿qué nombre merece un país compuesto de doscientas mil leguas de territorio y de una población de ochocientos mil habitantes? Un desierto." La Constitución que mejor conviene al desierto es "La que sirve para hacerlo desaparecer; en el menor tiempo posible, y se convierta en un país poblado." Por su parte, "los capitales son valores aplicados a la producción: pueden transformarse y convertirse en muelles, en buques de vapor, en ferrocarriles, puentes, pozos artesianos, canales, fábricas, máquinas de vapor y de todo género para beneficiar metales y acelerar la producción agrícola". La forma de capital más necesaria era el ferrocarril, por las grandes distancias: "Es preciso traer las capitales a las costas, o bien llevar el litoral al interior del continente. Sin el ferrocarril no tendréis unidad política en países donde la distancia hace imposible la acción del poder central". Pero los ferrocarriles debían ser construidos por la población, y a la existente, cuyo prototipo era el gaucho, "por todas las transformaciones del mejor sistema de instrucción, en cien años no haréis de él un obrero inglés que trabaja, consume, vive digna y confortablemente". No solo era necesaria más población, sino "mejor población". "Lo que hay es poco y es malo. Conviene *aumentar el número* de nuestra población y, lo que es más, *cambiar su condición* en sentido ventajoso a la causa del progreso"; "para hacer caminos de fierro, para hacer navegables y navegar los ríos, para labrar los campos, para colonizar los desiertos". Al Estado correspondería centralizar el financiamiento y construcción de "caminos de fierro, canales, puentes, grandes mejoras materiales, empresas de colonización, cosas superiores a la capacidad de cualquier provincia aislada, por rica que sea"; "el único medio de llevar a cabo la construcción de las grandes vías de comunicación será el encargar de la vigilancia, dirección y fomento de esos intereses al gobierno general de la Confederación y consolidar en un solo cuerpo de nación las fuerzas y los medios dispersos del país, en el interés de esos grandes y comunes fines". En Alberdi, la "tríada económica se ordena en sus manos así: capital, trabajo, tierra".

Historia del pensamiento económico

Por Antonio Elio Brailovsky

A lo largo de la historia, los hombres han reflexionado muchas veces sobre la economía. Se han preguntado cuál es la mejor manera de producir, intercambiar y consumir. Como las sociedades cambian con el tiempo, también cambian las maneras de ver la economía. Los autores que citamos aquí tienen opiniones muy diferentes. Algunas de sus reflexiones defienden el orden existente en su momento. Otras tratan de cambiarlo por otro que consideran mejor. Aquí vamos a comentar algunas de las diferentes formas de pensar este tema en distintos momentos de la historia.

Aristóteles, griego (384-322 a.C.): "La esclavitud es obra de la naturaleza"

Las sociedades de la Antigüedad estaban basadas en el trabajo esclavo. La mayor parte de las guerras se hacían para capturar hombres, encadenarlos y obligarlos a trabajar gratuitamente para el vencedor. En ese contexto, este filósofo trata de explicar por qué le parece bien una economía basada en la esclavitud.

Estos argumentos parecen científicos, aunque en realidad defienden intereses económicos concretos: los de los dueños de los esclavos.

Esto nos lleva a una importante diferencia entre la economía (y las ciencias sociales en general) y otro tipo de ciencias: en matemática, los descubrimientos dependen del razonamiento puro. En biología, dependen de la experiencia de investigación. Pero en economía pueden estar muy influidos por los intereses que se quiera defender o combatir.

"Los elementos de la economía doméstica son precisamente los de la familia misma, que, para ser completa, debe comprender esclavos y hombres libres. Algunos seres, desde el momento en que nacen, están destinados, unos a obedecer, otros a mandar.

"El alma manda al cuerpo como un dueño a su esclavo, y la razón manda al instinto como un magistrado, como un rey.

"Lo mismo sucede entre el hombre y los demás animales: los animales domesticados valen naturalmente más que los animales salvajes, siendo para ellos una gran ventaja, si se considera su propia seguridad, el estar sometidos al hombre. Por otra parte, la relación de los sexos es análoga; el uno es superior al otro; éste está hecho para mandar, aquél para obedecer.

"Se es esclavo por naturaleza. Estos hombres, no pueden hacer cosa mejor que someterse a la autoridad de un señor. La utilidad de los animales domesticados y la de los esclavos son poco más o menos del mismo género. Unos y otros nos ayudan con el auxilio de sus fuerzas corporales a satisfacer las necesidades de nuestra existencia. La naturaleza misma lo quiere así, puesto que hace los cuerpos de los hombres libres diferentes de los de los esclavos, dando a éstos el vigor necesario para las obras penosas de la sociedad, y haciendo, por lo contrario, a los primeros incapaces de doblar su erguido cuerpo para dedicarse a trabajos duros, y destinándolos solamente a las funciones de la vida civil, repartida para ellos entre las ocupaciones de la guerra y las de la paz.

"Es evidente que los unos son naturalmente libres y los otros naturalmente esclavos; y que para estos últimos es la esclavitud tan útil como justa".

Aristóteles: *La política,* capítulo 2.

Santo Tomás de Aquino, italiano (1225-1274): "No prestes dinero a interés"

Durante la Edad Media, la preocupación por la economía pasó por preguntarse qué actividades económicas eran aceptables y cuáles debían ser rechazadas. Definir lo que está bien y lo que está mal es una actitud que domina todo el pensamiento medieval, orientado por la Iglesia. Lo que está bien, significa que es una conducta aprobada por Dios y nos conduce al Paraíso. Lo que está mal, es pecado y nos lleva al Infierno.

Santo Tomás de Aquino piensa que el acto de ganar dinero está ligado al pecado de la avaricia. Para él, los hombres tienen que ayudarse unos a otros, de buena voluntad, no por el ánimo de ganar dinero. En las compras y las ventas, hay que buscar el *precio justo*, en el cual ninguno gane a costa del otro. Cuando se preste dinero, no hay que cobrar interés por ese préstamo, sino solamente recibir la misma cantidad de dinero que se prestó. Y el que cobró interés por un préstamo tiene que devolverlo.

En esa época, la mayor parte del comercio se hacía cambiando unos productos por otros y el dinero se usaba muy poco. Las ciudades eran pequeñas y no había un gran poder central en los distintos países, sino muchas autoridades locales. La actividad económica era reducida y no crecía, sino que era muy parecida de un año a otro.

"Pero nadie quiere que se le venda una cosa más cara de lo que vale. Luego nadie debe vender a otro una cosa a mayor precio de su valor. Utilizar el fraude para vender algo en más del precio justo es absolutamente un pecado, por cuanto se engaña al prójimo en perjuicio suyo.

"Vender una cosa más cara o comprarla más barata de lo que realmente vale es en sí injusto e ilícito.

"Recibir interés por un préstamo monetario es injusto en sí mismo, porque implica la venta de lo que no existe, con lo que manifiestamente se produce una desigualdad que es contraria a la justicia.

"El dinero se ha inventado principalmente para realizar los cambios; y así, el uso propio y principal del dinero es gastarlo en las transacciones. Por consiguiente, es en sí ilícito percibir un precio por el uso del dinero prestado, que es lo que se denomina la usura. Y del mismo modo que el hombre ha de restituir las demás cosas injustamente adquiridas, también ha de hacerlo con el dinero que recibió en calidad de interés".

Santo Tomás de Aquino: *Suma Teológica*, tomo II, cap. II.

Santo Tomás de Aquino

Martín Lutero, alemán, (1483-1546): "Hay que decapitar a los usureros"

Al fin de la Edad Media, una cantidad de monjes, encabezados por Martín Lutero, se alzan contra la Iglesia y establecen la reforma protestante. La Iglesia protestante será diferente de la Iglesia Católica en muchas cosas. Sin embargo, sus ideas económicas serán parecidas. Los protestantes coinciden con los católicos en oponerse al préstamo de dinero por interés. Lutero lo dice en términos muy duros.

A pesar de la oposición religiosa, en esa época se consolida el **capitalismo**, un sistema económico basado en la propiedad privada de los medios de producción. En el primer capitalismo tuvieron mucha importancia los capitales de los reyes y de los nobles. Después tomó fuerza una nueva clase social: la **burguesía**. Los burgueses eran los mercaderes enriquecidos que se hicieron banqueros. El nombre viene de la palabra *burgo*, que se refiere a las ciudades medievales. En su origen, *burgués* es el comerciante que vive en una ciudad.

Tomás Moro, inglés (1478-1535), "No debe haber riquezas privadas"

Moro es un hombre del Renacimiento. Es un momento de la Historia en que se trata de pensar todo de nuevo. Se piensa una nueva forma de arte, se incorpora la ciencia al conocimiento, y también se piensan nuevas formas de organización de la economía y la sociedad.

Tomás Moro escribe una novela en la que muestra una sociedad ideal. En esa sociedad, los hombres son felices porque la propiedad privada no existe. La ubica en una isla inventada, que llama Utopía, que significa "en ningún lugar". Desde ese momento, la palabra utopía sirve para designar a proyectos sociales muy idealistas y que se consideran imposibles de llevar a la práctica.

"Por ello un usurero y avaro realmente no es un verdadero ser humano; ¡en verdad tampoco peca al estilo humano! Debe ser un hombre lobo, peor aún que todos los tiranos, asesinos y ladrones, ¡por poco tan malo como el Diablo mismo! Pues no está ahí como enemigo, sino como amigo y conciudadano al amparo y la protección de la comunidad; y sin embargo, roba y asesina de manera más espantosa que cualquier enemigo y asesino incendiario. Si se enrueda y decapita a los bandoleros, asesinos y peleadores, cuánto más se debería torturar a todos los usureros; y echar, maldecir y decapitar a todos los avaros..."

Martín Lutero: *Pequeño sermón acerca de la usura.*

Martín Lutero

Tomás Moro

"Donde quiera que haya bienes y riquezas privadas, donde el dinero todo lo puede, es difícil y casi imposible que la República sea bien gobernada y próspera. A menos que creáis que es justo que todas las cosas se hallen en poder de los malos, o que la prosperidad florece allí donde todo está repartido entre unos pocos y los más viven en la miseria, reducidos a la condición de mendigos.

"La igualdad en todas las cosas es el único camino que lleva a la República a la riqueza. Y esto no se logrará mientras haya hombres que llamen suyo a lo que poseen. Sucede a menudo que los pobres son más dignos de ellas que los ricos, porque los ricos son avarientos, taimados e inútiles y los pobres son humildes y sencillos, y su trabajo de cada día es más provechoso para la República que para ellos. Por eso no es posible hacer una distribución igual y justa de las cosas, que nunca podrá haber esa felicidad perfecta entre los hombres a menos que se prohíba esa manera de propiedad. En tanto continúe, los más de los hombres tendrán que llevar a cuestas la pesada e inevitable carga de la pobreza. Si se hiciese una ley que dijera que ninguno puede poseer más de una determinada medida de tierra o de una determinada cantidad de dinero; si se decretara que el Rey no ha de ser demasiado poderoso ni el pueblo demasiado rico; que no se deben conseguir los empleos sobornando con dádivas a quien puede darlos; que los empleos no se deben comprar ni vender; que no haya que dar dinero para lograr tales oficios, para no dar ocasión a los que los ejercen de caer en la tentación de recobrar su dinero mediante el fraude y la rapiña, pues si hay soborno los empleos solo se dan a los ricos, y no se escogen para desempeñarlos hombres probos y sabios; si se hiciesen esas leyes, digo, se mitigarían esos males como se alivian las dolencias de un enfermo que ha perdido toda esperanza de curarse con los remedios, los alimentos y los cuidados que le dan".

Jean-Baptiste Colbert, francés (1619-1683): Oro para las guerras del Rey

Después de la Edad Media, se debilitan los gobiernos locales y se fortalecen los reyes. En toda Europa, los reyes se imponen sobre los nobles y comienza una etapa de poder absoluto. Es decir, de reyes que gobiernan sin que nadie pueda controlar lo que hacen. Esto sucede aproximadamente desde el siglo XVI (es decir, el siglo que empieza en el año 1500) hasta el siglo XVIII (o sea, el siglo que empieza en el año 1700).

La economía de la época estaba pensada para fortalecer a las naciones y se pensaba en el país a partir de su Rey. El Rey francés Luis XIV había dicho "El Estado soy yo", y en esa época no se separaba mucho al país de la persona del Rey.

Los economistas de este período se llaman *mercantilistas*. Para ellos, la riqueza de una nación dependía de la cantidad de oro y plata que tuviese. Esto no era puramente teórico. Era una época en que los países estaban siempre en guerra unos contra otros. Tiempo atrás, Inglaterra y Francia habían estado en guerra durante 120 años seguidos (la llamada *Guerra de los cien años*). Pero la guerra es la actividad más cara que existe. Estar en guerra cuesta mucho dinero, y los economistas eran los encargados de conseguirlo.

Por eso tenían la mirada puesta sobre el oro y la plata, que servían para equipar ejércitos y pagar a los mercenarios que combatirían en esas guerras. Recordemos que los mercenarios no eran soldados patriotas: si no les pagaban el sueldo, abandonaban la lucha o se pasaban al bando enemigo. De manera que lo más importante para el país era tener mucho oro, lo que le posibilitaba pagar sus guerras.

Una forma de hacerlo era controlar minas de oro y de plata, como las que tenía España en América. Otra era a través del comercio,

vendiendo más de lo que se compraba, para poder quedarse con esa diferencia. Pero además, para poder vender más de lo que se compraba, era necesario tener mucha gente que trabajara (para producir más) y que esa gente cobrara salarios muy bajos (para que ellos no pudieran comprar las cosas que producían). Es decir que el país se industrializó, pero las condiciones sociales eran muy duras. Para ellos, la única manera de enriquecerse era logrando que otro se empobreciera.
Como la situación normal era la guerra, cada país tenía que producir de todo para no depender de lo que le vendiera un posible enemigo. Para que el sistema funcionara como querían los reyes, el Gobierno tenía que intervenir todo el tiempo en la economía. Tenía que fijar los precios y los salarios y cobrar los impuestos más altos que pudiera. La función de la economía era enriquecer al rey y empobrecer al país, para que la gente no consumiera los productos que debían venderse al exterior.
El Gobierno tenía que decir qué cosas se podían producir y cuáles no. Por ejemplo, durante la época colonial, el Virrey del Perú ordenó arrancar todas las plantas de olivos del territorio de su Virreinato para evitar la competencia con los aceites que venían de España. Del mismo modo, los comerciantes del Río de la Plata eran contrabandistas porque les estaba prohibido comerciar con todos los países, salvo con España.

"La prosperidad del comercio depende de una profunda industria en dar valor a todos los frutos naturales del Reino en todos los diferentes usos en que pueden ser empleados. Para lo cual es necesario tener anualmente relaciones puntuales de todo lo que se produce en Francia, de lo que consume, de lo que envía a países extranjeros y de lo que recibe, a fin de hacer un cómputo del valor de las mercancías o efectos. Es preciso también saber cuánto ha de pagar en especies de oro y plata por los géneros que recibe. Los extranjeros se enriquecen y el Reino se empobrece, es necesario sacar el desquite.

* Aumentar todas las producciones del Reino.
* Descargar el Reino de todas las especies que produce y fabrica con superabundancia.
* Hacer que tomen los extranjeros estos sobrantes por su más subido precio.
* No recibir las mercancías extranjeras sino al más bajo precio posible
* Impedir la mala costumbre de la extracción de de oro y plata fuera del Reino.

Jean-Baptiste Colbert: *Proyecto de Monsieur Colbert al rey Luis XIV de Francia sobre el comercio*

Manuel Belgrano, argentino (1770-1820): "La agricultura es el destino del hombre"

Como vimos, el *mercantilismo* era la doctrina económica de los reyes, la que les resultaba adecuada para financiar sus guerras. Era necesario crear una doctrina económica diferente, que fuera la doctrina de los pueblos.
Ésa fue la tarea de los *fisiócratas*. La fisiocracia es la doctrina que plantea que el origen de la riqueza no es el oro y la plata sino el cultivo de la tierra.
Lo que equivale a decir que para ellos el objetivo de la economía no es ocuparse de la riqueza del Rey sino de la riqueza del pueblo. Está claro que las ideas políticas de los fisiócratas no eran las mismas que las de los mercantilistas. Los fisiócratas pensaban en el pueblo. Algunos creían en un Rey bondadoso ("ilustrado") que

"La agricultura solo florece con el gran consumo, y éste, ¿cómo lo habrá en un país aislado y sin comercio, aun cuando se pudiese encontrar en el mundo como el que yo he propuesto? Así es, que los economistas claman por el comercio, que se atraigan a los extranjeros a los puertos de la nación agricultora, pues la prosperidad de aquellos deba contribuir a la de ésta; con ella se multiplican los hombres y, por consiguiente, los consumidores; éstas dan más valor a las tierras, y aumentan el número de los hombres que trabajan".

Belgrano, Manuel, *Escritos económicos*, Buenos Aires, Raigal, 1954, Pág. 192.

Manuel Belgrano

ayudara a su pueblo, y otros preferían un gobierno democrático.

Según los fisiócratas, toda la riqueza era generada por la agricultura. Para ellos, la productividad de la tierra es el origen de toda riqueza. Los agricultores producen y el resto de la sociedad se dedica a transformar o a intercambiar lo que ellos han producido; gracias al comercio, esta riqueza pasaba de los agricultores al resto de la sociedad. Los fisiócratas eran partidarios del libre comercio y pensaban que los gobiernos no deben intervenir en la economía. También sostenían que los ingresos del Estado tenían que provenir de un único impuesto que debía gravar a los propietarios de la tierra, que eran considerados como la clase improductiva.

Por eso, uno de nuestros grandes próceres, Manuel Belgrano, adhirió a esta doctrina y pensaba organizar el país sobre la base de esos principios. Sus ideas de cultivar la tierra y comerciar tardaron muchos años en llevarse a la práctica, porque lo impidieron la Guerra de la Independencia y las guerras civiles del siglo XIX.

Adam Smith, inglés, (1723-1790): "Una mano invisible organiza todo"

Adam Smith es considerado el padre de la economía política moderna. Escribe en el momento en que Inglaterra comienza a aplicar las máquinas de vapor a la industria. Smith analiza la profunda transformación que ocurre en su país. Un país donde antes había artesanos, pastores y agricultores, pasa a tener grandes fábricas. La burguesía que antes había comerciado y después había formado los bancos, en ese momento pone en marcha la industria.

Se explota el carbón y se produce acero, la gente se muda masivamente a las ciudades y allí intervienen en la producción en gran escala. La Inglaterra industrial pasa a ser el país más rico y poderoso del mundo y los economistas tratan de explicar por qué. Es decir, cuál es el origen de la riqueza.

Su obra principal es la *Investigación sobre la naturaleza y causas de la riqueza de las naciones*. Smith considera que el origen de la riqueza no está en los metales como el oro y la plata ni en la productividad de la tierra, sino en el trabajo humano en todas sus formas.

Ha visto funcionar las grandes fábricas y ve las diferencias con las formas de producción anteriores a la industria. En épocas anteriores, un artesano hacía por sí mismo cada par de zapatos. En la época de la industria, hay un obrero que hace las suelas, otro que hace los tacos, otro que cose la parte de arriba, otro que hace los cordones y otro que arma el conjunto. Es decir que la industria se caracteriza por la división social del trabajo. No es una persona que hace todo, sino distintas personas que hacen partes y después esas partes se juntan. Y también vio que las sociedades más avanzadas eran las que profundizaban más esta división del trabajo.

Además, Smith piensa que a la sociedad la construye el trabajo de todos. Hay aquí también una discusión moral. Durante siglos, la religión enseñó que hay que pensar en los demás y no en uno mismo. Adam Smith, por el contrario, piensa que lo mejor que le puede pasar a la economía de un país es que todos trabajen mucho pensando en ganar mucho dinero y que, si cada uno trabaja para su propio beneficio, entre todos enriquecen la sociedad.

De manera que lo mejor que puede hacerse es dejar que cada uno haga su propio negocio, sin que el Estado intervenga para nada en lo que hace. Considera que cualquier forma en que el Gobierno intervenga en la economía va a ser perjudicial. Esa concepción se conoce mediante la expresión francesa *"laissez faire"* ("dejen hacer").

Es importante también su manera de ver la economía como una ciencia. Smith estableció el principio de la "mano invisible": al buscar satisfacer sus propios intereses, todos los individuos son conducidos por una "mano invisible" que permite alcanzar el mejor objetivo social posible. Para Smith, la mano invisible es un fenómeno tan real como lo es en física la fuerza de gravedad y debería ser estudiada de la misma manera.

"El origen de la riqueza proviene del trabajo de la nación, que será tanto más productivo cuanta mayor división del trabajo exista; ésta depende, a su vez, de la dimensión del mercado; y ésta, de los precios".(...)

"Pero es solo por su propio provecho que un hombre emplea su capital en apoyo de la industria; por tanto, siempre se esforzará en usarlo en la industria cuyo producto tienda a ser de mayor valor o en intercambiarlo por la mayor cantidad posible de dinero u otros bienes... En esto está, como en otros muchos casos, **guiado por una mano invisible** para alcanzar un fin que no formaba parte de su intención. Y tampoco es lo peor para la sociedad que esto haya sido así. Al buscar su propio interés, el hombre a menudo favorece el de la sociedad mejor que cuando realmente desea hacerlo".

Adam Smith, *La Riqueza de las Naciones*, Libro IV, Cap. 2

Adam Smith

David Ricardo, inglés, (1772-1823): "Que cada uno se especialice en lo que sabe hacer"

Ricardo es discípulo de Smith y completa su teoría. Ambos dan la base del pensamiento liberal. Ricardo es testigo de una época de gran expansión del comercio internacional. Los barcos ingleses llegan a todas partes y le impresiona el vigor de esa actividad comercial.
Es partidario del libre comercio. Dice que no todos los países pueden producir lo mismo porque tienen climas distintos, otras condiciones y diferentes recursos naturales. Le parece que Inglaterra debe hacer telas porque tiene ovejas y máquinas de vapor, y la India debe cultivar té, porque posee un clima cálido. Después cambiarán las telas de uno por el té del otro. Piensa que si cada país se especializa en los productos que sabe hacer mejor y los cambia por los que produce otro, al final ganan todos. Es decir, que se ha producido más que si cada uno trata de hacer todo por sí solo. Para que eso pueda funcionar, el Estado tiene que permitirlo.
Piensa que el valor de los bienes depende de la cantidad de trabajo necesario para hacerlos. Ricardo formuló esta teoría para facilitar el análisis, de forma que se pudiera entender por qué los distintos productos tienen precios diferentes. Señaló también que el valor del trabajo (es decir, el salario) depende del precio de los alimentos. Por consiguiente, le preocupa encontrar algún país que pueda venderle a Inglaterra alimentos baratos. Eso permitiría mantener bajos los salarios en Inglaterra y, de este modo, abaratar los productos industriales ingleses.
Mucho después de la muerte de Ricardo, los ingleses lo encontrarían: ese país es la Argentina, que se especializó durante muchos años en venderle a los ingleses trigo y carne baratos.

> *"Para la prosperidad general, no puede considerarse nunca excesiva la facilidad que se de a la circulación e intercambio de toda clase de propiedad, ya que es por ese medio que el capital de toda clase tiene la posibilidad de encontrar el camino hacia las manos de aquellos que mejor lo emplearán en aumentar el producto del país."*
>
> David Ricardo, *Principios de Economía Política y Tributación*

Robert Thomas Malthus, inglés (1766-1834): "Los seres humanos son demasiados"

¿Acaso los humanos somos demasiados? ¿Podría ser que en el mundo no hubiera lugar para todos nosotros? ¿Desde cuándo estamos preguntándonos si la superpoblación representará un peligro para nuestra especie? Para la mayor parte de los autores, el mundo de la Edad Media y del Renacimiento aún estaba despoblado. Y al iniciarse la Revolución Industrial, a mediados del siglo XVIII, Europa creyó que los recursos naturales eran ilimitados. Para los economistas clásicos, la economía política era la ciencia de administrar bienes escasos y los recursos naturales no eran vistos como tales. Incluso un autor contestatario como Marx pensaba que la industria británica era el espejo en que los demás países podían ver su propio futuro. Para que esa industrialización fuera posible, los recursos naturales debían ser suficientes.

Así como Smith se preocupó por las causas de la riqueza, su colega Malthus se preocupó por las causas de la pobreza. Malthus elaboró el primer modelo matemático de futurología. Afirma que la población humana mundial tendía a crecer siguiendo las leyes de cualquier población animal. Esto significa un crecimiento en proporción geométrica. Es decir: 2-4-8-16-32-64-128-256. Se trata de una serie de números en la cual cada uno es el doble del anterior (también podría ser el triple o el cuádruple, pero este ejemplo es el más sencillo).

Pero mientras la población humana tendía a crecer a esa velocidad, la disponibilidad de tierras para cultivo haría que la producción de alimentos creciera más lentamente. Para Malthus, lo hacía en proporción aritmética. Es decir: 2-4-6-8-10. Se trata de una serie de números en la cual, para pasar de uno a otro, se suma siempre la misma cantidad. Es claro que, a medida que avanzara el tiempo, la distancia entre la proporción geométrica y la aritmética se haría cada vez mayor. La conclusión era que el mundo tendía a la superpoblación. Según escribió el propio Malthus en 1798: "Un hombre que nace en un mundo ya ocupado, en el gran banquete de la Naturaleza no halla cubierto para él. La Naturaleza le ordena marcharse y no demora en poner en ejecución su amenaza". Consideraba que la única solución era la limitación voluntaria de la natalidad de los sectores más pobres de la sociedad. Algunos comentaristas han creído ver en Malthus el peso de una vieja moralina: el hambre es el castigo que sufren los pobres por su lujuria. El premio a su castidad será tener más alimentos. Estas ideas tienen implicaciones ideológicas y políticas. Si

"El esfuerzo constante de la población para aumentar, que se ve manifestado hasta en las sociedades más imperfectas, hace que aumente el número de habitantes antes que aumenten las subsistencias. Por consiguiente, los alimentos que antes sostenían a once millones de personas, tienen que dividirse ahora entre once y medio millones. Así, los pobres tienen que vivir peor, y muchos de ellos soportarán severos sufrimientos. Siendo también el número de trabajadores superior al trabajo por realizar, los jornales tenderán a bajar, mientras que al mismo tiempo el precio de las provisiones tenderá a subir. El trabajador tendrá, por consiguiente, que trabajar más para ganar lo mismo. Durante estas épocas de miseria, son tan grandes los obstáculos para el matrimonio y las dificultades para sostener una familia, que se detiene el crecimiento de la población. Entretanto, la baratura de la mano de obra, la abundancia de trabajadores disponibles y la necesidad entre éstos de desplegar mayor actividad, estimulan a los agricultores a emplear más mano de obra, a roturar nuevos terrenos y a estercolar y mejorar los que ya están en cultivo, hasta que en último término los medios de subsistencia puedan hallarse en igual proporción con respecto a la población que en el período inicial. Cuando ya es de nuevo tolerable la situación del trabajador, disminuyen las restricciones impuestas a la procreación, y, luego de un corto período, se repiten los mismos movimientos retrógrados y progresivos en lo que respecta al bienestar de los habitantes".(...) "El poder de la población es tan superior al poder de la tierra para permitir la subsistencia del hombre, que la muerte prematura tiene que frenar hasta cierto punto el crecimiento del ser humano".

Robert Thomas Malthus: *Sobre las limitaciones al desarrollo de la población*

"El objeto de este ensayo es afirmar un sencillo principio destinado a regir absolutamente las relaciones de la sociedad con el individuo en lo que tengan de compulsión o control, ya sean los medios empleados la fuerza física en forma de penalidades legales o la coacción moral de la opinión pública.
"Este principio consiste en afirmar que el único fin por el cual es justificable que la humanidad, individual o colectivamente, se entremeta en la libertad de acción de uno cualquiera de sus miembros, es la propia protección. Que la única finalidad por la cual el poder puede, con pleno derecho, ser ejercido sobre un miembro de una comunidad civilizada contra su voluntad, es evitar que perjudique a los demás. Su propio bien, físico o moral, no es justificación suficiente. Nadie puede ser obligado justificadamente a realizar o no realizar determinados actos, porque eso fuera mejor para él, porque le haría feliz, porque, en opinión de los demás, hacerlo sería más acertado o más justo.
"Estas son buenas razones para discutir, razonar y persuadirle, pero no para obligarle o causarle algún perjuicio si obra de manera diferente Para justificar esto sería preciso pensar que la conducta de la que se trata de disuadirle producía un perjuicio a algún otro. La única parte de la conducta de cada uno por la que él es responsable ante la sociedad es la que se refiere a los demás. En la parte que le concierne meramente a él, su independencia es, de derecho, absoluta. Sobre sí mismo, sobre su propio cuerpo y espíritu, el individuo es soberano".
John Stuart Mill: *Sobre la libertad*

John Stuart Mill

la culpa de la miseria la tienen las leyes de la naturaleza, entonces no hay injusticias en el mundo y lo que hay está bien repartido.
Sobre esto, señalaba el médico y político argentino Juan B. Justo que las leyes de la naturaleza no son válidas para los seres humanos, porque la nuestra es la única especie animal que tiene parásitos de su propia especie. "Si algunos no logran sentarse al banquete de la vida -dice Juan B. Justo- es porque hay otros que ocupan demasiado lugar."

John Stuart Mill, inglés (1806-1873): "Sobre sí mismo, el individuo es soberano"

En 1859, Mill afirmaba que todos los miembros de la sociedad deben tener libertad, sobre todo la libertad para expresar sus opiniones. Para este autor, la libertad económica de dedicarse a lo que uno quisiera hacer y la libertad política estaban muy relacionadas.
Pero Mill cree que la libertad económica tiene un límite, y es el momento en que crea situaciones de injusticia social. Por eso, Mill defendía la intervención del Gobierno en los negocios para proteger a los niños y a los trabajadores, con impuestos sobre sucesiones para asegurar el bienestar de los miembros menos afortunados de la sociedad.

Jean Baptiste Say, francés, (1767-1832), "La oferta crea su propia demanda"

Acerca de los mercados, los economistas clásicos aceptaban la "ley de Say", formulada por el economista francés Jean Baptiste Say. Esta ley sostiene que no puede existir una crisis económica muy importante, en la que haya una gran producción que no se pueda vender (superproducción). Say dice que cada vez que aumenta la producción, también aumentan los salarios y los demás ingresos que se necesitan

para poder comprar esa cantidad adicional producida.
Si las crisis no van a existir, no se justifica ninguna intervención del Gobierno para prevenirlas. Hay que dejar que el mercado se las arregle solo y eso será lo mejor para todos.
Aunque fueron frecuentes las diferencias de opinión entre los economistas desde la publicación de *La riqueza de las naciones* (1776) de Smith hasta la de *Principios de economía política* (1848) de Mill, los economistas pertenecientes a esta escuela coincidían en los conceptos principales. Todos defendían la propiedad privada, los mercados, y creían, como decía Mill, que "solo a través del principio de la competencia tiene la economía política una pretensión de ser ciencia". Compartían la desconfianza de Smith hacia los gobiernos, y creían en el poder del egoísmo y su famosa "mano invisible", que hacía posible que el bienestar social se alcanzara mediante la búsqueda individual del interés personal.

Karl Marx, alemán, (1818-1883): "La ganancia se basa en la explotación del trabajador"

La industria y la máquina de vapor produjeron un gran crecimiento económico a partir de los últimos años del siglo XVIII. Sin embargo, durante todo el siglo XIX se vio que el progreso técnico no había traído un progreso social. Lo ricos se hicieron cada vez más ricos y los pobres cada vez más pobres.
Cientos de miles de personas fueron del campo a las ciudades en busca de trabajo, donde se hacinaron en condiciones humillantes. Trabajaban hasta 16 horas diarias en sitios insalubres, donde los accidentes eran muy frecuentes. La explotación de los niños en las fábricas y en las minas fue uno de los capítulos más vergonzosos de la historia mundial. Muchas personas pasaban largos períodos de desocupación y estaban desamparados.

"Un producto terminado ofrece, desde ese preciso instante, un mercado a otros productos por todo el monto de su valor. En efecto, cuando un productor termina un producto, su mayor deseo es venderlo, para que el valor de dicho producto no permanezca improductivo en sus manos. Pero no está menos apresurado por deshacerse del dinero que le provee su venta, para que el valor del dinero tampoco quede improductivo. Ahora bien, no podemos deshacernos del dinero más que motivados por el deseo de comprar un producto cualquiera. Vemos entonces que el simple hecho de la formación de un producto abre, desde ese preciso instante, un mercado a otros productos."

Jean Baptiste Say: *Tratado de Economía Política*

Karl Marx

A pesar de las teorías de Say, las crisis golpeaban fuertemente a los sectores trabajadores. Se los llamó *proletarios*, porque lo único que tenían eran sus hijos (su prole).
A mediados del siglo XIX se forman en los países europeos diferentes asociaciones de trabajadores, que reclaman recibir una parte de los beneficios de la expansión económica. Piden mayores salarios, la limitación de la jornada laboral y que se limite el trabajo de mujeres y niños. Las asociaciones de trabajadores cuestionan el capitalismo y piden una distribución más equitativa de la riqueza.
Algunos de ellos adoptan posiciones *anarquistas*. Esta corriente señala que hay que abolir el Estado y la propiedad privada. Muchos anarquistas eligieron el camino de la violencia política y cometieron graves atentados terroristas. Otros adhirieron al *socialismo utópico*, que procuraba mejorar las relaciones sociales apelando a la inteligencia y la comprensión de los ricos.
Sin embargo, fue Karl Marx el autor de las teorías económicas socialistas más importantes, expresadas en su principal libro, *El Capital* (publicado entre 1867 y 1894). Marx funda el *socialismo científico* y desarrolla una teoría compleja para explicar la explotación del hombre por el hombre.
Marx, siguiendo a David Ricardo, dice que lo único capaz de producir es el trabajo humano. Luego, la ganancia de las empresas está basada en la explotación de sus trabajadores. La ganancia empresaria es, entonces, trabajo no pagado. Llamó a esa ganancia *plusvalía*. Su diferencia con los socialistas utópicos es que ellos criticaban solamente las ganancias excesivas (es decir, cuando una empresa ganaba demasiado a costa de los trabajadores). Marx, en cambio, dice que hay explotación (es decir, plusvalía) cada vez que una empresa gana dinero, porque lo está ganando a costa del trabajo ajeno.
De aquí surge la idea de la *lucha de clases*. Es decir que, si los patrones viven de la explotación del trabajo de los asalariados, sus intereses objetivos son opuestos y lo serán siempre. Para Marx, la lucha de clases es el motor de la historia. En todo momento, las sociedades cambian cuando los hombres luchan entre sí por intereses enfrentados. Marx no cree en las guerras por motivos religiosos o ideológicos. Para él, se trata siempre de intereses económicos encubiertos. También piensa que la situación económica y social de las personas y las clases sociales condiciona su manera de pensar, sus ideas en general.
En cada momento histórico, las relaciones de producción se corresponden con una determinada fase de desarrollo de sus fuerzas productivas. Es decir, se producía de una manera en las sociedades esclavistas de la Antigüedad, de otra en la Edad Media feudal y de otra manera distinta en el capitalismo de su tiempo.
Como la lógica del capitalismo es buscar beneficios cada vez mayores, la burguesía revoluciona de forma constante los medios de producción económica y, al hacerlo, pone en movimiento fuerzas históricas que ya no puede controlar. Para hacer sus negocios, la burguesía crea al proletariado y esta clase social va a ser la que termine con el poder de la burguesía. Según Marx, a medida que el proletariado vaya creciendo en número y en conciencia política, el intenso conflicto de clases originará una revolución y la inevitable derrota de la burguesía.

A largo plazo, Marx creía que el sistema capitalista desaparecería debido a que su tendencia a acumular la riqueza en unas pocas manos provocaría crisis económicas, cada vez más profundas. Esas crisis se deberían a que se producirían más bienes de los que la población podría comprar y a un progresivo aumento de la desocupación. Para Marx, se iba a profundizar una contradicción entre los adelantos tecnológicos, (que permiten producir más cantidades de productos de una forma más barata) y la reducción del poder adquisitivo de la población, que le impediría comprar esos productos. En algún momento, esa contradicción sería la causa del hundimiento del capitalismo.
El capitalismo sería reemplazado por el socialismo, un sistema en el que los medios de producción no serían privados sino que estarían en manos del Estado.

Una categoría de fabricantes se reservó esta vez, como antaño, ciertos privilegios señoriales sobre los niños proletarios. Se trataba de los fabricantes de seda. En 1833 bramaron amenazadoramente que "si se les arrebataba la libertad de hacer trabajar a niños de cualquier edad durante 10 horas diarias, sus fábricas quedarían paralizadas." Les resultaría imposible comprar una cantidad suficiente de niños mayores de 13 años. Arrancaron el privilegio anhelado. Una investigación posterior comprobó que el pretexto era un solemne embuste, lo que no les impidió, durante un decenio, hilar seda durante 10 horas diarias con la sangre de niños pequeños a quienes había que encaramar a sillas para la ejecución de su trabajo. La ley de 1844, ciertamente, les "arrebataba" la "libertad" de hacer trabajar más de 6 1/2 horas a niños menores de 11 años, pero les aseguraba en cambio el privilegio de utilizar durante 10 horas diarias niños de 11 a 13 años, y derogaba la obligatoriedad de la enseñanza escolar, vigente para otros niños obreros.

Era éste el pretexto. "La delicadeza de la tela requiere una sensibilidad en el tacto que solo se puede adquirir si se entra a la fábrica a edad temprana". Se sacrificaba a los niños por sus delicados dedos. En 1850, finalmente, el privilegio concedido en 1844 se limitó a las secciones de torcido y devanado de seda, aunque aquí, para indemnizar al capital despojado de su "libertad", se aumentara de 10 a 10 1/2 horas el tiempo de trabajo de los niños de 11 a 13 años. Pretexto: "En las fábricas de seda el trabajo era más liviano que en las demás fábricas y en modo alguno tan perjudicial para la salud". La investigación médica oficial demostró más adelante, por el contrario, que "la tasa media de mortalidad es elevadísima en los distritos sederos, y entre la parte femenina de la población más alta incluso que en los distritos algodoneros".

Karl Marx, *El Capital.*

Alfred Marshall, inglés. (1842-1924), "El cruce de la oferta y la demanda"

La teoría de Marx marca el fin de la escuela clásica. Marx había llevado hasta sus últimas consecuencias la idea de que todo se apoya en el trabajo humano. Si lo único que vale es el trabajo, entonces habría que aceptar la teoría de la explotación de Marx y calificar de parásitos a los dueños de las empresas. Los economistas conservadores prefirieron buscar una línea de razonamiento diferente.

Esa forma de pensar diferente dio lugar a la escuela neoclásica. Su principal representante es Alfred Marshall.

Antes de esta escuela, los economistas pensaban que el costo de producción era el único y principal determinante del precio de mercado de los bienes. Esta creencia fue finalmente considerada como inadecuada por casi todos los economistas. Los neoclásicos comenzaron a darle importancia a los factores subjetivos que intervienen en la economía.

Para estos autores, el precio al que se vende un bien en el mercado y las cantidades que se venden están relacionados entre sí:

- El que vende está pensando en lo que le costó fabricarlo y trata de venderlo lo más caro posible.
- El que compra está pensando en la satisfacción que le va a dar ese bien. Si le gusta mucho, va a estar dispuesto a pagar más por él. (Por ejemplo, fabricar un CD de un cantante de moda cuesta lo mismo que un CD de un cantante de diez años atrás. Pero puede venderse más caro porque la gente está dispuesta a pagarlo más). El comprador, por supuesto, trata de comprarlo lo más barato posible. Y si le hacen una rebaja, tal vez compre más de uno.

En algún momento, compradores y vendedores se ponen de acuerdo y unos venden y otros compran una cierta cantidad de productos. Lo que aquí importa es que no ha incidido solo el costo de producción. El factor subjetivo, lo que los consumidores quieren, también ha entrado en juego.

Esto lleva a la noción de *equilibrio*, fundamental para la escuela neoclásica. ¿Cómo hacer para que se venda todo lo que se produce? Es decir, ¿cómo hacer para que la oferta sea igual a la demanda?

Marshall sostiene que las preferencias de los consumidores hacia los bienes más baratos y las de los productores hacia los más caros, se ajustarían para alcanzar un nivel de equilibrio. Ese precio de equilibrio sería aquel que hiciera coincidir la cantidad que los compradores quieren comprar con la que los productores desean vender.

En el mercado de trabajo se alcanza también un equilibrio. En los mercados de trabajo competitivos, los salarios pagados representan el valor que el empresario otorga a la producción obtenida durante las horas trabajadas, que tiene que ser igual a la compensación que desea recibir el trabajador a cambio del esfuerzo laboral.

Los autores neoclásicos trabajan con la noción de *factores de producción*. Para producir algo, dicen, no hace falta solamente trabajo. También es necesario tener tierra (o inmuebles) y capital (sea en dinero o en maquinarias). De modo que si para producir necesitamos tener tierra, trabajo y capital, es razonable que se le pague a cada uno de ellos por su aporte a la producción. Esto quiere decir que los neoclásicos piensan que no se está explotando al trabajador, sino que al trabajador se le paga su parte, así como también se le paga su parte al dueño de la tierra y al dueño del capital.

La doctrina neoclásica es conservadora. Los defensores de esta doctrina prefieren que operen los mercados competitivos a que haya una intervención pública. Al menos hasta la Gran Depresión de la década de 1930, se defendía que la mejor política era la que reflejaba el pensamiento de Adam Smith: bajos impuestos, ahorro en el gasto público y presupuestos equilibrados. A los neoclásicos no les preocupa la causa de la riqueza. Explican que la desigual distribución de ésta y de los ingresos se debe en gran medida a los distintos grados de inteligencia, talento, energía y ambición de las personas. Por lo tanto, el éxito de cada individuo depende de sus características individuales, y no de que se beneficien de ventajas excepcionales o sean víctimas de una incapacidad especial. En las sociedades capitalistas, la economía clásica es la doctrina usada para explicar la formación de los precios y el origen de los ingresos.

"El dinero, o moneda corriente, se desea como un medio para lograr un fin; sin embargo, en este caso no es de aplicación la regla general de que cuanto mayores sean los medios de que se dispongan para cumplir un fin determinado mejor se logrará éste. Puede, pues, compararse al aceite necesario para que una máquina funcione fácilmente. Una máquina no puede funcionar a menos que se engrase, de lo que un novicio pudiera inferir que cuanto más aceite ponga mejor funcionará, pero, en realidad, si se pone más aceite del necesario la máquina quedará obstruida. De la misma manera, un aumento excesivo de dinero disminuye el crédito de éste, e incluso puede hacerlo dejar de circular. Lo que un país desea no es determinada cantidad de dinero metálico, sino una cantidad de él que tenga un poder adquisitivo determinado".

Alfred Marshall: *Moneda, crédito y comercio*, libro 1, cap. IV.

John Maynard Keynes, inglés (1883-1946): "Durante las crisis hay que gastar más"

En 1929 se inicia una crisis económica muy importante, que afecta a todos los países. Se la llama la *Gran Depresión*. Las empresas no pueden vender sus productos y despiden a su personal. Millones de personas quedan desocupadas en todo el mundo. La gente vive en la calle porque no pueden pagar el alquiler. En las calles, las instituciones de caridad cocinan grandes ollas de sopa para dar de comer algo a los hambrientos. En Alemania, las personas están tan desesperadas que apoyan al nazismo, que les promete una guerra en la cual las fábricas de armamentos podrán darles trabajo a todos.

En ese momento, la acción de los gobiernos no hacía más que agravar la crisis. Siguiendo los principios neoclásicos, los gobiernos hacían lo mismo que las empresas: gastaban menos y despedían personal. Lo que hacían era esperar que la crisis se resolviera por sí sola, sin actuar sobre el problema. Mientras tanto, mucha gente se preguntaba si no habría una manera democrática de resolver la crisis, que no fuera fabricando cañones y preparándose para la guerra, como hacían los nazis.
John Maynard Keynes planteó soluciones para superar la Gran Depresión en su obra *Teoría general sobre la ocupación, el interés y el dinero* (1936). Keynes creía que el elevado desempleo era el resultado de la falta de demanda de productos y servicios. Sugirió que los gobiernos se hicieran cargo del déficit invirtiendo en obras públicas y otros proyectos para aumentar la demanda y el consumo.
Keynes dice que si el Estado emplea a una persona, esa persona gastará su sueldo en distintos productos, con lo cual ayudará a crear trabajo en las industrias que fabriquen esos productos. Eso hará que nuevas personas tengan trabajo y a su vez consuman y ayuden así a crear nuevas fuentes de trabajo. Le parecía tan importante que el Estado empleara gente que dijo: "Si no saben qué trabajo darles, contraten gente para que cave pozos y después los vuelvan a tapar". Estas propuestas ayudaron a muchos países a salir de la crisis y mejoraron la situación económica de millones de personas.
Las ideas de Keynes fueron aplicadas, entre otros, por el Presidente norteamericano Franklin Delano Roosevelt (gobernó entre 1933 y 1945) y por el Presidente argentino Juan Domingo Perón (gobernó entre 1946 y 1955 y después entre 1973 y 1975).

"Los filósofos y economistas nos dijeron que por diversas y profundas razones la empresa privada sin trabas había promovido el mayor bien para todos. ¿Qué otra cosa hubiera podido agradar más al hombre de negocios?
"De esta manera, el terreno era fértil para una doctrina según la que, sobre bases divinas, naturales o científicas, la acción del Estado debe limitarse estrechamente, y la vida económica debe dejarse, sin regular hasta donde pueda ser, a la habilidad y buen sentido de los ciudadanos individuales, movidos por el motivo admirable de intentar progresar en el mundo.
"Esto implica que no debe haber piedad ni protección para aquellos que embarcan su capital o su trabajo en la dirección errónea. Es un método que permite el ascenso de los que tienen más éxito en la persecución del beneficio, a través de una lucha despiadada por la supervivencia, que selecciona al más eficiente mediante la bancarrota del menos eficiente. No cuenta el coste de la lucha, sino solo los beneficios del resultado final, que se supone son permanentes. Siendo el objeto de la vida cortar las hojas de las ramas hasta la mayor altura posible, la manera más plausible de alcanzar este fin es permitir que las jirafas con el cuello más largo dejen morir de hambre a las que lo tienen más corto.
"Creo que el remedio para estas cosas ha de buscarse en parte en el control deliberado del dinero y del crédito por medio de una institución central, y en parte en la recogida y publicación en gran escala de datos relativos a la situación económica, incluyendo la publicidad completa, si es necesario por ley, de todos los hechos económicos que sea útil conocer".
John Maynard Keynes, *El fin del laissez faire.*

Caricatura de John Keynes

Tanto la teoría neoclásica como la keynesiana han sido desarrolladas por matemáticos, utilizando técnicas de cálculo, álgebra lineal y otras sofisticadas técnicas de análisis cuantitativo. En la especialidad denominada *econometría* se une la ciencia económica con la matemática y la estadística. Los econometristas crean modelos que vinculan cientos, a veces miles de ecuaciones, para intentar explicar el comportamiento de una economía. Los modelos econométricos son utilizados por empresas y gobiernos como herramientas de predicción, aunque su grado de precisión no es ni mayor ni menor que cualquier otra técnica de previsión del futuro.

Wassily Leontief, ruso, (1906-1999): "¿Cuánto trigo necesitamos para producir este pan?"

Wassily Leontief es uno de los principales continuadores de Keynes. Keynes había dado las ideas teóricas de cómo hacer frente a los problemas económicos y Leontief inventó las herramientas prácticas para hacerlo.

Leontief inventó las tablas de *insumo-producto*, que sirven para relacionar los distintos sectores de una economía. Este autor piensa que si se espera que los empresarios inviertan en lo que se les ocurre, sin una ayuda numérica, se podrán producir más bienes de los que se necesitan. O, por el contrario, podrá haber menos bienes de los que hacen falta.

Por ejemplo, ¿cuánto pan hace falta fabricar? Leontief calcula cuánta población hay y cuánto pan consumiría.

Esto supone una cierta cantidad de harina, una cierta capacidad de producción de las panaderías y, por supuesto, cierta cantidad de trigo. ¿Cuántas hectáreas hay que sembrar para tener esa cantidad de trigo? Y además, ¿qué cantidad de semilla se necesita? ¿Cuántos tractores? ¿Qué cantidad de agroquímicos?, etc.

Este conjunto de relaciones es extremadamente útil cuando se trata de planificar una economía.

> "Uno se encuentra en ocasiones con la actitud que dice que "lo que usted no sabe no puede hacerle daño", y que el conocimiento puede ser peligroso. La experiencia de estos años, no obstante, parece haber convencido no solo a la mayoría de los economistas, con unas pocas y notables excepciones, sino también al público en general de que una falta de conocimiento económico pude hacer mucho daño. Nuestro sistema de libre empresa ha sido correctamente comparado con un gigantesco computador capaz de solucionar sus problemas automáticamente. Pero cualquiera que haya tenido alguna experiencia práctica con grandes computadoras sabe que realmente se descomponen y no pueden funcionar si no son atendidas. Para mantener en buen funcionamiento el motor automático, o, más bien, semiautomático de nuestra economía, debemos no solamente entender los principios generales sobre los cuales opera, sino estar familiarizados con los detalles de su diseño actual".
>
> Wassily Leontief: *"La estructura del desarrollo. Escritos Escogidos"*

"América Latina tuvo que buscar su propio camino económico después de la gran depresión de los años 30. Tras un largo periodo de bonanza de los países avanzados que terminó en los 70, la región vio la posibilidad de alcanzar un extraordinario desarrollo, pero esta consecuencia tan favorable se presentó con algunos obstáculos. Pese al esfuerzo de nuestros países, fueron superados por los del centro, lo que no debería verse como un designio deliberado y maligno de excluirnos, sino que constituye la forma en que se ha desenvuelto y se desenvuelve el capitalismo avanzado".

Raúl Prebisch: *Los intereses de los países desarrollados y el desarrollo de América Latina*

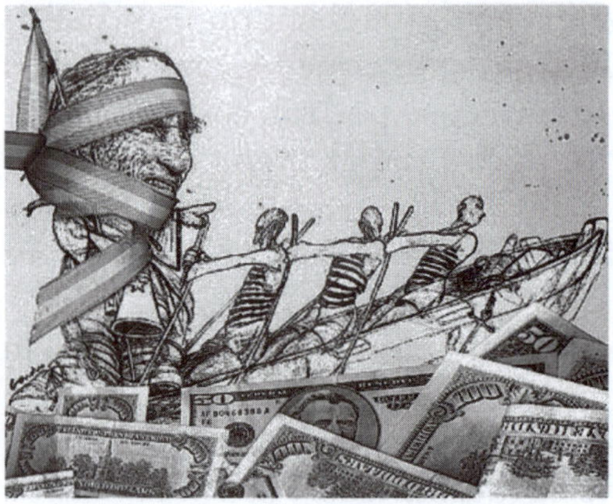

Raúl Prebisch, argentino, (1901-1986): "Industrias para salir de la dependencia"

Se lo considera el fundador y principal exponente de la escuela económica llamada *Estructuralismo Latinoamericano*. Desarrolló las tesis de la *Teoría de la Dependencia*. Sostiene que las relaciones internacionales condicionan para que los países ricos sean cada vez más ricos y los países pobres cada vez más pobres. Los países del tercer mundo, decía Prebisch, han caído en un estado de "dependencia" del primer mundo, convirtiéndose en productores de materias primas.

A lo largo del tiempo, los que producen materias primas se debilitan mientras que los que fabrican productos industriales se fortalecen. Pero las industrias de los países latinoamericanos son demasiado débiles para poder competir con las de Europa y Estados Unidos. Por eso, América Latina debe proteger su industria para poder desarrollarse.

Milton Friedman, norteamericano (1912- 2006) "Sin Estado estamos mejor"

Fue el fundador de la teoría monetarista, según la cual las fuerzas del libre mercado son más eficientes que la intervención pública a la hora de fomentar un crecimiento económico estable sin tensiones inflacionarias. En la actualidad, sus ideas representan la base fundamental de las propuestas del Fondo Monetario Internacional.

Friedman centra su estudio en Estados Unidos y compara aquellas industrias que han sido intervenidas por el Estado (para proteger al consumidor) con aquellas que se han mantenido con escasos controles. Analiza el caso del ferrocarril, que tiene gran cantidad de regulaciones (impuestas por el Estado para evitar el abuso en el cobro de pasajes) con industrias poco controladas como la del automóvil.

Dice que todo sector en el que el Estado ha intervenido, siempre con la idea de proteger al consumidor, ha presentado serias ineficiencias, pues ese sector deja de moverse según las exigencias del público y pasa a moverse por la decisión de unos pocos burócratas. Sistemas que fueron creados para defender al consumidor terminaron por crear mercados negros y mafias. Situación similar se da con los

controles a medicamentos; en este caso dice que mucha gente tiene que viajar a otros países para curarse porque los tramites burocráticos para legalizar nuevos medicamentos son extremadamente largos (muchas personas mueren esperando que se apruebe la utilización del medicamento que necesitan).
Friedman opina que se debe dar plena libertad a la gente de elegir lo que desee. Cree que en conjunto la competencia del mercado protegerá mejor al consumidor que las regulaciones. Incluso ha planteado la legalización de las drogas en Estados Unidos. Considera que los mecanismos de control terminan por perjudicar al consumidor en vez de ayudarlo.
Dice que aquellas marcas que se ganan un buen nombre (con productos de calidad probados antes de salir al mercado) serán las que triunfen. Aquellas que no prueben sus productos no recibirán la confianza necesaria de los consumidores y se arriesgarán a no vender lo producido y quebrar.

"Tanto en el comercio interior como en el exterior, es de interés para el 'gran conjunto de la población' comprar al que vende más barato y vender al que compre más caro. Con todo, la 'retórica interesada' ha dado lugar a una asombrosa proliferación de restricciones sobre lo que podemos comprar y vender, a quiénes podemos comprar y a quiénes podemos vender y en qué condiciones, a quiénes podemos dar empleo y para quiénes podemos trabajar, dónde podemos residir, y qué podemos comer y beber. El resultado final es un laberinto de restricciones y más restricciones que hacen que la mayoría de nosotros seamos más pobres de lo que seríamos si se eliminasen todas.
"Como es lógico, determinados trabajadores pueden verse perjudicados si aparece en el extranjero un producto nuevo o mejorado, o si los fabricantes extranjeros consiguen producirlo con menor costo. Pero esto no difiere de los efectos que se ejercen sobre un determinado grupo de trabajadores si otras firmas norteamericanas desarrollan nuevos productos, los mejoran o descubren la manera de producirlos más baratos. Esto es sencillamente competencia de mercado en la práctica, la principal causa del elevado nivel de vida del trabajador norteamericano. Si queremos beneficiarnos de un sistema económico vivo, dinámico e innovador, debemos aceptar la necesidad de la movilidad y de la transformación. Puede ser aconsejable facilitar dichas transformaciones, y hemos adoptado varias medidas para que así sea, tales como el seguro de desempleo, pero debemos tratar de alcanzar ese objetivo sin destruir la flexibilidad del sistema, lo que habría sido matar a la gallina de los huevos de oro. En cualquier caso, todo lo que hiciésemos debería ser imparcial con respecto al comercio exterior e interior.
"Como consumidores, ni siquiera somos libres para escoger el modo de gastar la parte de nuestros ingresos después de deducidos los impuestos. Nuestro médico de cabecera no es libre para recetarnos muchos fármacos que puede considerar como los más adecuados para nuestras dolencias, aun cuando estos fármacos puedan comprarse fácilmente en el exterior. Carecemos de libertad para comprar un coche sin cinturones de seguridad, a pesar de que, por ahora, somos todavía libres para escoger si los utilizamos o no.
"Otra parte esencial de la libertad económica es la de utilizar los recursos que poseemos de acuerdo con nuestros propios valores: libertad para aceptar un empleo, para comprometerse en un negocio, para comprar y vender, a cualquier otra persona, mientras actuemos sobre una base estrictamente voluntaria y no acudamos a la fuerza para coaccionar a los otros".

Friedman, Milton y Rose, *La tiranía de los controles*

"El proceso de desarrollo puede considerarse como una ampliación de la libertad humana. El éxito de una economía y de una sociedad no puede separarse de las vidas que pueden llevar los miembros de la sociedad. El reducir la mortalidad evitable puede ser, en sí mismo, una contribución importante al proceso del desarrollo, ya que la muerte prematura es una negación básica de la libertad más elemental de los seres humanos. Esto no es solo debido a que nosotros valoramos el vivir un período normal de vida pero también debido a que la mayoría de las cosas que queremos hacer se facilitan por el hecho de estar vivos. Uno tiene que ser 'vivo' en vez de 'muerto' para poder lograr muchas de las cosas que nosotros valoramos alcanzar. Vivir no solo es divertido, sino también facilita grandemente las cosas que queremos alcanzar.

"La mortalidad de menores de 5 años, que aún reclama una cantidad sorprendente de vidas, tiene que ser vista como un empobrecimiento en sí misma. El cuidado de la salud, la educación pública, el garantizar el derecho a la alimentación, y otras medidas que ayuden a poner fin al ciclo de este empobrecimiento básico deben tener un lugar central en un planteamiento integrado, y las morbilidades y sufrimientos asociados con la elevada mortalidad de menores de 5 años también merecen la atención pública. Estas aflicciones representan también violaciones a la libertad de los más jóvenes para vivir de manera que ellos puedan disfrutar y apreciar. Mejorar la calidad de vida de los niños, influenciada por la educación, la seguridad, prevención de traumas, etc., puede ser una parte crucial del desarrollo".

Amartya Sen, *Invertir en la infancia: su papel en el desarrollo.*

Amartya Sen

Amartya Sen, hindú (1933): "El desarrollo solo puede ser desarrollo humano"

Sen tiene una visión de la libertad diferente de la de Friedman. Este autor analiza la economía del bienestar y plantea que el desarrollo económico tiene que mejorar las condiciones de vida de la población. Friedman habla de la libertad para hacer negocios en un país muy rico, mientras que Sen se preocupa por la vida y la muerte en los países muy pobres. Después de estudiar varias catástrofes en la India, Bangladesh y el Sahara desde los años cuarenta, Sen descubrió que las hambrunas se han producido incluso cuando la cantidad de alimentos no era diferente de años anteriores y que, en algunas áreas afectadas por el hambre, se habían exportado alimentos. Para Sen, concurren en el fenómeno factores sociales y económicos que afectan a los diferentes grupos de la sociedad, y que influyen sobre la elección de oportunidades. Comprobó que la hambruna de Bangladesh en 1974 se debía en parte a que las inundaciones de ese año habían hecho subir los precios de alimentos, al tiempo que los obreros agrícolas carecían de trabajo, con el consiguiente descenso de su poder adquisitivo. Es decir que el hambre no se debe a la falta de alimentos sino a factores sociales.

Muhammad Yunus, Bangladesh, (1940): "Crear un mundo sin pobreza"

Yunus vive en Bangladesh, uno de los países más pobres del mundo. Le preocupa en que los bancos les presten dinero solamente a los ricos y nunca a los pobres, que son quienes realmente lo necesitan. Como respuesta, inventó el sistema de microcréditos. Son préstamos muy pequeños a personas muy pobres para iniciar actividades comerciales y artesanales.

Solo personas que carecen de propiedad sobre terrenos pueden acceder a esos préstamos. Casi todos los préstamos se hacen a mujeres, en un país en el que las mujeres ocupan un lugar secundario. Dice Yunus que "cuando una mujer consigue rendimientos por su actividad, los que se benefician en primer lugar son sus propios hijos". Los préstamos se hacen a grupos de al menos cinco personas, de forma que haya entre ellas una posibilidad de ayuda mutua y cierta presión social que impulse a la devolución. Más del 90% de los créditos son devueltos satisfactoriamente.

Muhammad Yunus fue galardonado con el Premio Nobel de Economía en el año 2006.

Muhammad Yunus

"Creamos instituciones y políticas basadas en la manera en que hacemos suposiciones sobre nosotros y otros. Aceptamos el hecho que siempre habrá pobres entre nosotros. Por eso hemos tenido gente pobre entre nosotros. Si hubiéramos creído que la pobreza es inaceptable para nosotros, y que no debe pertenecer a un mundo civilizado, habríamos creado instituciones y políticas apropiadas para crear un mundo sin pobreza. Queríamos ir a la Luna y fuimos a ella. Queríamos comunicarnos unos con otros muy rápidamente - por lo que hicimos los cambios necesarios en la tecnología de las comunicaciones. Logramos lo que queremos lograr. Si no estamos logrando algo, mi primera sospecha recae sobre la intensidad de nuestro deseo de lograrlo.

"Creo firmemente que podemos crear un mundo sin pobreza, si queremos... En ese mundo, el único lugar para ver la pobreza es en un museo. Cuando los escolares visiten el museo de pobreza, se horrorizarán al ver la miseria e indignidad de los seres humanos. Culparán a sus antepasados por tolerar esta condición inhumana de una manera masiva".

Muhammad Yunus, Discurso en 1997.

Joseph E. Stiglitz, norteamericano (1942): "No hay que aceptar una receta única"

Stiglitz critica duramente las recetas que el Fondo Monetario Internacional impone a los países latinoamericanos. Considera que se trata de una única propuesta que no tiene en cuenta las condiciones particulares de cada país.

También asegura que esa institución sigue demasiado los lineamientos de la política norteamericana y que responde a los intereses de las grandes empresas de ese país, antes que los intereses de los países menos desarrollados. Piensa que las políticas de liberalización del Fondo Monetario favorecen la actuación de esas empresas y que pueden provocar un importante aumento de la desocupación en los países latinoamericanos.

Joseph E. Stiglitz

"Los fracasos de las denominadas reformas orientadas al mercado no implican por cierto que se deba volver al pasado, y para quienes están decididos a lograr un crecimiento democrático, equitativo y sostenible, esto representa un desafío. ¿Cuál es la alternativa? Es evidente que no existe una alternativa única; cada país debe elegir la opción que mejor se adapte a sus circunstancias y a su población. De hecho, la idea de promover una agenda única, sin adaptarla a las circunstancias de cada país, ha sido uno de los aspectos más criticados".

"Son los sectores más pobres de la sociedad los que normalmente sufren con mayor rigor las consecuencias del aumento del desempleo; son los trabajadores no calificados los que pasan a engrosar las filas de los desocupados y no tienen ahorros a los que recurrir. Los efectos de una contracción incluso temporal de la actividad económica pueden ser duraderos, porque las personas que se quedan sin trabajo no pueden seguir costeando la educación de sus hijos. Una vez interrumpidos los estudios, existe una alta probabilidad de que no se retomen, aun cuando mejoren las cosas. De esa manera, la pobreza se transmite de una generación a la siguiente".

Joseph E. Stiglitz: *El rumbo de las reformas. Hacia una nueva agenda para América Latina*

"Somos miembros de la primera generación que enfrenta el desafío de satisfacer las necesidades de un infinito número de futuras generaciones. Por ello, debemos dejar suficiente "espacio ambiental" a los que vienen, y reconocer que nuestro planeta tiene una limitada capacidad para absorber los subproductos de la industria.

"A nivel nacional, los cambios tendrán que basarse en el principio de que 'quien contamina paga' y en el uso de productos que duran 'desde la cuna hasta la tumba'. Es preciso superar la mentalidad del 'usa y desecha', es decir, la del empleo de productos y materiales efímeros y descartables.

"En los precios deberán reflejarse los beneficios ambientales que arroja la elaboración y el uso de determinados productos, así como la calidad y la duración de los mismos. Para ello, habría que fabricar cosas de más larga duración, que en caso de daño puedan ser fácilmente reparadas a fin de utilizarlas de nuevo.

"En modo paralelo, la elevación del costo del consumo insostenible es uno de los caminos para aplicar el principio de que el contaminador paga. Si tales incrementos de costos son predecibles, el sector privado con visión de futuro desarrollará estrategias comerciales y procesos productivos acordes con aquel principio. Es necesario que la industria incluya objetivos ambientales en sus planes, y que se someta a sistemas de verificación y control de calidad."

Gro Harlem Brundtland, *Paga quien contamina.*

Gro Harlem Brundtland, noruega (1939): "No agotar los recursos de la Tierra"

En la mayor parte de su historia, la economía no se preocupó por el agotamiento de los recursos naturales. Los primeros ecologistas se oponían al desarrollo económico porque pensaban que todas las actividades económicas tenían que ser contaminantes. Y, por el contrario, muchos desarrollistas creían que la contaminación era algo bueno, porque mostraba nuevas fuentes de trabajo y de creación de riqueza. La crisis del medio ambiente llevó a que los economistas se preguntaran de qué manera se podía compatibilizar la protección ambiental con el desarrollo económico. Y de qué modo se podían usar los recursos naturales de forma que no se agotaran y fueran útiles para las generaciones futuras. A partir de la década de 1970, distintos pensadores plantearon la necesidad de un desarrollo económico que tuviera en cuenta el medio ambiente. Lo llamaron *desarrollo sustentable*. Bruntland ayudó a organizar una muy importante reunión internacional, la ECO´92, realizada en Río de Janeiro en 1992, en la cual los diferentes gobiernos del mundo expresaron su apoyo a los proyectos de desarrollo sustentable.

Bibliografía

Banco Central de la República Argentina, Gerencia de Investigaciones Económicas: ***Cuentas Nacionales de la República Argentina.***

Banco Central de la República Argentina: www.bcra.gov.ar

Banco Mundial: www.bancomundial.org

Beker, Víctor y Mochon, Francisco: *Economía – Elementos de Micro y Macroeconomía;* Buenos Aires, Mac Graw-Hill, 2000.

Brailovsky, Antonio E.: *Historia de las crisis argentinas, un sacrificio inútil;* Buenos Aires, Editorial de Belgrano, 1996.

ECONLINK Sitio de Economía. www.econlink.com.ar .

Editorial Planeta: *Economía Planeta, Diccionario Enciclopédico;* Barcelona, 1980.

EUMEDNET Enciclopedia Multimedia Interactiva y Biblioteca Virtual de Economía EMVI:
www.eumed.net (Universidad de Málaga).

Fernández López, Manuel; «El baúl de Manuel», en Suplemento Cash de diario Página/12.

Fondo Monetario Internacional: www.imf.org

Gould, John y Lazear, Edward: *Teoría Macroeconómica*, México, Fondo de Cultura Económica, 2000.

Instituto Nacional de Estadística y Censos (INDEC): www.indec.gov.ar

Kulfas, Matías y Schorr, Martín: *La deuda externa argentina. Diagnóstico y lineamientos propositivos para su reestructuración;* Fundación OSDE / CIEPP.

Ministerio de Economía y Producción – República Argentina: www.mecon.gov.ar

Naciones Unidas: www.un.org/spanish

Programa de Naciones Unidas para el Desarrollo: *Informe sobre Desarrollo Humano;* 2005.

Wikipedia, la enciclopedia libre. www.wikipedia.org

Impreso en el mes de marzo de 2022, en Altuna Impresores SRL
Doblas 1968 - CABA